Über dieses Buch

In einer detektivischen Rahmenerzählung nimmt uns das Buch mit auf eine Entdeckungsreise der besonderen Art. Lena, eine junge Frau, begibt sich mit ihrem Sohn Max, Schüler eines Gymnasiums, auf die Suche nach Hilfe für dessen Schulschwierigkeiten und Lernprobleme. Sie selbst hat als Schülerin ihr fotografisches Gedächtnis entdeckt. Niemand ist darauf aufmerksam geworden, und in ihr verfestigte sich der Glaube, nicht richtig lernen zu können, irgendwie dumm zu sein. Nun, Jahre später, hat ihr Sohn Max, ein sensibler, verträumter Junge, ähnliche Probleme in der Schule wie sie damals. Lena will der Sache auf den Grund gehen.

Das vorliegende Sachbuch beschreibt neue Lese-, Lern- und Wissenswege, die über die konventionellen Methoden der Schule weit hinausgehen. Erstmalig werden hier Erkenntnisse der Neurobiologie mit denen der Intelligenz- und Leseforschung kombiniert und auf den Bedeutungsraum Schule übertragen. Bei diesem Werk handelt es sich um eine synergetische Verbindung aus Theorie und Praxis. Anhand eines methodischen Leitfadens kann der interessierte Leser an praktischen Übungen das zuvor Erfahrene vertiefen und selbst anwenden.

Alles Urdenken geschieht in Bildern: darum ist die Phantasie ein so nothwendiges Werkzeug desselben, und werden phantasielose Köpfe nie etwas Großes leisten.

Arthur Schopenhauer, Die Welt als Wille und Vorstellung, Zweiter Band, Erster Teilband, Kapitel 7

1. Auflage, 2012
Copyright © 2012 by Leonardo Verlag

Alle Rechte vorbehalten. Das Werk und seine Teile sind urheberrechtlich geschützt. Jede Verwertung in anderen als den gesetzlich zugelassenen Fällen bedarf der vorherigen schriftlichen Einwilligung des Verlages. Hinweis zu § 52a UrhG: Weder das Werk noch seine Teile dürfen ohne vorherige schriftliche Einwilligung des Verlages öffentlich zugänglich gemacht werden. Dies gilt auch bei einer entsprechenden Nutzung für Lehr- und Unterrichtszwecke.

Lektorat:	Dr. Heiner Lohmann, Münster
Umschlagsgestaltung:	Rebecca Schulze
	Kommunikation & Grafik-Design, Münster
Druck und Bindung:	Buchmanufaktur Digibook GmbH, Hamburg
Printed in Germany	

Bibliografische Information der Deutschen Nationalbibliothek
Die Deutsche Nationalbibliothek verzeichnet diese Publikation in der Deutschen Nationalbibliografie;
detaillierte bibliografische Daten sind im Internet über http://dnb.d-nb.de abrufbar.

ISBN 978-3-9814745-0-3

Claudia Pinzke

Das Große und Ganze sehen

Fotografisch lesen – intuitiv lernen

Leonardo Verlag

Inhaltsverzeichnis

Vorwort	11
Wie es begann – mit dem Manuskript …	17
Die alte Pendeluhr und der fotografische Blick	20
Schulprobleme, AD(H)S, LRS – Auf den Spuren besonderer Lesefähigkeiten	29
Ist die Schule ein Fall für die Neurobiologie? – Die Verbannung der rechten Gehirnhälfte	40
Die entscheidende Entdeckung im Antiquariat	40
Das rechte Gehirn denkt anders – Ein Blick auf die Möglichkeiten	47
Mythos PISA, eine Dummheit? – Am Sockel des Bildungssystems rütteln	54
Das Schul- und Bildungssystem im Spannungsfeld zwischen Neurobiologie und Leseforschung	59
Vorbereitungen zu einer ungewöhnlichen Forschungsrunde – Aus der Vogelperspektive Bücher neu erfassen	59
Forschungsrunde – Die Vorstellung der Bücher und anderer interessanter Teilnehmer	65
Der blaue Brief, die disziplinarische Verwarnung! Und was nun?	78
Mit Einstein fragwürdigen Bildungs- und Erziehungswerten auf der Spur	85
Die Machtübernahme des linken Gehirns – Verbale Unterrichtsmethoden und andere unterrichtliche Entscheidungen	89
Grammatik lernen, einmal anders! – Die Fähigkeiten des rechten Gehirns mit einbeziehen	100

Spieglein, Spieglein an der Wand – Auf Pygmalions Spuren	114
Spiegelneurone – Neuronale Hardware des Spiegelgeschehens und der Intuition	123
Die Schule als Bühne des ‚wunderbaren Spiegelspiels'	132
Das Tor zum Wissen öffnet sich nach innen – Die alte Pendeluhr gibt ein Geheimnis preis	139
Das Gehirn schlägt Wellen – Vier Arten von Hirnstromwellen. Mit Entspannung in den besten Lernzustand?	145
FotoLesen ein ganzheitliches Lesemodell? – Ein ungewöhnlicher Konzentrationspunkt gibt Fragen auf	159
Ein besonderer Traum – Ein Blick in die Möglichkeiten	174
Erst die Bilder, dann folgt die Erkenntnis	183
Fotografisch lesen und die Bedeutung der Intention	188
Eröffnung ungeahnter Möglichkeiten – Bücher, ein Regisseur und die inneren Wahrnehmungsfähigkeiten	208
Kamera an – Das Fotografieren der Bücher	217
Mit dem ‚weichen Blick' fotografisch lesen	224
Der ‚innere' Regisseur trifft die Entscheidungen – Vielfache Erinnerungsmöglichkeiten tun sich auf	241
Mit Goethe und Einstein fotografisch lesen und intuitiv lernen	266
Das Große und Ganze sehen – Pfade zum rechten Gehirn	284
… wie es endete – mit dem Buch	321
Register	327

Für Leonhard Hochenegg

ein guter Freund und Mentor, der mir immer zur Seite stand und an die Kraft der positiven Gedanken glaubte

Vorwort

Dieses Buch handelt von Bildern und Menschen. Von der Kraft der inneren Bilder, die wir alle haben, die das Denken und Erleben mit ihrer Plastizität durchdringen, ihm Tiefe und Anschaulichkeit verleihen.

Es handelt vor allem von jungen Menschen, die darunter leiden, dass unser Bildungssystem den Zugang zu dieser Quelle ihrer intuitiven Begabungen einseitig mit Abstraktion und Induktion, mit substanzlosem Regellernen verschüttet.

Woraus schöpfen sich diese Begabungen, die in unseren Schulen millionenfach degenerieren und unsere Gesellschaft kulturell verarmen lassen?

Es ist das Gehirn in der ganzen Fülle der Erfahrungen, aus denen es sich in Jahrhunderttausenden gebildet hat. Diese erstaunliche Masse ist nicht als Denk-, sondern als Überlebensorgan entstanden – unmittelbar und intuitiv auf Veränderungen und Gefahren in der natürlichen Umwelt reagierend, aus dem unendlichen Bilderstrom der Natur die Welt anschaulich erfassend. Dieses „Urdenken", wie Arthur Schopenhauer es nennt, hat sich in Höhlenzeichnungen, in den Sprachen der Völker, in ihren Mythen, Märchen und Sagen kultiviert. Es tritt in Sprachbildern auf, die wir noch heute bewundern, etwa wenn Homer den Sonnenaufgang als „rosenfingrige Morgenröte" besingt.

Dieser Erfahrungsschatz ist überwiegend der rechten Gehirnhälfte vorbehalten. Sie ist der Ort der Fantasie, der Bilder, des Energetischen und Intuitiven, der schnellen, ganzheitlichen Auffassung. Dass solche Fähigkeiten in unseren entseelten Bildungsanstalten deplatziert sind, leuchtet ein. Sie bergen ein Moment des Ungeordneten, des Unkalkulierbaren und Sprunghaften. Unsere ökonomisierte und technisierte Gesellschaft dagegen braucht Funktionsträger und Vermittler des Nützlichkeitsdenkens. Vor diesen Karren hat sich unser Bildungssystem als Erfüllungsgehilfe spannen lassen, indem es den logischen und abstraktiven Fähigkeiten der linken Gehirnhälfte eine Vorrangstellung einräumt.

Linearer Erkenntnisfortschritt, Fixierung auf Wörter, sequentielles Wort-für-Wort-Lesen, passives Aufnehmen, analytisches Fortschreiten vom Detail zum Ganzen, Faktenwissen sind Merkmale eines didaktischen Systems, das dem Leistungsdenken, der Fantasielosigkeit, der Konformität und Langeweile den Vorzug gibt vor individueller Entfaltung, Kreativität, Neugier und ganzheitlichem Sehen.

Arthur Schopenhauer, der Theoretiker und Anwalt der Intuition, hat diesen Zusammenhang schon im 19. Jahrhundert in seinem Aufsatz „Vom Verhältniß der anschauenden zur abstrakten Vernunft" auf den Punkt gebracht:

„Ein durchaus gründliches Verständnis von Dingen und deren Verhältnissen hat man nur, sofern man fähig ist, sie in lauter deutlichen Anschauungen, ohne Hülfe der Worte, sich vorstellig zu machen." Erst Bilder, Schopenhauers „Anschauungen", „liefern den realen Gehalt alles unseres Denkens". Denn die Linearität des abstrahierenden Denkens ist der Ganzheitlichkeit und Unmittelbarkeit der Intuition hoffnungslos unterlegen. Abstrakte Begriffe können nämlich „nie alle zugleich dem Bewußtsein gegenwärtig seyn". Dagegen erfüllt „die Energie, mit welcher die anschauliche Gegenwart … aufgefasst wird, … mit ihrer ganzen Macht, das Bewußtsein in Einem Moment". Dieser Eigenschaft der Wahrnehmung verdankt das vorliegende Buch seinen Titel.

In der Kognitionsforschung herrscht kein Zweifel daran, dass die großen bewegenden und verändernden Erkenntnisse und Leistungen der Menschheitsgeschichte (Beispiel Einstein) den charakteristischen Fähigkeiten der rechten Gehirnhälfte zu verdanken sind. Es war auch schon Schopenhauer eine Gewissheit, dass „geniale Erkenntnis … wesentlich intuitiv ist". An die Schulen könnte Schopenhauers Anklage gerichtet sein, „der natürliche, richtige Blick werde durch das Bücherlicht mehr und mehr geblendet", denn „dies trägt viel bei zum Mangel an Originalität …"

Es ist ein weiteres Ziel dieses Buches, den an der Steigerung seiner Gedächtnisleistung interessierten Leser auf eine Reise in das Reich der rechten Gehirnhälfte mitzunehmen. In dem Kapitel „Mit Goethe und Einstein fotografisch lesen und intuitiv lernen" schildert die Protagonistin Lena, wie sie mit hoch konzentriertem, intuitivem Blick Textpassagen liest und dabei dem Bildlichen und Sinnlichen Einlass in das Denken verschafft. Es hat nichts mit Fantasy, Träumen oder Halluzinationen zu tun, wenn Wörter ihr dreidimensional und leuchtend entgegentreten, sich in einprägsame Bilder, Farben und Sentenzen verwandeln, die sich fotografisch abrufen lassen. Dieser besondere Blick, so märchenhaft er anmutet, ist real. Es ist eine Frage der Übung, dorthin zu gelangen – einer Übung, welche durch Entspannung die Energie des rechten Gehirns aktiviert und im Prinzip von jedem gelernt werden kann.

Claudia Pinzke zeigt in dem genannten Kapitel eindrücklich, wie im Zustand der Konzentration und deren Steigerung, der Kontemplation, aus dem mentalen Vorgang des Lesens eine ästhetische Erfahrung wird. Durch das imaginierende Bewusstsein wird der Leser – unter der Wirkung der Spiegelneuronen – zugleich Subjekt und Objekt. Die körperliche Ereignishaftigkeit einer solchen Repräsentation gehört zu dem Erstaunlichsten, was dieses Buch zu bieten hat. Nach einem Wort des Lyrikers Durs Grünbein kann man dies als „Gedankenbewegungen auf sinnlicher Basis" bezeichnen. Doch ufern diese imaginativen Bewegungen nicht aus, sondern folgen einer eigenen rechtshemisphärischen „Logik", nämlich dem strukturierenden Blick auf das Ganze eines Kapitels oder eines Buches.

Schopenhauer hat für diese Erfahrung eine schöne Metapher gewählt. Die Werke des Genies kämen daher, „daß die Welt, die es sieht und der es seine Aussagen entnimmt, so viel klärer, gleichsam tiefer herausgearbeitet ist, als die in den Köpfen der Anderen, welche freilich die selben Gegenstände enthält, aber zu jener sich verhält, wie ein Chinesisches Bild, ohne Schatten und Perspektive, zum vollendeten Ölgemälde".

Natürlich ist diese Fähigkeit nicht, wie Schopenhauer meint, den genialen Menschen vorbehalten, sondern allen möglich, die sich darauf einlassen und konzentrieren.

Seit der Antike haben sich die Rhetoriker, die immer frei sprachen, in der bildgestützten Gedächtniskunst geübt. Sie bauten ihre Reden wie Häuser mit unterschiedlichen Stockwerken und Räumen auf, die ausgestattet waren mit markanten Gegenständen und bizarren Gestalten. Jeder Raum ein neues Thema, jeder Gegenstand eine neuer Gesichtspunkt. Während der Rede durchschritten sie in ihrer Fantasie das Haus und erinnerten sich traumwandlerisch sicher an den Text ihrer Rede. Je markanter die Bilder, umso nützlicher für den Redner.

Die Gedächtniskunst zeigt, welches Potenzial in der Kombination des Sprachgebrauchs mit der Kraft der inneren Bilder schlummert. Man könnte auch sagen: wenn sich die linke und die rechte Gehirnhälfte jeweils mit ihren besonderen Eigenschaften kombinatorisch zur Geltung bringen. Sie zeigt aber auch, was in unseren Bildungsanstalten verspielt wird.

Claudia Pinzkes Buch gibt der bis in die Antike zurückreichenden Bilder- und Denktradition eine lerntheoretische Wendung. Ihre Entdeckungsfahrt durch die didaktische und neurobiologische Forschung einerseits, durch das illustre Reich des rechten Gehirn andererseits ist selbst ein originelles Beispiel dafür, welche Tiefenschärfe und Überzeugungskraft die Kombination zwischen Systematik und intuitiver Gewissheit gewinnen kann.

Münster, im Januar 2012
Heiner Lohmann

Wie es begann – mit dem Manuskript ...

Der innere Antrieb, dieses Buch zu schreiben, kommt aus meiner Arbeit mit Kindern und Jugendlichen, die blitzgescheit, fantasievoll, neugierig und kreativ sind. Sie kommen zu mir als Schulversager, Lernschwache, Tagträumer, Störer und Chaoten. Es liegt auf der Hand, dass unser Schulsystem mit ihnen nichts anfangen kann, dass es ihnen eine Lernmethode aufzwingt, vor der ihre hellen Begabungen verkümmern.

Bei diesen Schülern, aber auch Studenten stoße ich regelmäßig auf unerwartete visuelle Talente, hoch entwickelte intuitive Fähigkeiten und interessante individuelle Denk- und Arbeitsweisen. Bei einigen entdecke ich verblüffende fotografische Lesefähigkeiten, die im Schulbetrieb gar nicht auffallen.

In meinem Institut für Bioenergetisches Lernen kann ich einzelnen Kindern neue Lernwege zeigen, sie in ihrer intuitiven, bildreichen Auffassungsgabe bestärken. Ich kann ihnen und ihren Eltern die Angst nehmen, dass sie nicht richtig lernen können und dass sie Bildungsaußenseiter sind. Die Millionen anderer Schüler aber, die auch darunter leiden, kann ich nicht erreichen. Ihnen möchte ich mit diesem Buch eine Stimme verleihen.

Was ist das für ein Schulsystem, das diese Fähigkeiten nicht erkennt? Und was sind das eigentlich für visuelle Fähigkeiten, die jeden aus der Fassung bringen, der Zeuge davon wird? Dem wollte ich mit der Arbeit an diesem Buch auf den Grund gehen.

Fünf Wochen hatte ich mir Zeit genommen, um in Hall in den Tiroler Bergen die Vielzahl der Themen und Textbausteine meines Skripts zu einem Buch zusammenfügen. Auf über 300 Seiten enthielt es meine Texte über das rechte Gehirn und über das heutige traditionelle Schul- und Bildungssystem, in dem eine immer größer werdende Zahl von Schülern und Studenten scheitert.

Ich freute mich auf intensive Begegnungen und Gespräche mit Dr. Leonhard Hochenegg, einem Freund und Mentor, der dieses Vorhaben von Beginn an begleitete. Zwei Jahre zuvor hatte ich ihn kennengelernt. Bevor ich ihn das erste Mal aufsuchte, hatte ich von seinen Forschungen über Leistungssteigerung, Gedächtnistraining, Schnelllesen und Schnelllernen und von seinen Untersuchungen über die rechte Gehirnhälfte gehört. Nun war ich unendlich neugierig darauf, was dieser charismatische Mann, der weit über sein medizinisches Fachgebiet hinaus wirkte, zu meinem Thema zu sagen haben würde und ob ich mich überhaupt mit ihm darüber verständigen könnte. Natürlich wollte ich ihn auch erleben.

Ich traf bei der ersten Begegnung auf einen Menschen mit einem großen Herzen und viel Humor. Ich traf einen Menschen, der sich mir voller Güte und Wärme zuwandte.

Im ersten Gespräch damals redeten wir über die Kraft der positiven Gedanken und über deren Auswirkung auf das Lernen und den Erfolg. Er schaute auf meine zu der Zeit noch sehr fragmentarischen Texte und blätterte in einer, wie mir schien, hoch konzentrierten, tiefen Entspannung die vielen Seiten durch. Nach nur wenigen Minuten verwics er auf einige Textdetails, die Bedeutung hatten.

Noch ein Jahr schrieb ich Beobachtungen und weiter entwickelte Erkenntnisse auf, befasste mich mit den Ergebnissen der neurobiologischen Forschung. Mit der Kraft der positiven Gedanken für das Lesen und Lernen, mit den Erkenntnissen aus den Gesprächen mit Dr. Hochenegg in Hall widmete ich mich dem Thema der großen Verantwortung von Eltern und Lehrern gegenüber den anders lernenden Kindern und Jugendlichen.

Nun, ein Jahr später, war es so weit. Aus den gesammelten Lerngeschichten, Erkenntnissen und Forschungsergebnissen sollte nun ein zusammenhängendes Buch entstehen. Endlich saß ich ihm wieder gegenüber.

„Es ist gut, dass du da bist. Zeig mal her." Er freute sich sehr und nahm das Skript. Gut vierhundert Seiten Text, noch unzusammenhängend.

Wieder blätterte er gesammelt durch die Seiten. Zwei, drei Minuten nur. Dann sagte er: „Schreibe jeden Tag sechs Stunden, folge dem ersten inneren Bild, die nächsten kommen ganz von alleine. Mit jedem Tag wird es leichter gehen. Komme morgen Abend wieder, mit den ersten fertig gestellten Seiten." So begann ich, das erste Kapitel zu schreiben.

Die alte Pendeluhr und der fotografische Blick

„Es war in einer Zeit, als viele Eltern noch mit Druck und Strafen drohten, wenn es Probleme und Schwierigkeiten in der Schule gab. Auch bei meinem Vater, besonders in den Naturwissenschaften", erzählte Lena, die junge Frau, nachdenklich.

„Damals saß mir die Angst im Nacken, in dem Studierzimmer mit der großen alten Pendeluhr, die mit ihrem monoton wiederkehrenden Ticken die Zeit angab. Ich wusste, in neun, nein acht Minuten kommt er herein, dann muss ich die Lektion des Buches können.

Mein Vater war Schuldirektor. Er achtete streng auf Ordnung und Disziplin und darauf, dass ich richtig lernte. Richtig zu lernen hieß, dass ich ihm nicht selten ganze Lektionen aus einem Schulbuch auswendig wiedergeben musste. Doch genau das konnte ich nicht, bis es an einem jener frühen Abende damals passierte, das Erlebnis mit der großen alten Pendeluhr. Im Voranschreiten der Zeit, im monotonen Rhythmus des Tack, Tack, Tack der alten Uhr, saß ich wie üblich an dem großen Schreibtisch und wartete auf meinen Vater, damit er mich abfragt. Anders als sonst starrte ich dabei fortwährend auf eine Seite meines Chemiebuchs. Es ging um chemische Formeln, die auf einmal eine besondere Tiefenschärfe und Leuchtkraft annahmen – geradeso, als würden sie mir aus dem Text entgegenspringen. Fasziniert beobachtete ich diese fremdartige, mir aber irgendwie vertraute Struktur der fast dreidimensional wirkenden Formeln und Schriftzeichen.

Neugierig begann ich in den Seiten des Buches zu blättern, und tatsächlich, dieses Phänomen stellte sich auf jeder Seite erneut ein. Als mein Vater dann hereinkam, nahm er das Chemiebuch an sich, ging wie immer langsamen Schrittes im Studierzimmer auf und ab und stellte mir dabei die Aufgaben.

Ich konnte ihm alle Formeln hersagen, sie sogar aufzeichnen. Je nach Frage meines Vaters erschienen mir, wie auf einer inneren Bildkarte, die für die Antwort bedeutsamen Formeln, Zeichen und

Merksätze. An jenem Abend muss ich meinen Vater das erste Mal beeindruckt haben. Mit hochgezogen Augenbrauen blickte er immer wieder über das Buch hinweg zu mir herüber, als ich, ohne Fehler zu machen, seine Fragen beantworten konnte. Schließlich sagte er, sein Erstaunen herunterspielend: ‚Gut gelernt, hoffentlich behältst du es auch.' Dann schaute er mich noch einmal forschend an, gab mir das nächste Thema auf und verließ das Zimmer.

Ich aber fragte mich, was geschehen war, was beim Lernen anders als sonst gelaufen war. Ich hatte meinem Vater Wort für Wort, Formel für Formel, die auf den Seiten meines Chemiebuches standen, wiedergegeben. Ich spürte, das konnte ich jetzt, vielleicht weil ich ganz anders als sonst auf die Buchseiten geschaut hatte. Es war eine andere Art von Blick, der wie zufällig entstanden war und mich faszinierte.

Dieser besondere Blick und die alte Uhr gehören auch heute noch zusammen. Und obwohl es die Uhr schon lange nicht mehr gibt, höre ich immer noch ihr beruhigendes Ticken – das Tack, Tack, Tack – und sehe das Schwingen des goldenen Pendels, wenn ich lese oder in Büchern arbeite.

Das nennt man wohl ein fotografisches Gedächtnis, habe ich damals gedacht. Ich musste einfach nur mit diesem etwas anderen Blick auf die Seiten schauen und sie abfotografieren. Wenn mein Vater mir dann die Fragen stellte, tauchten alle Informationen, die Formeln, aber auch wichtige Wörter aus den Texten ganz von alleine wieder auf, und von einigen Wörtern schien dabei eine ganz besondere Leuchtkraft auszugehen – doch der Grund dafür sollte sich mir erst viel später erschließen."

Lena sprach wie abwesend. Ich dachte an das erste Telefongespräch mit ihr, vor einigen Wochen, an einem Abend Ende Februar, als noch spät das Telefon klingelte. Eigentlich hatte mich Lena wegen ihres Sohnes Max angerufen, dessen Leistungen in der Schule immer mehr abfielen. In großer Sorge um Max erzählte sie, dass seine Lehrer eine zunehmende Aufmerksamkeitsstörung vermuteten, die den weiteren Verbleib am Gymnasium infrage stellte. Über Bekannte hatte Lena davon gehört, dass ich freiberuflich als Lehrerin arbeite und neue Lese- und Lernwege erforsche, die über die konventionellen Methoden der Schule weit hinausgehen. Man sagte ihr, dass ich das Aufmerksamkeitsdefizitsyndrom und die Lese-Rechtschreib-Schwäche nicht als Defizit, sondern als Talentsignal einstufen würde.

Wieso Talentsignal? Lena sprach mich in diesem Telefonat direkt darauf an. Es gibt eine immer größer werdende Zahl von Kindern und Jugendlichen, die anders lernen, ganz anders, als es in der Schule von ihnen erwartet wird, hatte ich geantwortet.

„Anders?", hatte Lena gefragt – und so erzählte ich ihr davon, wie ich vor Jahren, anfänglich selber überrascht, bei einigen Kindern und Jugendlichen unerwartete visuelle Talente, hoch entwickelte, intuitive Fähigkeiten und interessante, individuelle Denk- und Arbeitsweisen feststellte.

Es waren dieselben Kinder und Jugendlichen, deren Tornister mit losen Blättern vollgestopft waren und die von ihren Lehrern mit dem Stigma von Desorganisation und Chaos belegt wurden. Mit Ordnung und Disziplin im traditionellen Sinn eckten sie an. Genauso mit den in der Schule verlangten logisch-analytischen Fähigkeiten zur Aneignung von Wissen. Ebenso mit traditionellen IQ-Tests, die diese Fähigkeiten testeten und in denen sie in der Regel versagten. Diese Kinder und Jugendlichen lernten anders, schienen überblickartig, sehr schnell mehrere Wissensspeicher gleichzeitig nutzen zu können. Hier spielten andere Fähigkeiten zur Aneignung von Wissen eine Rolle. Es ging um kreative, intuitive und vor allem visuelle Begabungen. Und darüber hinaus gab es noch etwas. Mit Verblüffung hatte ich bei einigen von ihnen der Schule gänzlich unbekannte, fotografische Lesefähigkeiten festgestellt. Es waren Kinder und Jugendliche, die mich eigentlich wegen einer Lese-Rechtschreib-

Schwäche oder eines Aufmerksamkeitsdefizitsyndroms aufgesucht hatten.

„So wie bei mir damals", hatte Lena zu meiner großen Überraschung geantwortet. In der Rechtschreibung sei sie immer noch unsicher, und die Grammatik verstehe sie bis heute nicht, dabei deutete sie mir das Erlebnis mit der alten Penduluhr und dem fotografischen Blick an. Sofort war ich hellhörig geworden. Hatte auch Lena damals, wie eine Vielzahl heutiger Kinder und Jugendlicher, anders, als es normalerweise üblich war, gelernt? Diese Frage stellte sich mir direkt, und im Rückblick auf dieses Telefonat hatte unser Gespräch an dieser Stelle eine Wendung bekommen, war das Motiv zu vielen gemeinsamen Treffen, in denen die Geschichte mit der Penduluhr eine große Rolle spielen sollte.

Aber auch in Lena hatte das Telefongespräch noch lange nachgewirkt. Als Mutter von Max hatte sie großes Interesse an der Beschreibung neuer Lern- und Wissenswege für die Schule. Gerne wollte sie mit ihrer Geschichte und ihren Erfahrungen an diesem Thema mitwirken.

Kurz nach dem Gespräch lernte ich Lena und ihren Sohn Max persönlich kennen. Bei einigen Lesetests mit Max stellte sich heraus, dass auch er über eine große visuelle Begabung für das Lesen und Lernen verfügt. Heute nun war Lena das erste Mal alleine gekommen.

„Lena, ich bin neugierig, wie ging es weiter damals?"

Lena blickte nun auf, als sie den Faden wieder aufnahm.

„Etwa zeitgleich konnte ich dieselben Fähigkeiten auch in der Schule anwenden. Wenn in Geschichte jemand nach einem Datum fragte, erschien wie von selbst die richtige Zahl. Die Fähigkeit veränderte sich mit der Zeit, sie wurde intensiver. Wenn es wichtig war, einen Sinn- oder Sachzusammenhang zu erklären, leuchtete die Überschrift des Themas auf, und schon bald war ich in der Lage, ganze Textpassagen vor meinem inneren Auge einfach abzulesen. Dies konnte natürlich niemand sehen, die Texte entstanden in meiner Vorstellung, ich besaß ganz eigene innere Bilder von ihnen."

Ein flüchtiges Lächeln ging über Lenas Gesicht, doch schnell kehrte der nachdenklich ernste Ausdruck in ihre Augen zurück.

„Mein Vater ahnte nichts von diesen Fähigkeiten. Seltsamerweise habe ich ihm weder an jenem Abend noch später davon erzählt – auch nicht, als ich in einer Klassenarbeit einen Text Wort für Wort aus meinem inneren Vorstellungsbild abschrieb und dafür eine Sechs bekam. In der Schule dachten alle, ich hätte gemogelt. Ich musste die Arbeit wiederholen. Keiner glaubte mir, dass ich innere Textbilder sehen kann. In meiner gesamten Schulzeit blieb diese Fähigkeit unentdeckt."

Lena sprach nun etwas lebendiger, und unüberhörbar schwangen Stolz, aber auch eine Spur von Trotz in ihrer Stimme mit.

„Das ist mir sogar noch einmal Jahre später bei einer medizinischen Fachprüfung passiert", fuhr sie dann fort. „Die Prüfung bestand aus einem schriftlichen Test, den die Prüfer direkt auswerteten. Wer den Test bestanden hatte, wurde in einem sich anschließenden Kolloquium noch am selben Tag mündlich geprüft. In Anatomie bekam ich das Thema Organsysteme. Anhand einer Zeichnung des Lungensystems sollte die Funktion der Sauerstoffaufnahme und Verarbeitung erklärt werden. Ich war relativ schnell mit der Lösung der Aufgabe fertig und gab den Test vorzeitig ab. Doch Minuten später wurde ich wieder hereingerufen. Auch der Professor war anwesend. ‚Wir haben Sie hereingerufen, weil Sie eindeutig einen Täuschungsversuch unternommen haben', sagte er mit harter Stimme, gestikulierte mit dem geöffneten Anatomiebuch, bis sein Zeigefinger bei einer Zeichnung innehielt. Ich erschrak heftig. ‚Sie haben diese Zeichnung detailgetreu aus dem Lehrbuch abgezeichnet und sogar noch die Unverfrorenheit besessen, auch den Original-Text abzuschreiben.'

Ich schaute hin. Tatsächlich, meine Zeichnung entsprach genau der Abbildung im Buch mit dem Original-Text darunter. Ich hatte große Schwierigkeiten, der Prüfungskommission zu erklären, dass das gesamte Prüfungswissen sich in abgespeicherten Bildern in meinem Kopf befindet. Zögernd erklärte ich damals, jedes Thema so wiedergeben zu können. Die ungläubig schauenden Prüfer berieten sich miteinander und entschieden, mir eine Chance zu geben.

Ich wurde zur mündlichen Prüfung zugelassen. Thema: Bronchien. Noch am selben Tag stand ich einer vierköpfigen Prüfungskommission gegenüber, die mich befragte und mit gesteigertem Interesse betrachtete. Ein weiteres Mal konnte ich jede Antwort zu ihren Fragen aufgrund der Textbilder in meinem Kopf fotografisch abrufen. Je nach Frage tauchte vor meinem inneren Auge mal das eine, mal das andere Lehrbuch auf. Nachdem die Überschrift des jeweiligen Themas aufgeleuchtet hatte, gab ich ganze Textauszüge wortgetreu wieder. Tatsächlich glaubten sie mir dann, dass ich im schriftlichen Test nicht abgeschaut hatte. Die Fachprüfung war bestanden! Doch meine Prüfer glaubten nun, dass ich ganze Textpassagen mühsam auswendig gelernt hätte. Nur ich wusste es: Ich hatte wirklich alles abfotografiert! Danach aber kamen mir Zweifel, ich dachte: Ich kann ja nicht richtig lernen wie die anderen! Ich kann ja nur abfotografieren! Ich bin wirklich dumm! Ich will nicht, dass meinem Sohn das Gleiche widerfährt. Er soll nicht jahrelang wie ich in dem Glauben leben, dumm zu sein."

Lena tauchte wie aus einer anderen Welt auf. Ihre Stimme klang nun fest, fast ein wenig fordernd, doch in ihrem Gesichtsausdruck lag unverkennbar auch die Sorge um ihren Sohn Max. Was hatte Lena da gerade gesagt? Ich kannte diese Aussage von ihr. Schon einmal hatte ich sie gehört, an dem Tag, kurz nach jenem Telefonat, als sie mich das erste Mal gemeinsam mit Max aufgesucht hatte, um ein paar Lesetests durchführen zu lassen.

Max ist ein stiller, feinfühliger Junge. Er besucht die siebte Klasse eines Gymnasiums. Lena wirkte fast erschrocken, als ich ihr bei den Lesetests sagte, dass auch Max über ein ausgeprägtes visuelles Gedächtnis verfügt und vor allem innere Bilder zum Lernen nutzt. Als ich Max zeigte, wie er auch Texte aus seinen Schulbüchern über innere Bilder abspeichern kann, und Lena bemerkte, dass nun auch ihr Sohn auf Anhieb ganze Textpassagen fast fotografisch wiedergeben konnte, wirkte sie noch eine Spur erschrockener als vorher.

Das habe sie schon lange befürchtet, antwortete sie, dass auch Max nicht richtig lernen könne. Da es nun erwiesen sei, würde sich ihre Sorge um Max' schulische Entwicklung nur noch verstärken. Natürlich sprach ich mit Lena darüber, dass Max' Leistungsversagen in der Schule nicht ein Ausdruck von mangelnder Intelligenz oder von Dummheit ist. Ganz im Gegenteil, seine fotografische Lesefähigkeit sei Teil eines besonderen Talents, ein Hinweis, dass auch Max andere Wege zum Lesen und Lernen benötigt.

Doch wie sollte Lena positiv auf Max einwirken, wenn sie sich immer noch in diesem Zwiespalt befand, nicht richtig lernen zu können? Tief innerlich wusste Lena, dass sie über eine beneidenswerte Lesefähigkeit verfügt, doch über ihre gesamte Schul- und Studienzeit hinweg war niemand auf ihr fotografisches Gedächtnis aufmerksam geworden. Keiner ihrer Lehrer hatte sie in dieser Fähigkeit ermutigt. Lena entwickelte sie ganz für sich alleine, fast heimlich. Natürlich zog sie als Kind Vergleiche zu ihren Mitschülern, die alle anders lernten. Darunter hatte sie sehr gelitten. Umso verständlicher nun die große Besorgnis um ihren Sohn Max.

Welche Parallelen zu so vielen anderen Eltern! Wie oft hörte ich den Satz: „Ich weiß, dass er nicht dumm ist, doch in der Schule geht es immer weiter bergab." Wie sehr sich die Aussagen gleichen. Diese Kinder und Jugendlichen lernen auf eine besondere Art und Weise anders, nutzen andere Lernwege, andere Wege der Aufnahme von Wissen. Das musste ich Lena verständlich machen.

„Wie zufällig bist du damals mithilfe der alten Penduluhr einer nicht alltäglichen Lesefähigkeit auf die Spur gekommen. Diese Fähigkeiten eröffnen ganz außergewöhnliche Möglichkeiten. Auch Max verfügt über diese außerordentlichen Fähigkeiten des Bildergedächtnisses."

Lena schien meine Worte abzuwehren. Wortlos lief sie einige Schritte in den Raum, blieb stehen, maß dann die lange Buchreihe zum Thema Lernschwierigkeiten und Verhaltensauffälligkeiten ab. Schließlich schaute sie mit sichtlicher Anspannung aus dem Fenster.

„Was nützen ihm diese Fähigkeiten, wenn er in allen Fächern weiter absackt. Gestern eine Fünf in Deutsch, heute eine Sechs in Französisch!" Sie drehte sich um und sprach nun sehr aufgebracht.

„Letzte Woche klingelte mittags gegen 13.00 Uhr das Telefon. Einer unguten Ahnung folgend, nahm ich ab. Am Apparat seine Klassenlehrerin: ‚Ich will Ihnen nur mitteilen, dass Ihr Sohn weitere drei Male seine Hausaufgaben nicht vorliegen hatte, angeblich vergessen! Seine Aufmerksamkeit lässt immer stärker nach und dann dieses ständige Träumen aus dem Fenster ...' Sie rufe mich direkt an, weil sie sich große Sorgen mache; es gab noch ein Hin und Her. Wortgeplänkel. Sie wisse auch nicht weiter, könne sich diesen Leistungsabfall nicht erklären. Bei einigen Kindern zeige sich jedoch oft erst nach der Klasse sechs, dass sie für die Schulform Gymnasium nicht geeignet seien.

Ich blieb mit Gefühlen der Ohnmacht und Verzweiflung ratlos zurück, mit der bangen Gewissheit, dass die Lehrer ihn schon abgeschrieben hatten, ihm keine Chance mehr gaben. Als Max dann kurze Zeit darauf, aus der Schule zurückkehrte und das Haus betrat, wirkte er still, in sich zurückgezogen, fast abwesend. Mit einem knappen ‚Hallo' stolperte er die Treppen hoch. Als seine Zimmertür zufiel, wusste ich, dass er nun seinen Computer hochfährt. So geht das schon seit Wochen. Hier stecken wir fest, in einer Sackkasse."

Mit einer fahrigen Handbewegung fuhr Lena sich durch ihr Haar. Ihr Vergleich war treffend. Sie steckten tatsächlich fest, doch anders, als Lena es dachte, nicht im angeblichen Leistungsversagen von Max, sondern in einem handfesten Defekt des Schul- und Bildungssystems.

„Nimm einmal an", sagte ich, „dass die schulischen Probleme einer immer größer werdenden Zahl von Kindern und Jugendlichen nicht in deren Unfähigkeit oder mangelndem Leistungsvermögen zu suchen sind, sondern in der einseitigen Lehr- und Arbeitsweise der Schule."

Lena wollte etwas sagen, hielt aber inne.

„Wir müssen das System Schule auf den Prüfstand stellen und fragen, was dort schiefgeht. Anscheinend weiß man dort nichts von den Lese- und Lernfähigkeiten des Bildergedächtnisses. Wie einseitig arbeitet ein Schul- und Bildungssystem, das diese und weitere Möglichkeiten nicht aufgreift, und warum ist das so?

Lass uns hier den Spuren folgen. Natürlich werden wir mit Max´ Lehrern sprechen und sie über sein visuelles Talent informieren. Dann wird es für Max etwas leichter werden. Doch um Aufmerksamkeit für dieses Thema zu erhalten, müssen wir noch viel weitergehen.

Ich kenne ähnliche Geschichten, Lerngeschichten von Kindern und Jugendlichen mit unentdeckten Begabungen und Talenten wie bei Max und bei dir. Du wirst über manche Parallelen staunen. Deine Erlebnisse reichen über zwanzig Jahre in die Vergangenheit zurück. Heute haben sie mehr Aktualität denn je! Aus Gesprächen mit Lehrern weiß ich, dass es in jeder Klasse fünf bis sechs Schüler mit einem nicht erklärbaren Lernproblem, einer Aufmerksamkeitsstörung oder Lese-Rechtschreib-Schwäche gibt. In der Praxis und der Arbeit mit einer Vielzahl dieser Kinder und Jugendlichen hat sich gezeigt, dass 95 Prozent von ihnen auffallend hohe visuelle und intuitive Begabungen mitbringen. Es betrifft alle Altersstufen. Man findet sie in allen Schulformen. Es betrifft hochgerechnet etwa zwei Millionen Schüler in Deutschland. Doch unser Schulsystem scheint darauf nicht zu reagieren. Natürlich stellt sich hier die Frage nach dem Warum. Doch eins nach dem anderen. Ein erster wichtiger Schritt wird sein, weitere Lerngeschichten bekannt zu machen, damit die Öffentlichkeit darauf aufmerksam wird."

Lena und ich diskutierten bis spät in den Abend, und als wir uns verabschiedeten, wirkten ihre Gesichtszüge deutlich entspannter. Die Geschichte mit der alten Pendeluhr hatte viele Fragen ausgelöst. Fragen danach, welches Wissen sie über fotografische Leseweisen preisgibt und welche Rolle das monotone Ticken der alten Uhr dabei gespielt hat. War sie Impulsgeber für einen anderen Lernzustand? Welcher Erkenntnisreichtum würde sich für das Lernen in der Schule auftun?

Als Lena und ich uns an diesem Abend verabschiedeten, wussten wir noch nicht, dass wir mit diesen Fragen den allerersten Schritt auf einen langen Forschungsweg gegangen waren.

Schulprobleme, AD(H)S, LRS – Auf den Spuren besonderer Lesefähigkeiten

Es waren nur wenige Tage seit der ersten Begegnung mit Lena und ihrer eindrucksvollen Schulgeschichte vergangen, als es zu einem erneuten Treffen kam. Lena brachte viel Zeit mit, sie saß zurückgelehnt in dem breiten Ohrensessel. Von draußen trommelten schwere Regentropfen an die Fensterscheiben.

Damals, als Lena selbst noch Schülerin war, erkannte niemand ihre ungewöhnlichen Fähigkeiten. Die Geschichte mit der Pendeluhr; Formeln, die mit einer besonderen Leuchtkraft fast dreidimensional aus dem Chemiebuch herausstachen; dann dieser besondere Blick, von dem sie gesprochen hatte, und nun ihr Sohn Max mit ebensolchen Lesefähigkeiten.

All das warf Fragen auf nach neuen Möglichkeiten des Lesens und Lernens, nach hochinteressanten, noch unentdeckten Wissenswegen. Und immer wieder fragte ich mich, weshalb bisher niemand über die besonderen Lese-, aber auch individuellen Lernfähigkeiten heutiger Kinder und Jugendlichen berichtet hat. Im Gegenteil, diese fielen in unserem Schulsystem nur allzu oft mit Lernproblemen und Schulschwierigkeiten auf, und einer nicht geringen Zahl von ihnen wurde ein Aufmerksamkeitsdefizitsyndrom, eine Lese-Rechtschreib-Schwäche (LRS) oder Legasthenie attestiert. Heute wollten wir diesen Widerspruch sichtbar machen.

„Nach unserem letzten Treffen habe ich viel nachgedacht", eröffnete Lena zögernd das Gespräch. „Lange konnte ich nicht einschlafen. In meinem Kopf fuhren die Gedanken Karussell. Es wäre zu schön, zu glauben, dass Max tatsächlich nur anders lernen muss. Was ist, wenn wir uns irren? Vielleicht ist er einfach nicht klug genug. Die meisten von Max´ Lehrern trauen ihm das Gymnasium nicht zu. Immer wieder kommen Fragen und Zweifel in mir hoch. Dabei fiel ihm doch noch vor zwei Jahren das Lernen so leicht. Es schien, als würde ihm das Wissen nur so zufliegen. Was ist da passiert, was lässt ihn jetzt geradezu verstummen, wenn es um Schule geht? Das können doch nicht nur einseitige Lern- und Arbeitsweisen sein."

„Warte mal, Lena." Ich blätterte in einem dicken, schwarzgrauen Ordner. „Hier habe ich Aufzeichnungen und Notizen über besondere Lesefähigkeiten von Kindern und Jugendlichen aufbewahrt, die zu mir in das Institut kamen. Sie alle hatten erhebliche Probleme in der Schule. Lass dir zunächst ein paar ihrer Lerngeschichten erzählen. Dann sprechen wir weiter."

Ich überflog die Aufzeichnungen der aufgeschlagenen Seite. „In dieser ersten Geschichte hier geht es um Linus. Er war Schüler der zehnten Klasse eines Gymnasiums. Auch mit Linus führte ich einige Lesetests durch. Für eine der ersten Leseproben wählte er sich ein Buch über Einstein aus. Beim Blättern des Buches interessierte ihn das Kapitel über die Weltformel, die dort auf etwa 20 Seiten erklärt wird. Ich beobachtete, wie Linus sich in das Kapitel vertiefte, wie seine Augen dann mit einem weichen Blick fast senkrecht über die

Seiten glitten. Für jede Seite brauchte er etwa zehn Sekunden. Nachdem er einige Seiten in dem Tempo überflogen hatte, konnte er die wichtigsten Aussagen über die Bedeutung von Einsteins Gedanken zum Weltfrieden fotografisch, aus inneren Bildern wiedergeben. Er zitierte ganze Textpassagen des ihm noch Minuten zuvor unbekannten Kapitels.

Im Laufe der letzten zwei Schuljahre hatte Linus sich in der Schule sozial immer stärker zurückgezogen. Seine Lehrer beklagten seine geistige Abwesenheit im Unterricht, sein ständiges Träumen und Blicken aus dem Fenster. Wenn er sich dann beteiligte, erzählten sie, sei er sehr ausschweifend, mit so vielen Fragen, dass der Unterricht darunter leide. Keiner seiner Lehrer ahnte etwas von Linus´ fotografischen Fähigkeiten zur Aneignung von Wissen. Niemand förderte ihn darin. In Deutsch schaffte er nur mit Mühe eine Vier."

Ich schaute aus meinen Notizen auf und fing Lenas konzentrierten Blick auf.

„Weshalb bekamen die Lehrer diese offensichtliche Begabung nicht mit? Welche Bedeutung hat das Träumen?"

Lena hatte die letzte Frage noch nicht ganz ausgesprochen, als ich sie unterbrach. „Lass uns mit dieser Frage noch warten, höre dir erst noch weitere Lerngeschichten an. Ich bin gespannt, was dir auffällt. In der nächsten Geschichte geht es um Julius. Er war, als er zu mir kam, sechzehn Jahre alt."

Julius tauchte vor meinem inneren Auge auf, mit seinem lebendigen Blick und den schwarzen, lockigen Haaren, die fast seine Augen verdeckten, als wollte er sich verstecken.

„Vor drei Jahren musste er das Gymnasium verlassen, heute besucht er eine Realschule", begann ich. „Der Grund: Er störte den Unterricht, konnte nicht still sitzen, zappelte herum, schien vom Unterrichtsgeschehen immer nur einen geringfügigen Teil mitzubekommen. Die Lehrer sprachen von einer zunehmenden Aufmerksamkeitsstörung, die den weiteren Verbleib auf dem Gymnasium unmöglich mache. Es folgte die Diagnose Aufmerksamkeitsdcfizitsyndrom mit Hyperaktivität, kurz: AD(H)S. Julius bekam Ritalin verabreicht. Kurze Zeit später musste er das Gymnasium verlassen, ging dann zur Realschule. Doch auch hier verschlechterten sich seine schulischen Leistungen weiter.

Julius erzählte mir, dass er am liebsten die Schule verlassen würde. Dort sei es langweilig und öde. Im Verlauf unseres Gesprächs bat ich ihn, mir genau zu beschreiben, wie er Texte lese. Noch während ich diese Aufgabe stellte, leuchteten seine Augen. Ich reichte ihm ein Buch, er schlug eine Textseite auf. Ich achtete auf seine Augen und bemerkte, wie sie in hoher Geschwindigkeit nahezu senkrecht über die Seiten glitten, er schien den Text in wenigen Sekunden zu scannen. Danach schloss er kurz die Augen und zitierte auf meine Bitte wichtige Textaussagen der Seite. Neugierig geworden, wollte ich mehr wissen: ‚Julius, verrate mir, wie du das gemacht hast.' Da strahlte er. Entspannt, fast erleichtert begann er zu sprechen: ‚Ganz einfach, auf der Seite sind Wörter, die sehen aus, als wären sie unterstrichen. Sie zeigen mir, was auf der Seite wichtig ist. Zu diesen Wörtern sehe ich Bilder. Und aus den Bildern werden oft kleine Filme, so weiß ich sehr schnell, was auf der Seite steht.'

Julius war in den eineinhalb Stunden unseres Gesprächs hoch konzentriert. Keine Spur von AD(H)S. Keiner seiner Lehrer vermutete, dass Julius über eine besondere Lesefähigkeit verfügte, dass er beschleunigt las, dass er durch die Welt seiner inneren Bilder Wissen aufbaute und lernte. Dabei ging er schnell und intuitiv vor. In der Schule langweilte er sich immer öfter, wurde unruhig und verlor seine Aufmerksamkeit. Dieser Zusammenhang blieb bei den Lehrern unerkannt. Mit Ritalin wollte man seine Hyperaktivität verringern und die Konzentration und Aufmerksamkeit stärken."

Lena war in der Zwischenzeit tief in ihren Ohrensessel zurückgerutscht. Auf einen einzelnen Zettel hatte sie hin und wieder ein paar Wörter geschrieben.

„Das hätte ich nicht gedacht", sagte sie dann, „dass die Geschichten dieser Jugendlichen so ähnlich sind."

„Das ist eine wichtige Beobachtung", entgegnete ich, „und es geht durch alle Altersstufen – hier, hör mal." Einige Seiten weiter war ich auf die Lerngeschichten noch jüngerer Schüler gestoßen.

„Es geht um Sebastian, Lisa und Timmy. Als Sebastian mir das erste Mal begegnete, erlebte ich einen trotzig dreinschauenden, abweisend blickenden kleinen Jungen, der die Schule hasste und seinen Lehrern äußert unbequem war. Zu dem Zeitpunkt war er knapp zehn Jahre alt und ging in die vierte Klasse einer Grundschule. Im Unterricht fiel er jeden Tag mit Beschimpfungen und Beleidigungen auf. In einzelnen Fächern verweigerte er sogar jegliche Mitarbeit. Deshalb wollte seine Klassenlehrerin ein Sonderschulverfahren gegen ihn einleiten. Für Sebastian waren die Inhalte des Unterrichts ‚Kinderkram, eben langweilig!', wie er selbst sagte. Dagegen interessierte ihn die Welt der Fantasie-Romane. Er ließ es zu, dass ich mit ihm ein wenig in Eragons Geschichten mit dem Drachenreiter eintauchte. Teile vom ‚Herrn der Ringe' kannte er auswendig. Er zitierte mir seitenweise daraus, und er freute sich, aus der Welt der Kobolde und Feen zu erzählen. Als ich ihn fragte, wie er es schaffe, so lebendig und ausführlich die Inhalte eines Buches wiederzugeben, erzählte er mir von inneren Bildern und Szenen. Er flüsterte fast, als er mir verriet, dass er sich oft vorstelle, selber ein Fabelwesen oder ein Magier zu sein.

Stell dir vor, Lena, zwischendurch bin ich seinen Erzählungen im Buch gefolgt. Sie entsprachen in vielen Details genau der Textvorlage. Seiner Klassenlehrerin blieben das visuelle Talent und seine geistigen Fähigkeiten im Erfassen von Texten komplett verborgen. Leider hat sie nur sein unbequemes Benehmen kennengelernt."

Lena wirkte betroffen und ungeduldig.

„Und Lisa?" Sie räusperte sich.

„Lisa war zu dem Zeitpunkt ebenfalls zehn Jahre alt, genauso alt wie Sebastian. Auch Lisa lebte in einer Welt voller innerer farbiger Bilder und Filmsequenzen. Schwierige Nomen konnte sie vor ihrem inneren Auge dreidimensional und farbig sehen und sie in hoher Geschwindigkeit vorwärts und rückwärts buchstabieren. Kraft ihrer Vorstellung schaffte sie es, innere Wortbilder minutenlang so festzuhalten. In der Rechtschreibung und Grammatik erreichte sie jedoch immer nur mit Mühe eine Vier. Hinzu kam, dass sie in Klassenarbeiten ständig unter Zeitdruck geriet. Wenn dann die Angst und die Anspannung zu groß waren, wurde Lisa immer langsamer. Oft löste sie nur die Hälfte der verlangten Aufgaben einer Klassenarbeit, die allerdings fehlerfrei. Doch unter den Klassenarbeiten stand immer eine Vier oder Fünf, weil die andere Hälfte fehlte. Auch Lisas Lehrerin schloss den Wechsel zu einer gymnasialen Schulform aus.

Fast zeitgleich mit den beiden lernte ich Timmy kennen. Gleich beim ersten Mal erzählte er mir, dass er ein Fantasieschloss mit vielen Rittern und Knappen im Kopf habe. Timmy ist ein Energiebündel mit sprühender Fantasie, immer voller Ideen und Einfälle. Seine Mutter suchte mich mit ihm auf, weil er aus der Schule immer häufiger mit Bauchschmerzen nach Hause kam.

Die Klassenlehrerin wollte ihn die zweite Klasse wiederholen lassen. Der Grund: Timmy sei ständig mit seinen Gedanken woanders, völlig unkonzentriert, seine Schrift noch immer katastrophal, ebenfalls seine Kenntnisse in Rechtschreibung und Grammatik. Auch Mathematik ließe sehr zu wünschen übrig. Seltsamerweise habe er manchmal Lichtblicke, könne die Aufgaben lösen, doch einen Tag später, habe er meist alles wieder vergessen. Er sei zu verspielt und verträumt für die dritte Klasse. Als ich mit Timmy zu arbeiten begann, zeigte er mir, wie man eine Maschine erfindet. Er zeichnete sie auf, beschrieb dann, wie sie funktioniert, achtete in der Beschreibung auch auf kleinste Details. In der ganzen Zeit arbeitete er konzentriert und aufmerksam."

Ich hielt einen Moment inne und blätterte ein paar Seiten in meinem Ordner weiter. „Hier noch eine letzte Geschichte", sagte ich zu Lena. „Es geht um einen kleinen Jungen, der noch gar nicht zur Schule ging, als ich ihn kennenlernte.

Lukas ist ein sehr sensibler kleiner Junge mit tiefblauen Augen, der schüchtern und verletzlich wirkte. Seine Geschichte berührte mich sehr.

Lukas sollte eingeschult werden. In der ärztlichen Untersuchung zur Abklärung der Schulfähigkeit wurde den Eltern im Beisein von Lukas mitgeteilt, ihr Sohn sei behindert und seine Anmeldung in die erste Klasse müsse an einer Sprachheilschule erfolgen. Lukas sprach tatsächlich noch nicht ganz deutlich. Seine Sprachentwicklung schien verzögert. Wir machten gemeinsam kleine Experimente mit Wörtern. Lukas konnte sich vor seinem inneren Auge auf Anhieb das Schriftbild seines Namens vorstellen und ihn sogar aufschreiben. Dies gelang ihm auch mit anderen Wörtern. Als er mir seine Dinosaurierfamilie zeigte, blühte er regelrecht auf. Er kannte alle Dino-Arten und sprach deren schwierige Namen ganz normal aus. Bei der ärztlichen Schuluntersuchung blieb dies alles unerkannt, weil ihn niemand danach fragte."

Zögernd schloss ich den Ordner. „Viele weitere Lerngeschichten spielten sich so oder ähnlich ab. Und es kommen immer mehr dazu. Sie sind stellvertretend für die Geschichten vieler Kinder und Jugendlichen in unserem Schulsystem."

Ich schaute zu Lena hinüber. In ihrer Hand wippte der Zettel mit ihren Aufzeichnungen ungeduldig hin und her. Doch Lena schien durch ihn hindurchzusehen.

„Die Lehrer oder auch dieser Arzt von Lukas können nur aus Unkenntnis so reagiert haben", sagte sie dann. „Anders sind diese Fehleinschätzungen nicht zu begreifen."

Unkenntnis – Lena hatte einen Ausdruck gewählt, der sie erleichterte, der sie und ihren Sohn vom Verdacht einer Lernschwäche freisprach. War vielleicht diese Unkenntnis der Pädagogen, Psychologen und Ärzte auch der Grund für die einseitigen Leistungstests, in denen visuelle Fähigkeiten nicht vorgesehen waren?

„Diese Einseitigkeit scheint tief im Schulsystem verankert zu sein und nicht nur hier", antwortete ich ihr. „In der pädagogischen Fachliteratur finden wir Ähnliches."

Ich deutete auf eines der Bücherregale.

„Überfliege einmal die Buchreihen dort: Es sind pädagogische Bücher zum Thema Schule, Lernunlust und Schulversagen, daneben eine Vielzahl wissenschaftlicher Veröffentlichungen zu den Themen AD(H)S und dem Zappelphilippsyndrom, zur LRS bzw. Legasthenie. Darunter zwei Buchreihen mit den Themenschwerpunkten Lernschwierigkeiten, Verhaltensauffälligkeiten und Lernprobleme. Auch in diesen Büchern werden Kinder und Jugendliche wie Julius und Sebastian, Lukas, Timmy und Lisa beschrieben, allerdings ebenfalls nur mit ihren Schwierigkeiten und Schulproblemen."

Lena zog ein Buch aus der Regalreihe und schlug das Inhaltsverzeichnis auf. Der Autor stellte traditionelle und alternative Methoden zur Therapie der Lese- und Rechtschreibstörung vor. Tatsächlich wies nicht einmal dieses Buch, obwohl es ganzheitlich orientiert war, auf besondere Talente hin. Die einschlägige schulpädagogische und lerntherapeutische Fachliteratur erwähnt mit keiner Zeile visuelle Begabungen. Sie dokumentiert fast ausnahmslos die Störungen. Die Autoren beschäftigen sich mit den Folgen der Lernunlust und deren Begleitern AD(H)S, LRS, dem Zappelphilippsyndrom und vielem mehr und konzentrieren sich mit zahlreichen Therapievorschlägen auf die Defizite. Ebenfalls wird in keinem dieser Bücher über ungewöhnliche Lern- und Gedächtnisleistungen berichtet.

Lena war in der Zwischenzeit beim Blättern des Buches an der einen oder anderen Textstelle hängen geblieben. Nun klappte sie es mit einem Seufzer zu und stellte es in die Buchreihe zurück.

„Tatsächlich, hier sind überhaupt keine Hinweise auf besondere Begabungen." In Lenas Tonfall klang Resignation mit.

Aber auch ich hatte schon alle Bücher auf entsprechende Hinweise untersucht, ebenfalls ergebnislos. Eines war mir klar geworden, diese Bücher lieferten weder einen Zugang zu den Talenten noch zu den Ursachen der Probleme, mit denen die Kinder und Jugendlichen in unserem Schulsystem zu kämpfen hatten.

Schwierigkeiten bei der Konzentration und Aufmerksamkeit sowie gravierende Probleme in Rechtschreibung und Grammatik standen neben Begabungen in den Bereichen der Kreativität, der Fantasie und des fotografischen Lesens, die dem Schulsystem anscheinend völlig unbekannt waren.

Lena nahm ihren Zettel mit den Notizen, den sie beim Lesen des Buches zur Seite gelegt hatte. Wir warfen noch einen Blick darauf. Ihre Anmerkungen zeigten, dass sie noch eine Vielzahl ungeklärter Themen und Fragen hatte.

Natürlich wollte Lena gern die Spur zu der Lesegeschichte ihrer eigenen Kindheit aufnehmen. Das war ja auch ein Grund für ihre Betroffenheit. Ihr Bedürfnis war groß, mehr über die eigene fotografische Lesefähigkeit zu erfahren, für die sie erst jetzt, nach so vielen Jahren Anerkennung erfuhr. Doch auf der anderen Seite interessierte sie sich brennend für die professionelle Beschreibung neuer Lese- und Lernwege in der Schule. Hierfür standen ihr Sohn Max und die große Zahl von Kindern und Jugendlichen in unserem Schulsystem. Dass nachlassende Spannung, aber auch das Träumen beim Schauen durch das Fenster als wichtige Hinweise auf einen anderen Lernzustand zu werten sind, hatte Lena im ersten Moment überrascht. Nun wusste sie, dass uns dieses Thema noch nicht loslassen würde. Lena wirkte entschlossen und sprach noch ein weiteres wichtiges Thema an.

„Wie soll ich den Lehrern von Max begreiflich machen, dass sein Versagen damit zu erklären ist, dass er einfach anders liest, anders lernt und anders denkt? Es sind so viele Informationen."

Natürlich, Lena hatte recht. Wichtige Fragen und Fakten, aber auch erste Erkenntnisse durften nicht verloren gehen. Ich schlug ihr vor, nach Abschluss eines jeden gemeinsamen Treffens das Wichtigste in einer Kurznotiz zusammenzufassen. Lena fand die Idee gut und freute sich, dass sie einen praktischen Leitfaden an die Hand bekam.

Wir sprachen an diesem Abend noch eine Weile. Schnell wurde mir dabei klar, dass wir uns auf der Suche nach Antworten auch anderen Fachgebieten öffnen mussten, an erster Stelle der Neurobiologie mit ihren Erkenntnissen aus der Gehirnforschung. Es gab interessante Bücher über die Macht der inneren Bilder, aber auch Werke, die sich mit dem Phänomen der Intuition beschäftigen. Und natürlich würden wir auch die Leseforschung befragen.

Doch wie würde unser nächster Schritt aussehen?

Um Verlässliches über neue Lese-, Lern- und Wissenswege zu erhalten, mussten wir zunächst noch einen Schritt zurückgehen. Nach wie vor galt es, die Ursache zu finden, weshalb die Schule die besonderen Fähigkeiten einer immer größer werdenden Gruppe von Kindern und Jugendlichen so rigoros ausblendete. Und in diesem Kontext müssten AD(H)S und LRS aufgegriffen und diskutiert werden.

Noch immer hatten wir keine befriedigende Antwort auf die Widersprüche in den Lerngeschichten der Kinder und Jugendlichen erhalten. Natürlich hatten wir den Verdacht einer einseitigen Leistungs- und Wissensideologie der Schule ausgesprochen, doch es fehlte uns der wissenschaftliche Beweis für diese Annahme. Würden wir die entscheidende Literatur dazu finden?

 Wissen kurzgefasst:

AD(H)S, LRS, Schulprobleme und doch begabt! – Zwei Seiten einer Medaille

In jeder Klasse gibt es etwa vier bis fünf Schüler mit auffallend hohen visuellen und intuitiven Begabungen. Eine wachsende Zahl von ihnen verfügt über fotografische Lesefähigkeiten, die der Schule gänzlich unbekannt geblieben sind. Sie lernen anders, als es das Bildungssystem von ihnen erwartet.

Linus braucht für das „Lesen" eines 25-seitigen Textes nur fünf Minuten. Julius nimmt wichtige Wörter einer Textseite vor seinem geistigen Auge unterstrichen wahr, stellt innere Bilder her. Sebastian verwandelt ganze Bücher zu inneren Filmen. Alle sind in der Lage, die Inhalte der Texte und Bücher detailgenau wiederzugeben.

Für die Lehrer ist Linus unstrukturiert und ein Träumer, Julius hat die Diagnose AD(H)S und bekommt Ritalin, Sebastian ist unbequem, weil er sich in der Schule langweilt. Er soll auf die Sonderschule abgeschoben werden.

Für diese Kinder und Jugendlichen ist es eine persönliche Tragödie und für die Bildungsinstitution Schule ein Skandal, dass sie mit dem Stigma von Chaos, Desorganisation und Lernschwierigkeiten behaftet sind und die Möglichkeiten des Bildergedächtnisses und deren Nutzung für Lese- und Lernprozesse bislang ungenutzt blieben.

Ist die Schule ein Fall für die Neurobiologie? – Die Verbannung der rechten Gehirnhälfte

Die entscheidende Entdeckung im Antiquariat

Einige Wochen waren seit der letzten Begegnung mit Lena vergangen. In dieser Zeit hatte ich mir erneut die Frage gestellt, warum diese auffallenden Begabungen und visuellen Talente so vieler Kinder und Jugendlichen weder von den eigenen Lehrern noch von den Vertretern des gesamten pädagogischen Establishments gesehen wurden. Nicht einmal in der einschlägigen pädagogischen Fachliteratur war ich – mit einer Ausnahme – auf Hinweise gestoßen.

Heute endlich hatte ich Lena telefonisch erreicht und mit ihr ein weiteres Treffen noch für den Abend vereinbart. Lena hatte meine Aufregung gespürt und gefragt, was denn passiert sei. Ich deutete ihr den Fund eines hochinteressanten Buches an, das ich in einem Antiquariat aufgespürt hatte.

Als Lena am Abend kam, wirkte sie ungeduldig. Sie kam direkt auf meine Andeutungen vom Nachmittag zu sprechen.

„Nun sag schon, auf was bist du gestoßen?"

Wie schon so oft in den letzten Wochen hatte ich mich auf die Suche nach Literatur gemacht. Arbeitete die Schule tatsächlich so einseitig, wie wir es vermuteten? Auch an diesem Tag war mir die Frage einfach nicht aus dem Kopf gegangen.

Doch wo sollte ich noch suchen? Gute Fachabteilungen der Buchhandlungen und auch die Universitätsbibliothek hatte ich schon gesichtet. Tatsächlich war ich auch auf einige interessante Fachbücher gestoßen, wie z. B. Howard Gardners Buch ‚Der Abschied vom IQ'. Doch das stand jetzt nicht im Vordergrund. Sollte ich die Buchhandlungen noch einmal aufsuchen? Hatte ich etwas übersehen? So in Gedanken versunken, kam mir die Idee, das nahe Antiquariat aufzusuchen. Warum ich daran nicht schon eher gedacht hatte. War es Resignation oder Intuition?

Dort stieß ich auf das Werk eines mir bis dahin unbekannten Hirnforschers, Thomas R. Blakeslee, über: „Das rechte Gehirn - Das Unbewusste und seine schöpferischen Kräfte", ein Band aus den 80er Jahren. Ob dieses Buch irgendeine Bedeutung haben würde, mir vielleicht Hinweise liefern könnte? Voller Neugier las ich dann den Klappentext und überflog die einführenden Seiten. Sollte dieses Fachbuch meine Erwartungen übertreffen, konnte es meine Vermutung der einseitigen Leistungsideologie von Schule bestätigen? Tatsächlich, noch im Antiquariat stieß ich auf jene wichtige Textstelle, in der der Autor mit beeindruckender Klarheit über die Vernachlässigung einer Gehirnhälfte, nämlich der rechten, sprach. Er führte aus, wie sich die Vernachlässigung der Fähigkeiten der rechten Gehirnhälfte auf unser Erziehungs- und Bildungssystem auswirkt. Sofort erstand ich dieses Buch, in der sicheren Gewissheit eine erste Spur aufgenommen zu haben.

„Und? Und?" Ich schrak hoch. Lenas Stimme klang nun deutlich ungeduldiger als vorher.

Ich erzähle ihr von der Textstelle, auf die ich gestoßen war. Noch im Erzählen griff ich nach dem Buch. Ein Lesezeichen kennzeichnete die besagte Textstelle. Ich schlug die Seite auf und begann, Lena den Text vorzulesen.

„'Das rechte Gehirn, ungenutzt und sträflich vernachlässigt, mehr noch mangels Gebrauch verkümmert. Als die Menschheit lernte, intuitive Eindrücke mit dem Intellekt zu überprüfen, wurde eine Partnerschaft verschenkt. Mit der einseitigen Erziehung des linken Gehirns und der vorbehaltlosen Anerkennung seiner Leistung setzte Entwicklung als Fehlentwicklung ein.'"

Ich blätterte weiter, bis zu einer anderen Textstelle, die ich ebenfalls gekennzeichnet hatte. Blakeslee hob hier hervor, dass auf dem Gebiet der höheren Bildung eine Dekadenz vorherrsche, als natürliches Ergebnis der Unwissenheit über die Fähigkeiten des rechten Gehirns. Wörtlich schrieb er: „Man hat eine Art akademische Traumwelt erschaffen, in der reine Linkshirndenker ihre Wissenschaftlichkeit gegenseitig bewundern."

„Volltreffer! Das ist eine wissenschaftliche Bestätigung." Lena triumphierte geradezu. „Das starre Bildungssystem bevorzugt die Lernfähigkeiten des linken Gehirns und ignoriert alle anderen Möglichkeiten", sagte sie.

Die Textstellen in Blakeslees Buch zeigten es schwarz auf weiß. Endlich eine wissenschaftliche Erklärung der widersprüchlichen Lerngeschichten der Kinder und Jugendlichen, die zeigten, dass sie anders lernen, jedenfalls ganz anders, als es in der Schule von ihnen erwartet wurde. Blakeslees Untersuchungsergebnisse belegten eine Überbetonung der Fähigkeiten des linken Gehirns in unserem Schulsystem. Die Neurobiologie gab uns nun den Schlüssel zur Frage, warum bildhafte, kreative und intuitive Fähigkeiten der Wissensaufnahme in der Schule komplett ausgeblendet wurden. Sie bot uns einen grandiosen Schauplatz: das menschliche Gehirn mit seiner erstaunlichen Spezialisierung in eine rechte und eine linke Gehirnhälfte.

Tatsächlich mussten wir erst die Pädagogik verlassen und uns einem ganz neuen Fachgebiet, der Gehirnforschung, zuwenden, um die Lernsituation der Kinder und Jugendlichen begreifbar zu machen.

Und vor allem geht es hier um die Frage, was genau der Verlust der Partnerschaft des rechten Gehirns für das Lernen in der Schule bedeutet. Hier galt es, Antworten herauszuarbeiten. Die unterschiedlichen Fähigkeiten des rechten und des linken Gehirns geben uns ein spannendes Werkzeug an die Hand, die einzelnen Bereiche von Schule danach zu befragen, wo sie welche Fähigkeiten fördern und welche sie ignorieren.

Doch wie genau sehen die Unterschiede in der Arbeitsweise der beiden Gehirnhälften aus? Lena wollte mehr über diese Unterschiede wissen. Ich hatte mich nach meinem Blakeslee-Fund ein wenig informiert, und so erzählte ich ihr, dass die Forschungen darüber schon vor vielen Jahrzehnten begonnen hatten, wie etwa bei dem amerikanischen Forscher, Roger Sperry. Schon in den 60er Jahren hatten er und seine Studenten Aussagen über die Fähigkeiten der beiden Gehirnhälften gemacht, Aussagen, die heute noch Gültigkeit haben und allgemein anerkannt sind. Sie stellten fest, dass jede Hälfte des Gehirns über eigene bewusste Gedanken und somit auch über ein eigenes Gedächtnis verfügt. Von großer Bedeutung war schon damals die Erkenntnis, dass die Denkweisen der beiden Hemisphären völlig unterschiedlich sind. In zahlreich durchgeführten Untersuchungen stellten sie fest, dass die linke Hemisphäre in Worten denkt, während die rechte unmittelbar mit sensorischen Bildern arbeitet.

Eins zu eins teilte auch Blakeslee diese allgemeine Auffassung, doch im Unterschied zu Sperry und vielen anderen Gehirnforschern ging er einen bedeutsamen Schritt weiter. Er dachte über sein Fachgebiet hinaus und übertrug seine Erkenntnisse auf die Erziehung und auf die Pädagogik.

Sperry schrieb, dass das linke Gehirn als Spezialist für Sprache nicht nur in Worten brilliert, sondern auch bei logischen Sequenzen, die Schritt für Schritt ablaufen und die Basis der Sprache bilden. Folgerichtig ordnete er dem linken Gehirn alle akademischen Aspekte des Lernens zu, wie lineares Denken, logisches zielorientiertes Vorgehen, Strukturierungsfähigkeit und langsame, kleinschrittige Arbeitsweisen zum Aufbau von Detailwissen. Hätte Blakeslee hier konsequent weitergedacht, wäre es für ihn nur noch ein kleiner Schritt gewesen, sein Wissen auch auf die Lerntechniken der Schule zu übertragen.

Schule und Bildung stellen von der ersten Klasse bis hinauf in die Universität nur zwei, drei Lerntechniken zur Aufnahme und

Verarbeitung von Wissen zur Verfügung: Wort-für-Wort-Lesen, Auswendiglernen und analytisches Erschließen von Texten und Büchern – alles Fähigkeiten, die den Intellekt und die Logik schulen, also ebenfalls ausschließlich Fähigkeiten des linken Gehirns.

„Genau darum geht es", sagte Lena, die mir bisher still gefolgt war, aufgebracht. „Auch mir wurde in der Schule beigebracht, dass zum richtigen Lernen das Wort-für-Wort-Lesen, Auswendiglernen, Texte-Wiedergeben gehören. Doch das konnte ich nicht! Wenn ich einen Text langsam Wort für Wort las, war ich nicht mehr in der Lage, den Text im Sinnzusammenhang wiederzugeben. Immer wieder machte ich Gedankensprünge, oder es fehlten wichtige Details. So konnte ich einfach nicht lernen. Und bei Max ist es genauso."

„Ebenfalls bei Linus, Julius und all den anderen", ergänzte ich.

Sie tauchten vor meinem inneren Auge auf, ob sie nun noch sehr jung waren und gerade erst die zweite Klasse der Grundschule besuchten oder sich schon in höheren Klassen der weiterführenden Schulen befanden. All diese Kinder und Jugendlichen lernten allesamt einfach anders, nämlich mit den visuellen und intuitiven Fähigkeiten des rechten Gehirns.

Stellten ihre Geschichten nur die Spitze des Eisbergs dar? Ich war mir sicher, dass allein in Deutschland bis zu zwei Millionen Kinder und Jugendliche Probleme in der Schule hatten, weil sie gezwungen wurden, nach den althergebrachten Regeln und der logisch-analytischen Methode des linken Gehirns zu lernen.

Ausgestattet mit den hohen sensorischen Fähigkeiten des Bildergedächtnisses benötigten sie Lese- und Lerntechniken, die diesen Begabungen Rechnung trugen.

Noch einmal betrachtete ich das Buch in meiner Hand. Blakeslee hatte schon vor 30 Jahren erstaunliche Aussagen gemacht. Weshalb wurden seine Erkenntnisse von dem Schul- und Bildungssystem nicht aufgegriffen? War damals die Zeit noch nicht reif dafür, sodass dieses Buch unbeachtet in einem Antiquariat verstaubte? Ich wandte mich wieder Lena zu.

„Blakeslee jedenfalls wusste um die Konsequenz dessen, was passiert, wenn man die Fähigkeiten des Gehirns nur einseitig ausbilden will", sagte ich ihr. „Hör´ selbst, was er hier schreibt:

‚Wenn es gelänge, beide Hirnhälften in gleicher Weise zu mobilisieren und das ganze Gehirn gleichermaßen zu nutzen, stünde die Evolution schlechthin vor einer Wende. Denn jede der beiden menschlichen Gehirnhälften kann für sich denken und lernen. [...] Dort liegt die Chance – anthropologisch, psychologisch und pädagogisch –, einen kapitalen Erziehungsfehler wiedergutzumachen und einem Erziehungssystem das unmenschliche Handwerk zu legen, auf dessen Geheiß sich eine andere Art der Dummheit etablierte. Bei schöpferischen Menschen ist das ganze Gehirn im Einsatz.'"

Kurzes Schweigen, Blakeslees Worte wirkten nach.

Mir wurden nun die psychologischen und sozialen Folgen klar: „Vor diesem Hintergrund wundert es nicht, wenn die Kinder und Jugendlichen durch Unkonzentriertheit, Tagträumerei, Impulsivität, motorische Überaktivität oder soziale Verhaltensauffälligkeiten in der Familie und in der Schule auffallen, dass sie dort so viel ‚Unruhe' stiften. Was können sie sonst tun?"

„Wie ging Blakeslee vor, als ihm bewusst war, welche Folgen eine Erziehung hat, die nur logisch-analytische Fähigkeiten ausbildet", fragte Lena.

„In sorgfältig durchgeführten Versuchen widmete er sich vor allem weiter den Fähigkeiten des rechten Gehirns. Er führte zahlreiche Untersuchungen zu den visuellen, aber auch intuitiven und kreativen Fähigkeiten dieser Gehirnhälfte durch."

„Äußert Blakeslee sich eigentlich auch zu den fotografischen Fähigkeiten bei der Aufnahme von Texten?"

„Nicht direkt." Soweit ist er meines Wissens nicht gegangen.

Allerdings beschreibt Blakeslee eine Fähigkeit, die in diesem Zusammenhang sehr interessant ist, die ich selbst immer wieder bei Kindern und Jugendlichen beobachtet habe. Wie oft hatten sie davon erzählt, dass sie blitzschnell mehrere bedeutungstragende Nomen einer Textseite gleichzeitig aufnahmen und verarbeiteten. Auf meine Nachfragen hatten sie immer wieder bestätigt, die Textseite als inneres Bild wahrzunehmen. Oft gab es in diesem Bild Nomen, die aus dem Text fast dreidimensional heraustachen. Die Textinformation über die Nomen reichte in vielen Fällen aus, um wichtige Aussagen der Textseite wiedergeben zu können.

Diese Fähigkeit deutet auf einen interessanten Übertragungsweg, wie er wahrscheinlich automatisch auch beim fotografischen Lesen genutzt wird.

„Einen Augenblick, hier ist die Textstelle, die diese Fähigkeit beschreibt: ‚Weil das rechte Gehirn in Bildern denkt, hat es einen ungeheuren Vorteil beim Erkennen und Behandeln von komplexen visuellen Strukturen ... Die Methode des Erkennens scheint beim rechten Gehirn fundamental anders zu sein, weil es mit einem ganzen Bild in paralleler Vorstellung arbeitet.'"

Ich schaue vom Buch zu Lena hoch, die mit dem Vorgelesenen sichtlich einverstanden war und vergnügt lächelte: „Wie geht das eigentlich, dass du beim Lesen viele Informationen gleichzeitig aufnimmst? Ich hatte beim Hören deiner Geschichte mit der Pendeluhr den Eindruck, dass dir diese Fähigkeiten ganz vertraut sind."

Würde Lena den Faden der parallelen Textverarbeitungsfähigkeiten des rechten Gehirns jetzt aufnehmen?

Das rechte Gehirn denkt anders – Ein Blick auf die Möglichkeiten

Gespannt wartete ich auf ihre Antwort. Erhielten wir jetzt weitere Hinweise, eine weitere Kostprobe ihrer fotografischen Lesefähigkeit? Als hätte Lena meine Gedanken erraten, öffnete sie langsam ihre vom vielen Gebrauch schon abgewetzte braune Ledertasche und zog ein mehrere Hundert Seiten dickes Buch heraus.

„Du hast mich gefragt, wie ich beim Lesen so viele Informationen gleichzeitig aufnehmen kann. Ich kann ich dir gleich einen untrüglichen Beweis liefern. Erst gestern hatte ich ein sehr spannendes Erlebnis mit diesem Buch", erwiderte sie und schaute mich bedeutungsvoll an.

Was würde jetzt wohl kommen? Bei dem Buch handelte es sich um den Fantasieroman ‚Der Wellenläufer' von Kai Meyer, den ersten Band einer Trilogie. Lena blätterte in den Seiten dieses knapp 400 Seiten starken Werkes.

„Gestern habe ich es in gut zwei Stunden gelesen. Beim Lesen hatte ich das Gefühl, in eine andere Dimension einzutauchen. Inhaltlich geht es darum, dass durch ein magisches Beben die Küsten der Karibik erschüttert werden. Weiter werden in einem der Piratenhäfen Kinder mit einem besonderen Talent geboren, diese Kinder können über Wasser gehen."

„Einen Augenblick, Lena", unterbrach ich sie. „Der Inhalt des Buches ist die eine Seite, beschreibe doch bitte, wie du das Buch gelesen hast. Sicherlich hast du bei deinem Lesetempo den Text nicht Wort für Wort gelesen!"

„Natürlich nicht." Lenas Augen schienen durch die Seite des Buches hindurchzuschauen. „Ich beginne relativ langsam, damit die Personen der Handlung einen Charakter, ein Gesicht bekommen. Dann stelle ich die Rahmenhandlung in ein großes Bild. In diesem Bild gibt es verschiedene Türen; die stehen stellvertretend für die

Themen oder die Kapitel des Buches. Wenn ich dann richtig in das Buch einsteige, bin ich Beobachter in diesem großen Bild des Buches. In dem Augenblick nehme ich alles gleichzeitig wahr, die Überschriften der Kapitel, aber auch alle beteiligten Personen.

Erst danach beginnt das eigentliche Abfotografieren und Lesen, denn durch diesen ganzheitlichen Überblick bin ich in der Lage, die Tür des ersten Kapitels zu öffnen, um in den Inhalt einzutauchen. Nach kurzer Zeit verwandelt sich das Handlungsgeschehen in innere Bilder, dann in innere Szenen; es entstehen Filme. Dabei werde ich beim Lesen immer schneller. Die Bilder und Filme entstehen ganz von alleine vor meinem inneren Auge. Parallel tauche ich auch emotional in den Gang der Handlung ein.

Gleichzeitig kann ich aus einer anderen Perspektive den inneren Film beobachten. Beim Wellenläufer zum Beispiel waren alle meine Sinne beteiligt. Ich spürte das prickelnde Meerwasser auf meiner Haut, fühlte seine Temperatur. Kraft meiner Vorstellung konnte ich tief in das Meer abtauchen, bewegte mich über den Sand des Meeresbodens. Ich schmeckte das Salz auf meinen Lippen, spürte die Bewegung des Meeres, war in der Lage, unter Wasser zu sehen und zu atmen. Ich kann in diesen Szenen auch die Gefühle der Figuren wahrnehmen, wie das in berührenden Kinofilmen auch anderen passiert."

Lena blickte hoch, und nicht nur mir war in diesem Moment klar, welche Möglichkeiten und Chancen sich hier für das Lesen und Lernen und den Aufbau von Wissen eröffneten.

Das hatte in der Tat nichts mehr mit Wort-für-Wort-Lesen zu tun. Das war Lesen mit den Fähigkeiten und Potenzialen des rechten Gehirns. Das war die Beschreibung eines Lesevorgangs, der in der Welt der inneren Bilder stattfindet. Als ich Lena dann noch bat, zu beschreiben, wie sie die Gefühle der handelnden Figuren aufnimmt und wie die Palette innerer Wahrnehmungsfähigkeiten aktiviert wird, antwortete sie: „Mithilfe zweier innerer Berater" und fügte noch hinzu: „Die Geschwindigkeit spielt hier keine Rolle mehr! Wie schon so oft vergaß ich Zeit und Raum! Ein herrliches Lesevergnügen!"

Ich hielt Blakeslees Buch noch in der Hand. Über Lenas Lerngeschichte und denen der Kinder und Jugendlichen hatten wir Hinweise auf eine anders gelagerte Aufnahme und Verarbeitung von Büchern und Texten erhalten, die im diametralen Gegensatz zur langsamen, kleinschrittigen und sequenziellen Aufnahme und Verarbeitung beim normalen Wort-für-Wort-Lesen standen. Der fotografische Leseprozess an sich ging jedoch weit darüber hinaus, hatte Fragen aufgeworfen, die wir noch einen Moment zurückstellen mussten. Doch eines war jetzt schon klar, allein die Übertragung von Blakeslees Aussagen auf diese Lesefähigkeit würde uns viele spannende Stunden bescheren.

Als Lena nach Hause gegangen war, blieb ich noch eine Weile sitzen, in diesem Raum der unterschiedlichen Bücher, Bücher des Wissens und der Bedeutungen. Wie würde es weitergehen? Hier hatten sich viele neue Fragen aufgetan. Ich schaute auf die angegilbten Seiten des Buches in meiner Hand. Würden diese Seiten uns 30 Jahre nach ihrem Erscheinen helfen, die Notwendigkeit eines Paradigmenwechsels im deutschen Schulsystem zu beweisen? Wenn wir uns auf dieses Abenteuer einließen, würden wir Forschungsarbeit zu leisten haben, Forschungsarbeit über die Fähigkeiten des geheimnisvoll anmutenden rechten Gehirns. Was hatte ich da gerade gedacht? Geheimnisvoll – dieser Begriff würde bei den Lehrern und Pädagogen sofortige Abwehr hervorrufen.

Doch um was ging es hier? Sicherlich nicht um etwas Geheimnisvolles im mystischen oder gar esoterischen Sinn. Ganz im Gegenteil. Es ging um etwas Reales, aber nicht direkt Erklärbares. Das sekundenschnelle Erfassen von Textseiten und die gleichzeitige Aktivierung der Wahrnehmungsfähigkeiten des inneren Fühlens, Sehens und des intuitiven Erfassens von Büchern übten diese Wirkung aus, eine Wirkung, der man sich kaum entziehen konnte. „Das rechte Gehirn und seine schöpferischen Kräfte" – schon Blakeslecs Titel wies auf das Fantasievolle, Geistreiche, Erfinderische, Originelle, Einfallsreiche, Spielerische, Talentierte und Kreative dieser Gehirnhälfte hin. Diese Fähigkeiten stellten uns vor die Aufgabe, sie mit der Logik des linken Gehirns zu kombinieren, damit sie Zugang in ein Schulsystem finden, dessen größtes Problem aktuell darin bestand, dass es diese Fähigkeiten über Jahrzehnte komplett ignoriert hatte.

Wenn dieser Schritt gelänge, würde es zukünftig möglich werden, für das Lesen und Lernen beide Gehirne gleichermaßen zu nutzen, um damit den kapitalen Erziehungsfehler wiedergutzumachen, über dem die visuellen und intuitiven Fähigkeiten komplett aus dem Blick geraten waren.

 Wissen kurzgefasst:

Fähigkeiten und Lerntechniken

Die rechte Gehirnhälfte ist in unserem logisch-analytisch und rational ausgerichteten Schulbetrieb in ein folgenreiches Abseits geraten.

Der wichtigste Unterschied zwischen den Denkweisen der beiden Hemisphären besteht darin, dass das linke Gehirn in Worten und das rechte Gehirn unmittelbar in sensorischen Bildern denkt. Daneben gibt es eine Reihe weiterer Unterschiede.

Grundlegende Fähigkeiten der beiden Gehirnhälften auf einen Blick

Linkes Gehirn	Rechtes Gehirn
Welt der Wörter	Welt der Bilder
lineares Denken	Ideen, verschiedene

vom Detail zum Ganzen	Perspektiven vom Ganzen zum Detail
logisch, analytisch	verspielt, fantasievoll, kreativ
	neugierig, intuitiv, emotional
einzelne Sequenzen	Erkennen von Textstrukturen
auf Fakten gerichtet	Suche nach Bedeutung

Durch den weitgehenden Verzicht auf Spontanität, Neugier, Fantasie, Kreativität und Bildersprache begeht das System Schule einen kapitalen Erziehungsfehler.

Der Anspruch der Schüler auf individuelle Förderung wird nicht anerkannt und verhindert den Aufbau eines nicht zu überblickenden Potenzials an Wissen.

Ein deutliches Beispiel sind die klassischen Lese- und Lerntechniken der Schule, wo das Lernen ausschließlich auf die akademischen Fähigkeiten des linken Gehirns ausgerichtet ist.

Lerntechniken, die die Fähigkeiten des rechten Gehirns aufgreifen, sind im deutschen Schulsystem so gut wie gar nicht vorhanden.

Lerntechniken der Schule auf einen Blick

Linkes Gehirn	**Lerntechniken der Schule**
Welt der Wörter	Wort-für-Wort-Lesen
	Vokabeln/Gedichte auswendig lernen
lineares Denken	Texte schreiben (Einlei-

logisch, analytisch	tung, Hauptteil, Schluss)
	Textanalyse
einzelne Sequenzen	Vokabeln, Grammatik, Texte
auf Fakten gerichtet	Grammatik ohne Text

Lesetechnik der Schule

Lesen in der Schule findet ebenfalls ausschließlich in der Welt der Wörter, also mit den Fähigkeiten des linken Gehirns statt. Die einzige in der Schule gelehrte Technik hierzu ist Wort-für-Wort-Lesen.

Linkes Gehirn	**Lesetechnik der Schule**
Lesen mit dem linken Gehirn	Lesen in der Welt der Wörter
Wort-für-Wort-Lesen	Texte und Bücher werden Zeile für Zeile gelesen
vom Detail zum Ganzen	von der ersten bis zur letzten Seite lesen

Eine Lesetechnik, die das Bildergedächtnis des rechten Gehirns aufgreift, ist im deutschen Schulsystem komplett unbekannt.

Die Lesefähigkeiten von Lena und den Kindern und Jugendlichen ermöglichen erste Beschreibungen darüber, wie das Lesen in der Welt der Bilder mit dem rechten Gehirn erfolgen könnte.

Lesen in der Welt der Bilder

Funktionsweise des rechten Gehirns ...	**... beim Lesen von Büchern**
Welt der Bilder	innere Bilder u. Filme zum Lesestoff
ganzes Bild mit parallelen Vorstellungen	Rahmenhandlung eines Buches
Vogelperspektive	gleichzeitige Wahrnehmung von Kapitelüberschriften, beteiligten Personen (ganzheitlicher Überblick)
Erkennen von Strukturen	Strukturen und Themen eines Buches
vom Ganzen zum Detail	Beobachter – Eintauchen
innere Wahrnehmungen	Gefühle der Figuren wahrnehmen
Beteiligung der Sinne	Gerüche, Bilder, Empfindungen
Neugier	Stellen von Fragen

Mythos PISA, eine Dummheit? – Am Sockel des Bildungssystems rütteln

Welche weiteren Auswirkungen hatte der Verlust der Partnerschaft des rechten Gehirns zwangsläufig auch für die Vermittlung von Wissen und für die Lehrer-Schüler-Beziehung als wichtigstes Instrument zur Aktivierung von Lernprozessen? Welche weiteren Folgen könnten sich aus der einseitigen Leistungsideologie der einzelnen Schulfächer ergeben haben? Ging es hier nicht noch um viel mehr als nur um Lese- und Lernprozesse? Diese Fragen stellte ich mir nicht das erste Mal. Mit ihnen gingen meine Gedanken weiter, wie über eine vernetzte Landkarte, über wissenschaftliche Forschungs- und Bildungsbereiche hin zu Schullandschaften, zur Aktualität und Wirklichkeit der Schule. Ich blickte über ein mächtiges Bildungssystem, dessen Dogmen, Einstellungen, Wissens- und Erziehungsziele anscheinend seit Jahrzehnten gültig und unhinterfragt wirksam geblieben sind. Ein starker Mythos, dachte ich, aber berichteten Mythen nicht immer darüber, wie sich die Gegenwart in der Vergangenheit begründet?

Ich schloss die Augen, dem Strom der inneren Bilder folgend. Für die Gegenwart hing über dem deutschen Schulsystem der Richterspruch der jährlich durchgeführten PISA-Kontrollen. Die PISA-Studien der OECD waren international durchgeführte Schulleistungsuntersuchungen, die seit dem Jahr 2000 durchgeführt wurden und zum Ziel hatten, Kenntnisse und Fähigkeiten 15-jähriger Schüler der europäischen Staaten zu messen und zu vergleichen. PISA testete nicht einzelne Schulfächer, sondern Bereiche wie Lesekompetenz, Mathematik und Naturwissenschaften. Bei jedem Durchgang wird ein Bereich vertieft untersucht. Im Jahr 2000 war es der Bereich Lesekompetenz. Das Ergebnis dieser ersten Untersuchung versetzte eine ganze Nation in Aufruhr. Das ehemals anerkannte, exzellente deutsche Schul- und Bildungssystem war erstmalig in die öffentliche Kritik geraten – national und international.

Der Grund: Deutsche Schüler erreichten lediglich den 22. Rang und lagen mit 16 Punkten unter dem OECD-Mittelwert. Mit etwa 20 Prozent des Altersjahrgangs war der Anteil schwacher und schwächster Leser in Deutschland ungewöhnlich groß.

Ich dachte an Linus und Julius. Wie ich von ihnen wusste, hatten auch sie in einer der Leistungserhebungen in dem Bereich Lesekompetenz nur unterdurchschnittlich abgeschnitten. Ein weiteres Mal zeigte sich eine verblüffende Diskrepanz, verfügten doch dieselben Schüler über beschleunigte Lese- und Lernfähigkeiten.

Erhielten wir hier einen weiteren Hinweis auf die Einseitigkeit schulischer Lern- und Vermittlungswege? Einer Ahnung folgend, blickte ich mich ein weiteres Mal alleine im Raum um und wurde auf den rötlichen Einband eines Buches aufmerksam.

Aus dem Bücherberg zog ich das Buch ‚Der PISA-Schock und die zehn Gebote des Lernens' von Professor Peter Struck, Bildungsexperte und PISA-Kritiker, hervor. Ich erinnerte mich an einen wichtigen Absatz des Buches und fand schnell diesen bedeutsamen und entscheidenden Abschnitt, in dem Struck die pädagogischen Konsequenzen kritisierte, die trotz der Dramatik der PISA-Ergebnisse in einer oberflächlichen Auseinandersetzung stecken blieben. Neugierig begann ich zu lesen:

‚Der PISA-Schock saß, Bildung geriet in die Diskussion der Öffentlichkeit und vor allem auch der öffentlichen Aufmerksamkeit, dennoch bleibt die deutsche Schuldebatte oftmals an ideologischen Auseinandersetzungen hängen. Schulreformen werden zwischen Parteien, den Kirchen oder den Lehrerverbänden mehr gebremst als gefördert. Und trotz des Vielfältigkeitsgebots unseres Grundgesetzes, nach dem Kinder voneinander unterschiedlich sein dürfen, wird immer noch versucht, Kinder an die Schule anzupassen. Im schlimmsten Fall mit dem Medikament Ritalin, statt die Schule an die Eigentümlichkeiten der Kinder anzupassen.'

Weiter äußerte sich Struck noch zu der Fragwürdigkeit des wiederentdeckten, neuen Leistungsbegriffs, der sich wiederum an Paradigmen der letzten Jahrzehnte orientierte – also vor allem an Rechtschreibung und Rechenfertigkeit sowie den Kopfnoten ‚Fleiß', ‚Ordnung' und ‚Mitarbeit' statt an den neuen Schlüsselqualifikationen ‚Handlungskompetenz', ‚Selbstständigkeit', ‚Teamfähigkeit' und ‚Informationskompetenz'.

Ein weiteres Mal gingen meine Gedanken zu den Lerngeschichten der Kinder und Jugendlichen. Auch Sebastian und Timmy hatten, ebenso wie viele andere, große Probleme in der Rechtschreibung und Grammatik, oftmals mit verhängnisvollen Folgen. Insbesondere der Wechsel zur weiterführenden Schulform Gymnasium wurde, wie wir gesehen hatten, allzu oft durch nur ausreichende Noten in der Rechtschreibung und Grammatik verhindert, obwohl dieselben Kinder großartige Fähigkeiten und Kompetenzen auch in den von Peter Struck beschriebenen neuen Schlüsselqualifikationen mitbrachten.

Doch was machte der Professor mit seinen Erkenntnissen? Begab er sich mit den Erkenntnissen seines Buches, mit den Ergebnissen, die den PISA-Schock hervorriefen, in eine öffentliche Bildungskritik? Auch an ihn würden wir auf der Suche nach neuen Wissenswegen weitere Fragen zu stellen haben. Würde er uns helfen können, ein wenig an dem Sockel des Bildungssystems zu rütteln? Keine leichte Aufgabe, die da auf uns zukommt, dachte ich.

Suchte das pädagogische Establishment, suchten die Vertreter, die dieses Bildungssystem geschaffen und weiterentwickelt hatten, nicht lieber nach System-stärkenden Möglichkeiten, nicht zuletzt, um Veränderungen im System zu verhindern? Einem uneingeschränkt an Effizienz und Leistung ausgerichteten System. Ich erinnerte mich an eine Nachricht der ARD-Tageschau, die im Mai 2006 ausgestrahlt worden war. Sinngemäß hieß es hier: Im Kultusministerium gibt es Bestrebungen, die Ursachen der schlechten PISA-Ergebnisse deutscher Schülerinnen und Schüler zu erfassen. Hierzu soll zukünftig jeder Schüler über eine Code-Nummer registriert werden. Hinter dieser Code-Nummer würden sich persönliche Daten der Schüler verbergen, zum Beispiel die Notenergebnisse der einzelnen Klassenarbeiten und Klausuren, Zeugnisnoten in den einzelnen Fächern, aber auch Informationen, wie oft ein Schüler eine Jahrgangsstufe wiederholen musste.

Der gläserne Schüler wäre geschaffen worden. Leider wären hinter der Code-Nummer weder besondere Fähigkeiten noch ungewöhnliche Begabungen der Schüler aufgenommen worden. Im Gegenteil: Ein derartiges Überprüfungssystem hätte den Druck und die einseitige Leistungsideologie weiter gestärkt. Zum Glück kam es nicht dazu.

Nachdenklich legte ich Strucks Buch zurück und wandte mich erneut dem Buch von Blakeslee zu, der aus einem ganz anderen Wissenschaftsbereich, der Neurobiologie, noch viel extremer als Struck die Probleme benannt hatte.

So viel war mir klar geworden, der Verlust der Partnerschaft des rechten Gehirns hatte Auswirkungen in einem vielleicht noch nicht zu übersehenden Ausmaß. Immer noch war ich überrascht, dass Blakeslees provokante Äußerungen zur einseitigen Nutzung des linken Gehirns und seine Kritik an der ausschließlichen Förderung der Fähigkeiten der Analytik, der Logik und des Kognitiven in den Jahren nach der Veröffentlichung seines Buches im Sande verliefen. Niemand nahm seine Forschungsergebnisse auf und nutzte seine bedeutsamen Aussagen, leitete daraus Konsequenzen für Erziehung und Bildung ab. Im Gegenteil, sie blieben im gesamten Erziehungs- und Bildungssystem über die letzten Jahre und Jahrzehnte unbeachtet. Es ignorierte seine erstaunlichen Aussagen zu der Bedeutung den kreativen, assoziativen, visuellen und intuitiven Fähigkeiten für die Erziehung und Pädagogik.

Ich konnte Blakeslees Forderung, beide Gehirnhälften in der Erziehung und Pädagogik zu nutzen, nur zustimmen, aber ebenso sicher wusste ich, dass das grundlegende Denken und die ideologische Festlegung des Bildungsestablishments sich ändern müssen, bevor wirkliche Ergebnisse erzielt würden und es zu einer nennenswerten Reform im Erziehungssystem kommen könnte. Dennoch, ein erster wichtiger Schritt war getan. Ich freute mich auf die großartige Aufgabe, die Erkenntnisse der Neurobiologie mit den Fähigkeiten der Kinder und Jugendlichen zu kombinieren, um neue Wissenswege zu beschreiben, die weit über neue Lerntechniken des fotografischen Lesens hinaus gehen würden. Parallel würde sich das Schulsystem kritischen Fragen stellen müssen, etwa was es bedeutet, wenn ein Lehrer nur in der Lage ist, in Worten zu denken, aber nicht in Bildern, und wenn in Schulbüchern die Kraft der Intuition vernachlässigt wird.

Viele weitere Fragen würden hier noch aufkommen – eine herausfordernde Aufgabe, die Partnerschaft des rechten Gehirns auch hier ins Spiel zu bringen. Neue interessante pädagogische Leitideen müssten sich dann aus diesem Diskurs für den Unterrichtsalltag entwickeln lassen.

Und erstmalig würden dabei die Kinder und Jugendlichen in ihrer Individualität im Mittelpunkt aller pädagogischen und didaktischen Überlegungen stehen. Aber wie wäre es möglich, das System Schule, die Kinder und Jugendlichen sowie die einzelnen Forschungsbereiche und Disziplinen miteinander ins Gespräch zu bringen? Sie müssten alle an einen Tisch geholt werden, dachte ich, als mir bei diesen Überlegungen die Idee für ein Treffen zuflog, ein Treffen zu einer ungewöhnlichen wissenschaftlichen Bücherrunde.

Zum Glück hatte ich, kurz bevor Lena ging, noch mit ihr vereinbart, dass wir für unser morgiges Treffen nach weiteren Büchern aus der Neurobiologie, der Lernpsychologie und der Leseforschung Ausschau halten.

Das Schul- und Bildungssystem im Spannungsfeld zwischen Neurobiologie und Leseforschung

Vorbereitungen zu einer ungewöhnlichen Forschungsrunde – Aus der Vogelperspektive Bücher neu erfassen

Ungeduldig erwartete ich den nächsten Abend. Im Tagesverlauf waren meine Gedanken das eine oder andere Mal um die Idee der wissenschaftlichen Bücherrunde gekreist. Aufregung erfasste mich, je mehr Zeit verstrich. Kleinere und größere Bücherberge stapelten sich an verschiedenen Stellen im Raum. Ich hatte sie aus den Bücherregalen meiner kleinen Bibliothek ausgesucht und im Raum verteilt. Immer wieder nutzte ich freie Minuten des Tages, um mir einen Eindruck von den für unser Thema wichtigen Werken zu machen.

Dabei hatten neben dem Buch von Howard Gardner ‚Abschied vom IQ' zwei weitere Werke aus dem Bereich der Leseforschung meine Aufmerksamkeit erregt.

Außerdem suchte ich nochmals kurz das Antiquariat auf und war dort ein weiteres Mal mit einem Buch fündig geworden, das mir bei meinem ersten Besuch entgangen war. Dabei handelt es sich um Marilee Zdeneks „Die Entdeckung des rechten Gehirns", das wie Blakeslees Werk in den 80er Jahren entstanden war.

Ich dachte an die vor uns liegenden Aufgaben. Würde es uns gelingen, den über so viele Jahre und Jahrzehnte unsichtbar gebliebenen Partner, das mit so vielen Fähigkeiten ausgestattete „geheimnisvolle" rechte Gehirn sichtbar zu machen? Ich wusste, dazu würden wir uns auf ganz neuen Pfaden bewegen und das eine oder andere Mal bestimmt selbst erste neue Wissensspuren für das Schul- und Bildungssystem legen.

Unsere wissenschaftliche Bücherrunde sollte hierzu den Grundstein legen. Doch im Gegensatz zu anderen Gesprächskreisen waren hier nicht die Autoren selbst anwesend, dafür aber ihre Bücher. Ich schaue zu dem kleinen Bücherstapel. Dabei hatte ich die Idee, die Präsenz und Wirkung der Bücher in den Vordergrund treten zu lassen. Ein Stuhlkreis im Raum böte hierzu eine gute Gelegenheit. Bequeme Stühle, darauf große creme- und erdfarbene Kissen luden die sieben Bücher zum Verweilen ein. Sollte ich sie hochkant darauf positionieren? Gedacht, getan. Titel auf farbigen Buchumschlägen. Einzelne Wörter traten heraus. ‚Geheimnis der Spiegelneurone', ‚Das rechte Gehirn', ‚Macht der inneren Bilder'. Und die Autoren? Blakeslee, Hüther, Bauer und Spitzer. Fast war mir, als könnte ich sie jetzt leibhaftig hier in diesem Raum wahrnehmen. Hatte nicht einst Proust beschrieben, dass Machiavelli eine Lektüre vorbereitete, indem er sich gemäß der zeitlichen Epoche des Autors kleidete, um dann imaginativ mit ihm zu dinieren?

Ich betrachtete zufrieden die Anwesenden der Runde. Doch wie würden wir diese Bücher zum ‚Sprechen' bringen? Wie würde sich uns das Wissen aus diesen Büchern präsentieren? Wäre es möglich, sie alle gleichzeitig, in einem ganzheitlichen Bild zu präsentieren? Könnten wir auch hier die Arbeitsweise des rechten Gehirns nutzen? Blakeslee hatte von der Möglichkeit gleichzeitig vorhandener Informationen in einem ganzheitlichen Bild gesprochen. Natürlich, eine Riesen-Mindmap, eine Art Landkarte aller beteiligten Bücher wäre die geeignete Arbeitsform.

Ich schaute mich im Raum um. Die Wände böten genügend Platz, um die Titel der Bücher, aber auch wichtige Themen dort ganz real sichtbar zu machen. Es müsste gehen, dachte ich. Schließlich hatte Lena doch gezeigt, dass es möglich ist, ein ganzheitliches Bild von den Themen eines Buches herzustellen. Warum also sollten wir diese Möglichkeit nicht auch bei der Verarbeitung von etwa sieben bis acht Bücherbänden mit unterschiedlichen thematischen Schwerpunkten nutzen?

Doch wie könnten wir die wichtigsten Fakten und Kriterien erfassen? In den Gedanken über die Möglichkeiten einer guten Vorgehensweise hatte ich die Idee, den Büchern fragend zu begegnen. Ich griff eines der Bücher, dann ein zweites und ein drittes. Beim Blättern der Seiten und beim Lesen der Inhaltsverzeichnisse und Klappentexte schienen sich geeignete Fragestellungen wie von selbst zu entwickeln. Ich nahm unterschiedliche farbige Zettel und schrieb zu jedem Buch eine Anzahl von Fragen auf. Zufrieden schaute ich schließlich auf die Vielzahl der aufgelisteten Fragen. Eine Moderation wäre nötig, dachte ich, als es klingelte.

Ich hörte, wie Lena die Treppen heraufstürmte. Mit Büchern bepackt, betrat sie etwas atemlos den Raum. Ich wies auf die Bücher: „Schau, wer anwesend ist: eine illustre wissenschaftlich literarische Runde!" Sie erfasste die Situation, und lachend ordnete auch sie die mitgebrachten Bücher den Themen zu.

„Fragestellungen sind am besten geeignet, um eine Diskussion zu entfachen", entgegnete sie, wobei sie sich neugierig im Raum umschaute und die farbigen Zettel mit den Fragen entdeckte. „Über Fragen lassen sich ganze Bücher strukturieren!"

Gerade als ich Lena fragen wollte, welche Erfahrungen sie hiermit habe, erzählte sie auch schon davon.

„Damals, als mein Vater mein Chemiebuch aufschlug und mir die Fragen stellte, blätterte sich vor meinem inneren Auge genau die Seite des Chemiebuches auf, auf der die Antwort stand. Etwas in mir kannte diese Seite; etwas in mir wusste, dass dort die Antwort zu der Frage stand. Ich brauchte sie dann nur noch vor meinem inneren Auge abzulesen. Oftmals war die Buchseite gestochen scharf wie ein Foto, und manchmal hatten die Texte aber auch eine faszinierende dreidimensionale Struktur. Diese Fähigkeit entwickelte sich weiter, aber erst später, im Studium. Da habe ich mir die Fragen dann selber gestellt und dabei eine verblüffende Entdeckung gemacht.

Mit Fragestellungen", sprach sie langsam weiter, „ist es möglich, verschiedene Perspektiven einzunehmen. Je nach Fragestellung nehme ich mal die eine, mal die andere Perspektive ein. Wenn ich mir einen Überblick über ein Buch verschaffe, gehe ich in die Vogelperspektive. Aus der Vogelperspektive sehe ich immer das gesamte Buch, einschließlich aller Quervernetzungen. So erhalte ich sehr schnell ein vollständiges thematisches inneres Gesamtbild eines Buches. In dieses Gesamtbild tauche ich dann regelrecht ein. Oftmals stoße ich auf weitere interessante bildhafte Strukturen. In meiner Vorstellung handelt es sich dabei oft um Türen, manchmal sind es auch goldene Tore oder Fenster. Sie alle sind beschriftet. Entweder steht dort die Überschrift eines Themas aus dem Buch, welches mich neugierig gemacht hat, oder auch eine bestimmte Fragestellung, die mit einem oder mehreren Kapiteln des Buches in Verbindung steht. So kann ich auch jederzeit zwischen den Kapiteln wechseln, je nach Absicht oder Fragestellung an der Oberfläche bleiben oder in einzelne Kapitel eintauchen und mich in Antworten vertiefen. Ich fühle mich dann wie ein Regisseur. In der Position des Regisseurs trete ich auch sehr gerne zurück und sehe mir dann das große Zusammenspiel an. Aus dieser Position kann ich die Entwicklungen, zum Beispiel einzelner Protagonisten des Buches, betrachten."

Sie schaute mich an. Ständig wechselnde Perspektiven auf die Themen und auf die einzelnen Bücher, dachte ich.

„Natürlich, das wäre die geeignete Vorgehensweise, um konträre Standpunkte einzunehmen, auch innerhalb unserer ungewöhnlichen Diskussionsrunde."

Im ständigen Wechsel der Perspektive könnten wir die einzelnen wissenschaftlichen Positionen, aber auch die Schulrealität begreifen, die unterschiedlichen Wirkungen aufeinander wahrnehmen, sie in einem großen vernetzten Bild betrachten. Aus der Vogelperspektive sähen wir dabei die einzelnen ‚Geschichten' der Kinder und Jugendlichen in der großen Geschichte der Pädagogik und Neurobiologie, und sicher würden wir manchen Erinnerungsspuren folgen, auf denen sich alle Details der einen oder anderen ‚Schul- und Lerngeschichte' aufblättern würden.

Eine Erregung hatte uns beide erfasst bei diesen neuen Wegen des Erfassens von Büchern. Und tatsächlich, eine große Mindmap an der Wand ermöglichte uns auch physisch eine ständige thematische Präsenz der Bücher, die je nach Fragestellung in die eine oder andere Richtung verschoben werden konnten. Zufrieden richtete ich meine Aufmerksamkeit wieder auf unsere interessante Runde, neugierig darauf, welche thematischen Schwerpunkte mit welchen Büchern hier in Verbindung stehen.

Wissen kurzgefasst:

Arbeitsweisen des rechten Gehirns: Mindmaps – visuelle Gedächtniskarten

Mindmapping ist eine Bildermethode für Aufzeichnungen und Notizen jeder Art. Beim Mindmapping können die logischen Fähigkeiten des linken mit den komplexen Fähigkeiten des rechten Gehirns kombiniert werden. Dabei werden die wichtigsten Informationen und Themen z. B. zu einem oder mehreren Büchern schnell und sicher erfasst. Über Mindmaps können so wichtige Themen aus Texten oder Büchern mit eigenen Ideen oder auch Fragestellungen verbunden werden.

Folgende Schritte werden durchgeführt:

Blättere ein Buch durch, um ein Gefühl für den Aufbau und die Themen zu bekommen.

Lies das Inhaltsverzeichnis, den Klappentext und die Unterüberschriften einzelner Kapitel. Tauche in Textstellen ein, die dich neugierig machen. Kurze Leseproben helfen, die Gesamtstruktur und Thematik eines Buches zu erfassen.

Erstelle eine Mindmap. Schreibe den Titel des Buches in die Mitte.

Notiere wichtige Themen und persönliche Fragen.

Über eine Mindmap wird ein ganzheitliches Bild zu einem Thema hergestellt. Dabei werden Informationen von außen (Bücher) mit persönlich bedeutsamen Fragestellungen (innen) verbunden. In Form eines Bildes werden so die komplexen Themen und Fragestellungen zu einem oder mehreren Büchern anschaulich erfasst.

Forschungsrunde – Die Vorstellung der Bücher und anderer interessanter Teilnehmer

Zu leisen Klängen von Schuberts Impromptus schauten wir in die ungewöhnliche Runde. Die Vielfalt der verschiedenen Titel war groß.

Uns diagonal gegenüber, das Buch von Howard Gardner „So genial wie Einstein – Schlüssel zum kreativen Bewusstsein" sowie sein Grundlagenwerk „Abschied vom IQ – Die Rahmen-Theorie der vielfachen Intelligenzen".

Gardner behauptet: „Der IQ hat ausgedient." Aufgrund seiner jahrelangen psychologischen Forschung kam er zu dem Ergebnis, dass jeder Mensch mindestens sieben Intelligenzen entwickeln könne, die allerdings mit Standardtests in den meisten Fällen nicht zu erfassen seien. Sein Statement: „Erst im Zusammenspiel dieser vielfachen Intelligenzen aber ergibt sich menschlich kompetentes Verhalten." Für seine Rahmentheorie der vielfachen Intelligenzen erhielt Howard Gardner den Grawemeyer Award in Education.

Ich blickte auf die zu dem Buch formulierten Fragen:

Welche sieben Intelligenzformen beschreibt Gardner in seinem Werk? Handelt es sich bei diesen Intelligenzen um Fähigkeiten des rechten Gehirns? Zeigen sie eine Verbindung zu den kreativen, assoziativen und intuitiven Fähigkeiten der Kinder und Jugendlichen auf? Erweitern seine Intelligenzformen das Verständnis vom IQ? Haben sie einen Zugang zum Schul- und Bildungssystem gefunden, oder werden sie ebenfalls ignoriert? Welche Bedeutung haben die Intelligenzformen für die fotografische Lesefähigkeit? Liefern sie uns einen weiteren wissenschaftlichen Baustein für die Entwicklung neuer Wissenswege?

Ich wandte meine Aufmerksamkeit dem nächsten Buch zu. Hier reihte sich das Werk von Marilee Zdenek ‚Die Entdeckung des rechten Gehirns' in die Runde ein.

Marilee Zdenek, Lyrikerin und Schauspielerin, setzte sich viele Jahre mit dem Thema der Erweiterung der künstlerisch schöpferischen Möglichkeiten des Menschen auseinander. Bei ihren Entdeckungen über die Bedeutung des Zusammenspiels zwischen rechter und linker Gehirnhälfte war sie auf die Notwendigkeit der Erschließung kreativer Potenziale gestoßen. In ihrem Buch beschreibt sie neue wissenschaftliche Erkenntnisse, die das Zusammenspiel zwischen den Funktionen der rechten und der linken Gehirnhälfte als wesentliche Voraussetzung für das Entstehen neuer Ideen, für künstlerisches Schaffen und für originelle Problemlösungen zum Thema haben.

Ihre These: „Durch die verbale, logisch analytische Ausrichtung unserer Erziehungs- und Arbeitskultur werden jedoch einseitig die linearen Denkfunktionen der linken Gehirnhälfte gefördert. Das ganzheitliche und bildhafte Denken und die assoziativ-analogen sowie musischen Fähigkeiten der rechten Gehirnhälfte werden dagegen als unwichtig, oft sogar als störend empfunden und häufig regelrecht blockiert. [...] Erst das Zusammenspiel und das Miteinander unserer inneren Instanzen macht das eigentlich Menschliche aus."

Marilee Zdeneks Buch gehört, wie das von Blakeslee, zu den Klassikern dieser Runde. Ebenfalls in den 80er Jahren verfasst, war ja auch dieses Buch nur noch antiquarisch zu erwerben.

„Zeitgleich mit Blakeslees Buch über das rechte Gehirn", sagte Lena erstaunt, und wir blickten gemeinsam auf die zu dem Buch formulierten Fragen: Welche Fähigkeiten der linken und der rechten Hemisphäre beschreibt Marilee Zdenek in ihrem Buch? Finden sich in ihrem Werk Aussagen zur Bedeutung der Hemisphären für Lese- und Lernprozesse und wenn ja, welche sind es? Welche Aussagen macht sie über das Schul- und Bildungssystem?

Interessiert schauten wir weiter in die Runde, jetzt auf das schon zitierte Werk von Peter Struck „Der PISA-Schock und die zehn

Gebote des Lernens". Was verbirgt sich hinter den von Peter Struck entwickelten 15 Geboten des Lernens? Welche Begabungen und Talente der Kinder und Jugendlichen nehmen die Lerngebote in den Blick? Hatte der Professor doch klar das Vielfältigkeitsgebot unseres Grundgesetzes postuliert, Kinder nicht an die Schule anzupassen.

Dann wandten wir uns den Erscheinungen der letzten Jahre zu. „Die Macht der inneren Bilder – Wie Visionen das Gehirn, den Menschen und die Welt verändern" von dem renommierten Hirnforscher Gerald Hüther und das Buch „Warum ich fühle, was du fühlst – Intuitive Kommunikation und das Geheimnis der Spiegelneurone" von Joachim Bauer.

Wir schauten uns an. Faszinierende Perspektiven der Wissenschaft! Joachim Bauer formuliert in seinem Buch eindrucksvolle Thesen über die Grundlagen der emotionalen Intelligenz. In seinem Werk beschreibt er das Vorhandensein geheimnisvoller Resonanzphänomene in den erst Ende der 90er Jahre entdeckten Spiegelneuronen, die die neurobiologische Ausstattung für die Intuition und die emotionale Intelligenz liefern.

Etwa ab 1995 begannen in der Neurobiologie hochinteressante Forschungen über die Spiegelnervenzellen, eine besondere Art von Neuronen, die für alle Lernvorgänge von größter Bedeutung sein könnten. Hier handelte es sich um Forschungen über Denk- und Glaubensmuster und deren Übertragungswege auf andere Menschen. Soviel konnten wir diesen Erkenntnissen jetzt schon entnehmen: Wenn Lehrer ihren Schülern nichts zutrauen, sie nicht in ihren Fähigkeiten und Lernressourcen fördern, konnte das negative Auswirkungen auf Schülerleistungen haben.

Interessiert und neugierig schaute Lena auf die zu dem Buch gehörenden Fragen: Welche neurobiologische Entdeckung verbirgt sich hinter den Spiegelnervenzellen? Welche Bedeutung haben die Spiegelneuronen für Lehrer-Schüler-Beziehungen? Welche Chancen eröffnen sie für Lese- und Lernprozesse? Ist das Wissen über die

Spiegelneurone tatsächlich ein Schlüssel zum Verständnis der zahlreichen auch sozialen Verhaltensauffälligkeiten, Lernschwierigkeiten und Leistungsverweigerungen einer ständig wachsenden Anzahl von Schülern? Was verraten uns die Spiegelnervenzellen über den Einfluss von Einstellungen und Glaubensmustern? Welches wertvolle Wissen können wir hieraus für Unterrichtsprozesse ableiten?

Der Mediziner, Neurobiologe und Psychotherapeut Joachim Bauer formulierte als Essenz dieser bahnbrechenden, neuen Erkenntnisse, dass das Wissen um die Bedeutung der Spiegelneurone die Wahrnehmung vom Menschen grundlegend verändern könne.

Nun richteten wir den Blick auf die letzten zwei Bücher dieser spektakulären Runde. Hierbei handelt es sich um Werke, die sich direkt mit dem Thema Lesen und Lernen auseinandersetzen. Interessanterweise ist eines der Bücher vielen Lehrern und Pädagogen bekannt. Das zweite Buch hingegen nur einem kleinen Kreis von Menschen, nämlich jenen, die sich mit fotografischen Lesemethoden auseinandersetzen.

Bei dem ersten Buch handelt es sich um das Werk „Lernen – Die Entdeckung des Selbstverständlichen" von Manfred Spitzer. In diesem Buch formuliert Spitzer die fundamentale Aussage: „Das Gehirn kann nicht anders, als lernen. Das macht ihm die allergrößte Freude. Außer man versetzt es ins Koma, macht ihm Angst oder setzt es unter zu starken Druck."

Aktuell hält Manfred Spitzer, renommierter Lernforscher und Neurologe, Vorträge in ganz Deutschland. Seine Vorträge sind innovativ und faszinierend. Einzelne dieser Vorträge werden von bis zu 7000 Menschen besucht, unter ihnen viele Tausend Lehrer, Dozenten und Pädagogen.

Spitzer referiert darüber, dass Erfahrungen und Informationen, die unter Angst und Stress aufgenommen werden, sich wie negative Vorzeichen einbrennen. Das unter Angst gelernte Wissen werde zu Waffen geschmiedet und so für die schöpferische Weiterverarbeitung gesperrt. Seine Essenz: Schüler brauchen eine positive Lernumgebung, Lernen soll auf dem Königsweg, über den Hippocampus erfolgen. Mit diesen Aussagen bereitete der Forscher einen Paradigmenwechsel im deutschen Schulsystem vor. Allerdings spricht Spitzer in seinen Ausführungen auch über die Bedeutung der Langsamkeit, über das Üben und über sinkende Lerngeschwindigkeiten ab dem Alter von 17 als unumstößliche Tatsache.

Wir blickten auf die zu seinem Buch formulierten Fragen: Beziehen sich Spitzers Ausführungen zum Lernen auf die gängigen langsamen Lese- und Lerntechniken des Wort-für-Wort-Lesens und des Auswendiglernens, also auf die Fähigkeiten der linken Hemisphäre? Sind ihm die fotografischen Textverarbeitungsfunktionen des rechten Gehirns bekannt? Sind ihm ebenfalls die Fähigkeiten und Talente solcher Kinder und Jugendlichen bekannt? Beziehen sich seine Theorien zum Lernen letztlich doch nur auf das linke Gehirn? Werden seine Vorträge deshalb von einer so großen Anzahl von Lehrern besucht?

Immer noch erstaunt in Spitzers Buch blätternd, erinnerte sich Lena, dass sie im Alter von 17 Jahren ganze Textseiten in weniger als zehn Sekunden erfassen und fotografisch mit Detailwissen und allergrößter Textgenauigkeit wiedergeben konnte. Eine Aussage, die nicht zu den Ausführungen und Darlegungen Manfred Spitzers passte. Zu Spitzers Buch hatten sich nicht nur interessante Fragestellungen, sondern auch deutliche Widersprüche aufgetan.

Ganz im Gegensatz zu Manfred Spitzer formulierte ein weiterer Lernforscher unserer Zeit tatsächlich Aussagen über fotografische Lesefähigkeiten. Wir richteten unsere Aufmerksamkeit auf diesen letzten an unserer wissenschaftlichen Runde teilnehmenden Band. Hierbei handelt es sich um das Buch „PhotoReading – Die neue Hochgeschwindigkeitslesemethode in der Praxis" von Paul Scheele, dem Leiter von Learning Strategies Corporations in Minnesota, USA.

Lena las den Klappentext vor. „Das Kernstück des ‚PhotoReading Whole Mind System' bildet eine Technik, durch die Texte mit einer Geschwindigkeit von 25 000 Wörtern pro Minute mental abfotografiert werden können. Anders als beim herkömmlichen Lesen schaut man dabei mit dem ‚FotoFokus' auf die Druckseite. Das auf diese Weise aufgenommene Material kann dann auf verschiedenen Wegen aktiviert werden, d. h. ins Bewusstsein gebracht werden."

„Das ist es! Mit dem ‚FotoFokus' ist dieser besondere Blick gemeint." Aufgeregt blickte Lena auf. „Erinnerst du dich? Dieser besondere Blick, den ich erstmalig in dem kleinen Esszimmer mit der Pendeluhr wahrgenommen habe; als auf einmal wie von Zauberhand, Formeln aus meinem Chemiebuch heraustraten und von einer besonderen Tiefenschärfe und Leuchtkraft umgeben waren."

Ich nickte Lena zu, die von dem Text sichtlich berührt war. Es schien, als hätte sich für sie aus den kurzen Informationen des Klappentextes eine weitere wichtige Spur zu dieser besonderen, in ihrer Kindheit entdeckten Lesefähigkeit aufgetan.

Könnte dieses ungewöhnliche Buch einen besonderen Stellenwert erhalten für unser Vorhaben, die Entwicklung neuer Wissenswege für das Bildungssystem voranzutreiben? Die deutschsprachige Erstausgabe war schon 1995 erschienen. Weshalb ist das Bildungssystem darauf nicht aufmerksam geworden? Wurde hier ein weiteres Mal ein ungewöhnliches Buch ignoriert, um tradierte und seit Jahrzehnten übermittelte Bildungs- und Erziehungsideale nicht infrage stellen zu müssen? Weshalb gibt es in Deutschland nur wenige Seminare zu diesem Thema? Weshalb nimmt die Berufsgruppe der Lehrer in der Regel nicht an diesen Seminaren teil?

Wir hielten einen Augenblick inne. Vor uns eine eigenartige Szene. Eine Bücherrunde namhafter Autoren der verschiedenen Wissenschaften, dazu eigene konträre, wichtige Fragestellungen um das jeweilige Buch herumgruppiert. Die Werke – jedes für sich einen Stuhl einnehmend – wirkten surreal, fast unwirklich. In dieser

Form hatten sich die einzelnen Forscher und renommierten Autoren sicherlich noch nie zu einer Diskussion getroffen.

Eine spannungsreiche Wirkung ging von dieser Bücherrunde aus. Entstand nicht sogar ein prickelndes Gefühl der Verbundenheit mit unseren Autoren? Erneut kam mir Machiavelli in den Sinn. Von ihm war bekannt, wie gerne er sich für kurze Zeit mit dem Autor eines Werkes identifizierte, um dessen Empfindungen und Gedanken zu erfahren und zu erspüren. Erlaubten uns nicht auch unsere Autoren kurze Momente der Identifikation, um ihre Perspektiven einzunehmen und neue Sichtweisen zu erfassen – die von Peter Struck, Pädagoge und PISA-Forscher, die von Manfred Spitzer, Neurologe, Psychiater und Lernforscher, die von Paul Scheele, Pädagoge und Leseforscher? Kurze intuitive Momente der Identifikation, und dann? Um, wie Proust es ausdrückte, mit der Einzigartigkeit unserer eigenen Gedanken darüber hinaus zu denken; denn gute Gedanken lösen sich von ihrem Urheber, gehen immer ins Allgemeine – wir sind Individuen, aber nicht allein. Und die Betroffenen? Die Kinder und Jugendlichen? Sie und einige weitere, würden wie die Vertreter eines Kinderparlaments, als Stellvertreter der vielen Kinder in den Haupt-, Realschulen und Gymnasien durch ihre Geschichten diese wissenschaftliche Auseinandersetzung beleben und weiter begleiten. Ich tauchte aus meinen Gedanken auf.

Wäre es jetzt nicht an der Zeit, die Titel, die Autoren und natürlich unsere Fragen ergänzend zu dieser Bücherrunde in Form einer Riesen-Mindmap auf eine der freien Wände unseres Arbeitsraumes zu übertragen? Freudig griff Lena meinen Gedanken auf und in wenigen Minuten hatten wir die Informationen auf verschiedenfarbiges Papier geschrieben und in einer optisch interessanten Anordnung an eine Wand geheftet. Schon war ich geneigt, erste Diskussionsthemen zu der Vielzahl der aufgelisteten Fragen zu formulieren, als Lena meine Gedanken unterbrach und noch einmal auf das anregende ‚Bild' der Bücher wies.

„Es ist wie in dem Buch ‚Der Wellenläufer'. Alle Themen, aber auch ihre Vernetzungen sind gleichzeitig präsent. Vom diesem ‚Bild' ist es jederzeit möglich, in die einzelnen Themen einzutauchen und ihren Spuren zu folgen. Es ist die Vogelperspektive, die ganzheitlich alles erfasst. Hier ist es tatsächlich gleichgültig, wie viele Bücher parallel verarbeitet werden."

Ich stimmte zu. Wie deutlich diese ganzheitliche Denk- und Arbeitsweise jetzt hervorstach. Das ‚Bild': eine kongeniale Arbeitsweise des rechten Gehirns, die Denkweise unserer Kinder und Jugendlichen. Wie klar sich aber auch der Gegensatz zur langsamen, kleinschrittigen Arbeitsweise des linken Gehirns zeigte, in der jedes einzelne Buch, ohne Verbindung zu den anderen Büchern hätte verarbeitet werden müssen.

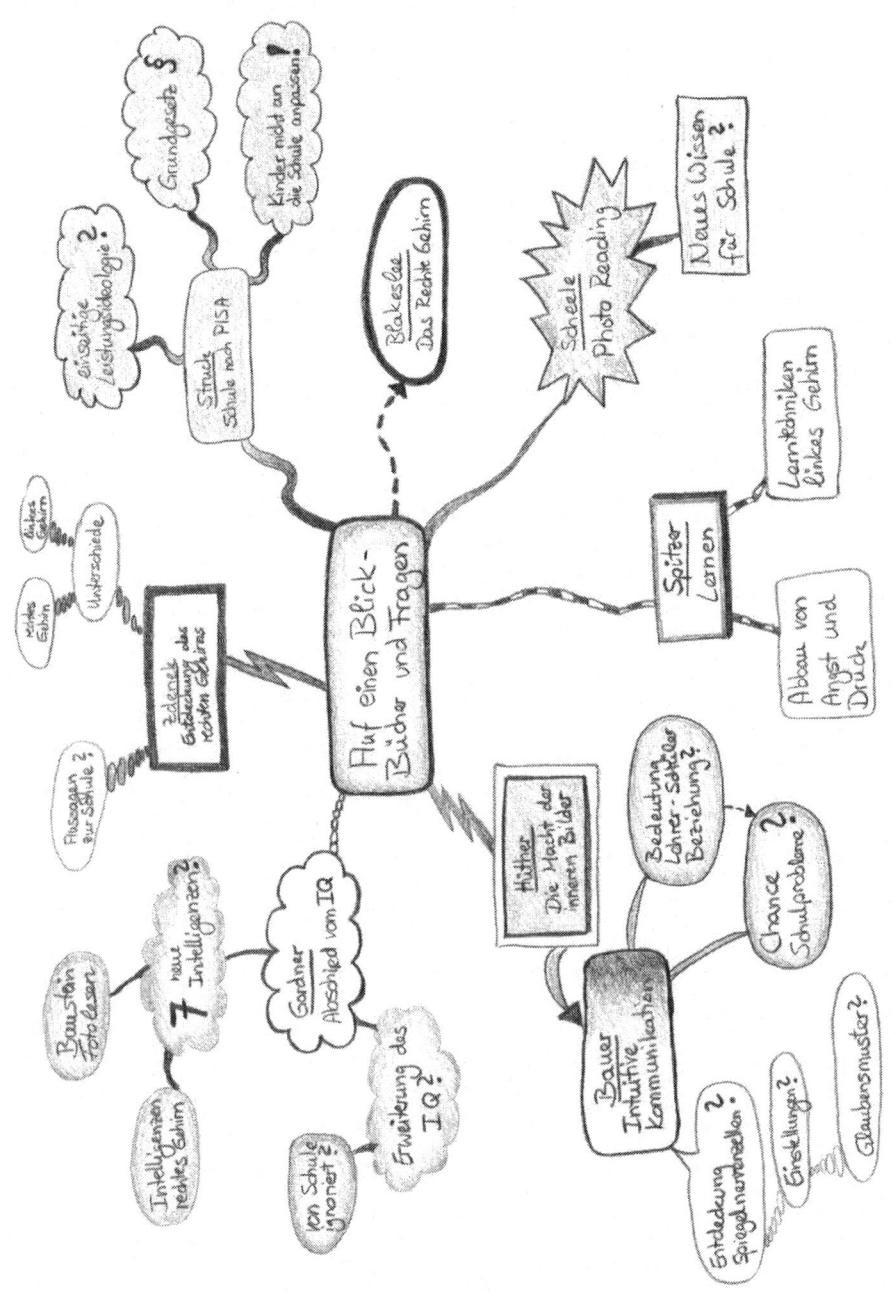

Abb. 1: Auf einen Blick – Die Bücher und unsere Fragen

Kurze Zeit verweilten wir noch bei dem einnehmenden ‚Bild' der Bücher. Die einzelnen Arbeitsthemen kristallisierten sich wie von selbst heraus. Mit Blakeslee, Zdenek und Struck würde das volle Ausmaß der einseitigen Nutzung der Fähigkeiten des linken Gehirns in der Schule deutlich werden. Gardners Erkenntnisse zum Abschied vom traditionellen IQ ebnen den Weg für neue Lese- und Lernwege des rechten Gehirns. Neue Forschungen zu den Spiegelneuronen weisen auf die für das Lernen besonders wichtige Lehrer-Schüler-Beziehung. Themen, wie Angst, Druck, entmutigende Äußerungen, aber auch die Bedeutung des Selbstwertgefühls für das Lernen würden mit Büchern von Spitzer, Hüther und Bauer zu neuem Wissen führen. Und Scheeles Buch über das ‚PhotoReading'. Würde es bei der Entwicklung neuer fotografischer Lesewege für die Schule hilfreich sein?

Die Lese- und Lerngeschichten der Kinder- und Jugendlichen begleiten dieses Vorhaben stellvertretend aus der Praxis. Und wie geht es mit Lenas Geschichte weiter? Ich wusste, dass da noch einige Überraschungen auf uns zukommen würden. Doch zunächst wäre es unumgänglich, ein weiteres Mal die Schulwirklichkeit der Kinder und Jugendlichen in den Blick zu nehmen.

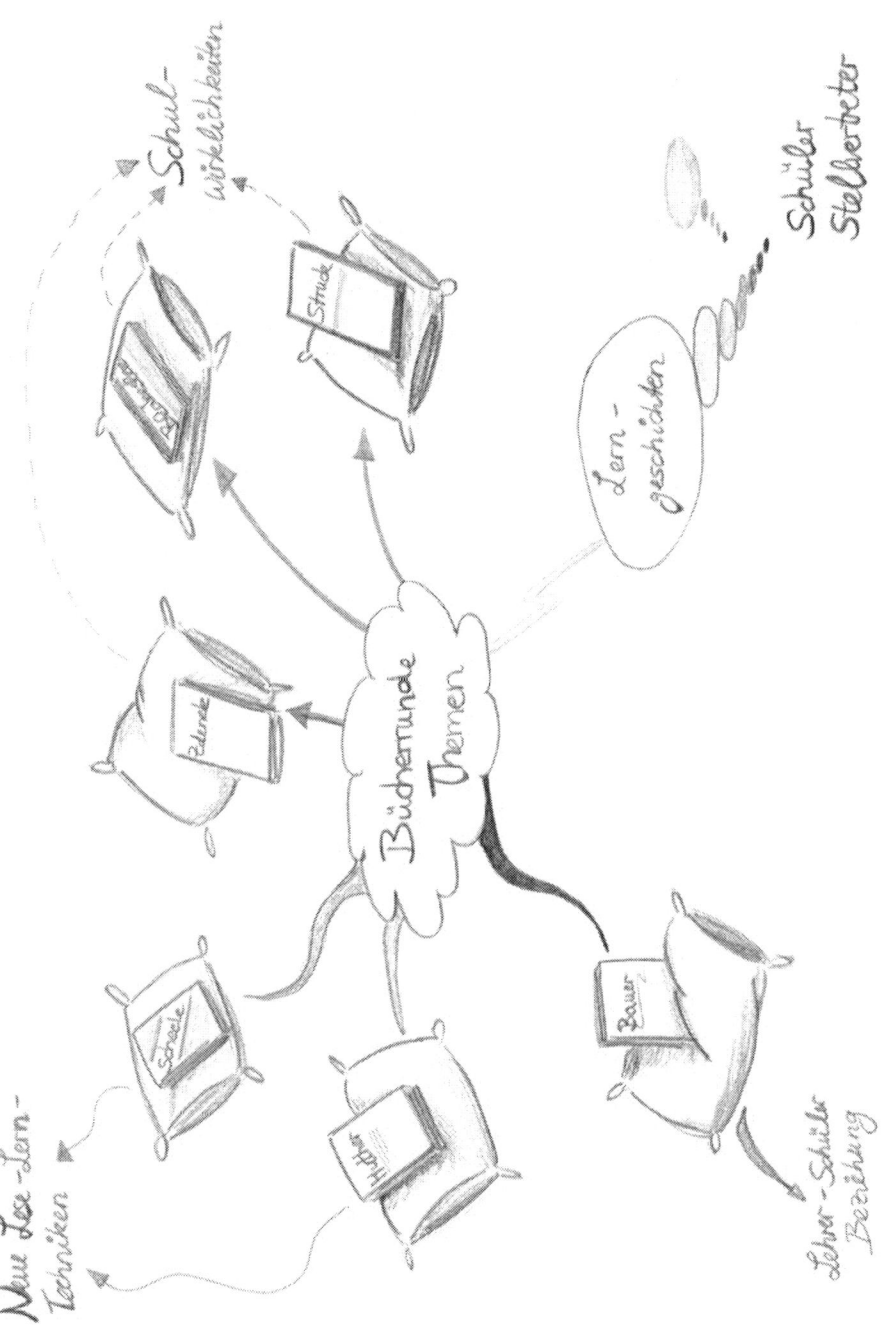

Abb. 2: Auf einen Blick – Die Themen und ihre Vernetzungen

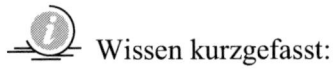 Wissen kurzgefasst:

Neue Lese-, Lern- und Wissenswege

Die Arbeitsweise des rechten Gehirns – Aus der Vogelperspektive Bücher neu erfassen

Bei einer Master-Mindmap werden Gedanken, Ideen oder Fragestellungen zu verschiedenen Büchern und Themen in Beziehung gesetzt. Über eine Master-Mindmap wird so ein persönlich bedeutsames ‚Wissensbild' von einem oder mehreren übergeordneten Themen hergestellt. Die Vogelperspektive ermöglicht den umfassenden Blick auf die Themen in ihrer Gesamtheit. Beziehungen und Vernetzungen mit anderen Forschungsgebieten können erkannt und über eine derartige Struktur sichtbar gemacht werden. Das Bildergedächtnis des rechten Gehirns ermöglicht diese Arbeitsweise, in der Informationen zu verschiedenen Themen parallel wahrgenommen werden können. Aus verschiedenen Fenstern (Wissenschaften) kann auf ein und dasselbe Thema (Schule) geschaut werden. Die Erkenntnisse können interdisziplinär diskutiert werden und zu neuem Wissen führen.

In den folgenden Kapiteln des Buches werden wir uns in die in Abb. 1 veranschaulichten zentralen Themen versenken. Um den Inhalt der begleitenden Bücher schnell erfassen zu können, nutzen wir dabei unterschiedliche visuelle – im Gegensatz zur verbalen – Lesetechniken. Der Vorteil dieser Vorgehensweise liegt in den wesentlich höheren Lesegeschwindigkeiten, die nur durch visuelles Lesen erreicht werden können. Doch im Sinne von Blakeslees Forderung, die Fähigkeiten des ganzen Gehirns zu nutzen, werden wir einzelne Textpassagen aus den Büchern auch Wort-für-Wort-Lesen. Der Vorteil dieser Vorgehensweise besteht darin, besonders wichtige Textaussagen hervorzuheben.

Die Unterschiede der Lesetechniken im Vergleich

Verbale Lesetechnik (linkes Gehirn)	**Visuelle Lesetechnik (rechtes Gehirn)**
linearer Ansatz	ganzheitlicher Ansatz
einmaliges Durchlesen	mehrfaches Lesen
passives Aufnehmen	aktives Aufnehmen (themenorientiert, stellt Fragen)
Textverständnis erfolgt linear	Textverständnis erfolgt ganzheitlich
Text von Anfang bis Ende lesen	Erkennen der Zusammenhänge
induktiv (vom Detail zum Ganzen)	deduktiv (vom Ganzen zu den Details)
	Erkennen von Wort- und Textmustern
eine Lesegeschwindigkeit	unterschiedliche Lesegeschwindigkeiten durch visuelle Lesetechniken
inneres Mitsprechen (vokalisieren)	Erkennen von Bedeutung anstelle von Klang
	nutzt das Bildergedächtnis (Mindmapping)
	nutzt assoziative Gedächtnistechniken
	nutzt verschiedene beschleunigte Lesegeschwindigkeiten

Der blaue Brief, die disziplinarische Verwarnung! Und was nun?

Lena griff Marilee Zdeneks Bücherband und begann darin einige der Seiten umzublättern. Thomas Blakeslee und Marilee Zdenek hatten schon vor über 25 Jahren Grundlagen besonderer Fähigkeiten der rechten Hemisphäre – des rechten Gehirns – beschrieben und auf dessen große Bedeutung für die Pädagogik hingewiesen. Dies alles geschah zu einer Zeit, als Lena selbst noch Schülerin war, als sie ihre fotografische Lesefähigkeit entdeckte.

Nachdenklich streifte mein Blick ein weiteres Mal die Runde der vor uns liegenden Bücher. Nahmen wir mit Blakeslees vehementer Forderung zur Ausbildung der Fähigkeiten des rechten Gehirns für die Erziehung und Pädagogik nicht Spuren eines alten Wissens auf? Steht die Schule mit ihren einseitigen Methoden hier an einem Wendepunkt? Was bedeutet ‚altes Wissen' für die Fähigkeiten der beiden Gehirnhälften? Wiesen die intuitiven und visuellen Fähigkeiten der fotografischen Aufnahme von Texten nicht ebenfalls in diese Richtung? Ging es hier nicht auch um das Zusammenspiel aller den Menschen zur Verfügung stehenden Fähigkeiten, also um die Kraft der Intuition und des Bilderdenkens in Zusammenarbeit mit den logisch analytischen, also kognitiven Fähigkeiten – ein altes Wissen, das im Laufe der Jahrhunderte zugunsten des rationalen Denkens verloren gegangen war? Sicherlich würden wir noch ausführlich Gelegenheit bekommen, uns mit diesen Fragen zu beschäftigen.

Doch wie könnten wir zunächst die einseitige, logisch-analytische Leistungsideologie im Schul- und Bildungswesen weiter entlarven? Mit welchen Facetten und Auswirkungen würde sie sich uns zeigen? Worum ging es bei diesen Fragen – darum, die logisch analytischen Fähigkeiten zugunsten des intuitiven und visuellen Denkens an den Rand zu stellen? Kritiker könnten sich so äußern. Nein, ganz im Gegenteil. Es geht zunächst um Verständnis. Es geht darum, die katastrophale Wirkung des ausschließlich logisch-analytischen Lernens auf die Gruppe intuitiv und visuell lernender Kinder und Jugendlicher zu verstehen. Und dann? Würden dann beide Formen des Lerners halbherzig nebeneinanderstehen? Nein. Die Zukunft der Schule liegt in der Integration beider Formen des Denkens und Lernens. Wenn beide Möglichkeiten wirklich verstanden und akzeptiert worden sind, kann verändertes Lernen stattfinden, ein Lernen, das die unterschiedlichen Denkweisen auf neue Art verbindet. Aus der Integration der Fähigkeiten kann ein Lernen entstehen und ein Wissen sich aufbauen, das weit mehr wahrnimmt, als vorher möglich war.

Ich schaute zu Lena hinüber. Sie war schon in Marilee Zdeneks Buch über die Entdeckung des rechten Gehirns vertieft. Lenas Gesichtszüge wirkten völlig entspannt, doch der Ausdruck ihrer Augen war hoch konzentriert.

Ich beobachtete, wie sie bemerkenswert schnell über die Zeilen und Abschnitte einzelner Seiten des Buches glitt. Mal verharrte sie einige Zeit auf einer Seite, mal überflog sie sie schnell, in zehn, manchmal sogar nur in fünf Sekunden. Ich streifte ein weiteres Mal das große zusammenfassende ‚Bild' der Bücher an der Wand. Mit einem Blick nahm ich die zu Zdeneks Buch formulierten Fragen an der Wand noch einmal wahr: Welche Fähigkeiten der linken und der rechten Hemisphäre beschreibt sie in ihrem Buch? Finden sich in ihrem Werk Aussagen zur Bedeutung der Hemisphären für Lese- und Lernprozesse und wenn ja, welche sind es? Zeigt Zdenek Verbindungen zum Schul- und Bildungssystem auf?

Die Fragen auf dem Papier leuchteten in bunten Farben. Ich wusste, dass Lena beim schnellen Überfliegen der Seiten in ständiger Verbindung zu diesen Fragen stand. Was Lena wohl herausfinden würde? Erneut schaute ich auf das ‚Bild' der unterschiedlichen Bücher unserer wissenschaftlichen Runde.

Welch eine interessante Möglichkeit, sich über eine Mindmap anderen scheinbar nicht zusammenhängenden Themen und Disziplinen zu nähern. Zdeneks Buch berührte Blakeslees Werk zum rechten Gehirn, ebenso wie das vom Peter Struck „Schule nach PISA". Aus unterschiedlichen Perspektiven öffneten sich alle drei Werke den vielschichtigen Fragen zur Schulwirklichkeit der Kinder und Jugendlichen. Würden über diese Vernetzungen endlich vertiefende Einsichten über die Schulthematik, weit über das Wissen einzelner Disziplinen hinaus entstehen? Würden die sich daraus ergebenden Erkenntnisse endlich den Talenten und Begabungen der Kinder und Jugendlichen gerecht werden können? Neugierig nahm ich das Buch von Peter Struck, mich jetzt ebenfalls darin vertiefend.

Nach geraumer Zeit bemerkte ich, dass Lena aufschaute. Sie deutete an, das Thema erfasst zu haben. Ein kurzes Aufblitzen ihrer Augen ließ erahnen, dass etwas Interessantes ihre Aufmerksamkeit in Bann gezogen hatte.

„Marilee Zdeneks Spuren verbinden sich mit Blakeslees Spuren", begann sie zögernd. „Auch sie stellt einen direkten Bezug zur Schule her. Eine Textstelle in diesem Buch drückt das besonders treffend aus." Lena begann, mir die besagte Stelle im Text vorzulesen.

„Hier heißt es: ‚[…] die Schüler leben in einer Leistungsgesellschaft, in der vor allem denjenigen Menschen Respekt gezollt wird, deren linke Gehirnhälfte dominiert. Die sprichwörtliche – Intelligenzbestie –, die alle Vokabeln lernt, in der Rechtschreibung keine Fehler macht, ihre Mathematikaufgaben richtig löst und überhaupt alles sauber und systematisch anpackt, hat in der Schule leichtes Durchkommen. Sie ist bei allen Lehrern und Lehrerinnen gut angeschrieben. Anders die träumerischen Schüler, bei denen die rechte Hemisphäre überwiegt. Sie folgen ihren Tagträumen, starren in die Wolken und erzählen lieber Geschichten, als dass sie ihre Lektion lernen. Dafür bekommen sie als Lohn den – blauen Brief – oder eine disziplinarische Verwarnung mit auf den Weg nach Hause.'"

Lena hielt inne.

„Geschichten erzählen und Tagträumen, das sind auch Max' beste Eigenschaften – und bei mir damals war es natürlich genauso." Lena seufzte. „Max wären sie ja fast zum Verhängnis geworden. Als nach ein paar Wochen der zweite Anruf von seiner Klassenlehrerin kam, in dem sie mir direkt riet, Max von der Schule zu nehmen, war ich so erschrocken, dass ich kaum in der Lage war, nach Gründen zu fragen. Allerdings wartete Max' Lehrerin eine Reaktion von mir auch gar nicht erst ab. Ich weiß noch, dass sie mich in diesem Telefonat nicht zu Wort kommen ließ. Sprachlos musste ich mir anhören, dass Max am Unterricht nur passiv teilnehme, bei allen ihn betreuenden Lehrern eigentlich der Eindruck bestehe, er bekomme vom Unterricht so gut wie gar nichts mit. Wahrscheinlich sei er auch dazu nicht in der Lage. Sie als seine Klassen- und Deutschlehrerin könne das auch von seinem schriftlichen Ausdrucksvermögen her nur bestätigen. Max sei wohl nicht fähig, einen Sinnzusammenhang schriftlich wiederzugeben. Zusammenhanglos stelle er zwar Behauptungen auf, könne diese aber nicht begründen, sodass immer wieder der Eindruck entstehe – auch bei den Kollegen –, er habe das ganze Thema wohl nicht verstanden.

Selbst bei einer reinen Grammatikarbeit bringe er noch nicht einmal eine Vier zustande. In Französisch und Englisch sei zusätzlich noch der Eindruck entstanden, dass Max über keinerlei adäquates Vokabelwissen verfüge – und dann der niederschmetternde letzte Satz von ihr: ‚Melden Sie ihren Sohn schnellstmöglich an der Realschule an. Sie können froh sein, wenn er die Schule dort schafft. An dieser Schule ist die Versetzung in die nächste Klasse für ihn kaum mehr erreichbar' – dann war das Gespräch beendet."

„Immer wieder holt mich diese Situation ein", sagte Lena jetzt mit gepresster Stimme. „Kannst du dir vorstellen, wie ich mich gefühlt habe? Ich habe immer nur gedacht, die spricht nicht von Max. Und immer wieder stellte sich mir die bohrende Frage: Was ist da passiert? Parallel kamen natürlich meine eigenen Ängste wieder hoch. Ich kann nicht richtig lernen, also kann Max auch nicht richtig lernen. Und mit diesem Telefonat waren meine schlimmsten Befürchtungen ein weiteres Mal bestätigt. Tief innerlich aber wusste ich, dass die Aussagen von Max' Lehrerin nicht stimmen. Intuitiv fühlte ich, dass der Grund seiner schlechten schulischen Leistungen woanders lag. Doch mit Gefühlen kann man schlecht Argumente entkräften, schon gar nicht, wenn dahinter der Machtapparat Schule steckt. Max' Lehrerin hat in diesem Telefonat mit keinem Wort mehr erwähnt, wo der Junge Potenziale und Ressourcen hat; ihr Urteil war unwiderruflich gefällt. Dabei flog ihm bis zur sechsten Klasse das Wissen nur so zu."

Neugierig horchte ich auf. Schon einmal hatte Lena erwähnt, dass Max bis zur sechsten Klasse ganz leicht lernen konnte. „Erzähle mir davon, wie hat Max früher gelernt", fragte ich sie.

„Bis dahin ist ihm die Schule sehr leicht gefallen. Der Unterrichtsstoff bereitete ihm keine Mühe; Hausaufgaben erledigte er schnell. Eigentlich hat er bis dahin nicht richtig lernen müssen."

Ich stutzte. Wie oft hatte ich diese Äußerungen auch schon von anderen Eltern gehört. Doch Lena fuhr schon fort.

„Von großer Bedeutung war, dass Max bis dahin Lehrer hatte, die er sehr mochte und die ihn mochten. Da war z. B. seine Englischlehrerin, die ihn in der Fünften und in der Sechsten unterrichtete. Bei ihr stand er fast Eins. Sie war eine liebevoll strenge Lehrerin, die Kinder sehr mochte. Obwohl sie 15 Vokabeltests in einem Halbjahr schreiben ließ, waren alle voller Eifer dabei. Sie sagte ihnen, dass sie das Englisch leben müssten, Vokabeln seien der Pulsschlag der Sprache, der Rest käme ganz von alleine.

Max schrieb einen Vokabeltest nach dem anderen „Sehr gut", ohne im klassischen Sinne zu lernen oder zu üben. Und so war das auch in den anderen Fächern; eigentlich in der gesamten Grundschulzeit. Als er in der ersten Klasse war, fragte er mich mit seinen gerade sechs Jahren, wie die Regentropfen entstehen. Wir haben dann gemeinsam geforscht. Er war immer sehr neugierig, dabei aber auch introvertiert; ein kleiner Träumer; aber so konnte er lernen. Es schien, als würde ihm alles nur so zufliegen, durch Beobachten, Schauen und Assoziieren. Ja, bis zum Ende der Klasse sechs war das so. Doch dann änderte sich alles, abrupt.

In dem folgenden Jahr, also Anfang der Siebten, bekam die Klasse komplett neue Lehrer. In Englisch verschlechterten sich Max Leistungen innerhalb eines Halbjahres von einer guten Zwei auf die Note Vier. Neben Englisch sackte er dann auch in mehreren anderen Fächern ab, insgesamt wurden alle Klassenarbeiten schlechter – und Max wurde immer unsicherer und unglücklicher. Plötzlich wollte er nicht mehr in die Schule gehen, litt immer häufiger an Bauchschmerzen. Dann habe ich auch noch angefangen, Druck auf ihn auszuüben. Ich zwang ihn, richtig zu lernen, so wie es in der Schule gefordert wird."

Lena hielt die Luft an. Wie tief sie die Erlebnisse mit Max belasteten, wie wichtig es jetzt für Lena werden würde, weiter vom Verdacht der Lernschwäche entlastet zu werden, dachte ich.

„Tatsächlich zwang ich Max, auswendig zu lernen, vor allem französische und englische Vokabeln und die Grammatik. Damit wurde alles nur noch schlimmer. Er fing an, mir die ersten Arbeiten zu verschweigen. Eines Tages lagen ‚blaue Briefe' im Briefkasten, denen folgte dieser besagte letzte Anruf von der Schule. Die Ohnmacht und Aussichtslosigkeit, die ich bei diesem Telefonat empfand, war unbeschreiblich. Immer wieder hatte ich das Gefühl, eine andere Sprache als die der Lehrer zu sprechen."

Lenas Verzweiflung und Ohnmacht lagen schwer und drückend im Raum. Ich dachte an Max. Wie schaffte es ein Dreizehnjähriger, diesem Druck standzuhalten? Wie begegnete er dem mangelnden Vertrauen seiner Lehrer, die eine Fünf in Englisch und Französisch auch noch mit entmutigenden Bemerkungen kommentierten? Reichte die schlechte Note nicht schon aus? Wie verkraftete er die Äußerung, dass das Gymnasium nicht die richtige Schule für ihn sei. Wie hielt ein Jugendlicher das aus?

Mit Bauchschmerzen, mit Rückzug, mit Computerspielen.

Zorn stieg in mir hoch. Auch ich konnte mich diesem Gefühl nicht ganz entziehen. Und Lenas Zorn? Immer wieder verwandelte der sich in Gefühle von Hilflosigkeit, Ohnmacht und Angst. Lena hielt ihre Augen gesenkt. Sah sie noch immer keinen Ausweg? Mir war klar, dass wir jetzt ein Stück aus der Situation heraustreten mussten, um diesen Platz der entmutigenden Gefühle zu verlassen. Aber wie? Was machte die Institution Schule so mächtig, dass Lena manchmal glaubte, gegen Windmühlenflügel ankämpfen zu müssen, dass sie sogar Max gezwungen hatte, auswendig zu lernen? Was bedeutete die Aussage, die Lehrer sprächen eine andere Sprache? Und warum hatte Max bis Klasse sechs so leicht gelernt? Wie tief ging die Thematik und Problematik dieser Kinder und Jugendlichen eigentlich noch? – sicherlich wesentlich tiefer, als ich zunächst angenommen hatte.

Stimmten Zdeneks Aussagen auch heute, zwanzig Jahre nach dem Erscheinen ihres Buches, noch immer, oder hatte sich die Wirkung der einseitigen Leistungsideologie sogar noch verstärkt? Erst die disziplinarischen Verwarnungen, dann der blaue Brief, das erste Sitzenbleiben, das Verlassen des Gymnasiums, dann die Realschule, Hauptschule – schon Julius' Geschichte stand für eine solche Erfahrung.

Wie könnten wir den Gefühlen des Zorns und der Ohnmacht jetzt eine Stimme geben und aus der persönlichen Betroffenheit heraustreten? Erneut dachte ich an Julius und hatte im selben Augenblick eine Idee. Lena würde staunen.

Mit Einstein fragwürdigen Bildungs- und Erziehungswerten auf der Spur

In einem der Bücherstapel musste es sein, das Buch von Dietmar Strauch „Alles ist relativ – Die Lebensgeschichte des Albert Einstein". Als Julius sich damals das Buch für die Lesetests aussuchte, wunderte ich mich zunächst. Ich wusste zwar, dass er sich für Physik und auch für Einstein interessierte, doch wieso wählte er gerade dieses Buch aus? Die Antwort dazu hatte ich schnell erhalten. Julius war beim Durchblättern des Buches auf eine Textstelle gestoßen, in der Einstein sich über das Schulsystem mokierte. Das hatte ihm gefallen, deshalb wählte er das Buch – und um genau diese Aussagen ging es jetzt.

Ich schaute mich im Raum um und entdeckte das Werk. Es lag obenauf, auf einem Bücherstapel. Das Cover zeigte Einsteins Porträt, darauf sein ausdrucksstarkes markantes Gesicht, dahinter den Ausschnitt einer Schultafel mit Formeln zur Relativität.

Lena schaute etwas verwundert auf den Titel. „Warte ab Lena. Lass dich überraschen." Ich wollte Lena die besagte Textstelle unbedingt vorlesen und schlug die entsprechende Seite auf. Es ist die Seite 13.

„… Schwester Maja weiß zu berichten, dass Alberts Lehrer die Methode ausübte, den Kindern das ‚Rechnen und namentlich das kleine Einmaleins durch Schläge auf die Hände, das sog. Tatzen, beizubringen, eine Art des Lehrens, die damals nicht selten war'. Albert ist ein gründlich denkender Junge, der Zeit zum Überlegen braucht und die gewünschte Antwort nicht sofort parat hat. So bekommt auch er mitunter Schläge, obwohl er ein guter Schüler ist.

Kein Wunder, dass seine Abneigung gegen autoritäre Lehrer bei ihm heftiger ist als der allgemeine Schulfrust. Noch 50 Jahre später sagt er in einer Rede vor amerikanischen Studenten und Professoren: ‚Am schlimmsten scheint es mir zu sein, wenn eine Schule hauptsächlich mit Mitteln von Furcht, Zwang und künstlicher Autorität arbeitet. Solche Behandlung vernichtet das gesunde Lebensgefühl, die Aufrichtigkeit und das Selbstvertrauen der Schüler. Sie erzeugt den unterwürfigen Untertanen. Es ist kein Wunder, das derartige Schulen in Deutschland und Russland die Regel bilden.' Und er definiert sein Ideal von Bildung so: ‚Bildung ist das, was übrig bleibt, wenn man alles vergessen hat, was man in der Schule gelernt hat.' Selbstständiges Denken, Urteilen und Handeln sollen seiner Ansicht nach im Vordergrund stehen, nicht aber die Vermittlung von Spezialkenntnissen."

Ich schaute zu Lena. Einsteins Worte hatten ihre Wirkung nicht verfehlt. Sie stimmte heftig nickend zu. „Recht hat er, besser kann man es nicht ausdrücken. Auch wenn die restriktiven Methoden heute weniger direkt sind." Lenas Mienenspiel war vielsagend. „Das sollte ich mal Max' Klassenlehrerin vorlesen, damit sie endlich versteht, worum es geht. Dass selbst Einstein sich so geäußert hat." In ihrer Stimme vermischten sich freudige Überraschung und Ärger.

„Es kommt noch besser Lena. Hier, mit Peter Strucks Buch ‚Schule nach PISA'. Sechzig, siebzig Jahre nach Einstein hat er Folgendes zum selben Thema geschrieben:

‚Das Vorbildliche an deutschen Schulen ging einher damit, dass Deutschland vornehmlich ein Obrigkeitsstaat mit dem Erziehungsziel des Untertanen war. So war es schon in den mittelalterlichen Kirchenstaaten, dann im Kaiserreich, im preußischen Beamten- und Soldatenstaat, im Dritten Reich und bis vor Kurzem noch in der DDR.

Erziehung und Bildung liefen immer wie folgt ab, wie unterschiedlich die verschiedenen politischen Systeme auch waren. Eine Riege von Machthabern einigte sich auf irgendwelche Werte, dann wurden die von oben herab verordnet in den Kopf und in das Herz des Bürgers und somit auch in das des Kindes. Man musste in solchen Zeiten sein Kind nur so erziehen, wie es alle anderen Menschen auch taten.' Und hier heißt es weiter: ‚So entspricht auch das dreigliedrige Schulsystem mit Gymnasium, Haupt- und Realschule, also mit einem höher-, einem mittel- und einem geringwertigen Bildungsabschluss immer noch einer preußischen Dreiklassengesellschaft, in der Wissensvermittlung unter dem unhinterfragten Werteschema von Steigerung der Angst, Selektion und vor allem unhinterfragter Anpassungsfähigkeit und Druck funktioniert. Selektion passiert in Deutschland besonders früh, da Deutschland die weit kürzeste Grundschulzeit unter den OECD-Mitgliedern hat und mit dem sehr früh einsetzenden dreigliedrigen Schulsystem, also mit Haupt-, Realschule und Gymnasium, hier bei Schülern schon im Alter von 10 Jahren, und das oftmals endgültig, über Lernbiografien entschieden wird.'"

Deutliche Worte, die nachwirkten.

„Siehst du die Parallelen Lena?" Ich unterbrach das Schweigen. „Einstein spricht von Furcht, Zwang und künstlicher Autorität, von Erziehung zum unterwürfigen Untertanen. Peter Struck, ein angesehener Pädagoge unserer Zeit kritisiert viele Jahrzehnte später die gleichen Methoden: Steigerung der Angst, Selektion, unhinterfragte Anpassungsfähigkeit und Druck. Zur Durchsetzung von Werten, die damals wie heute in unserem Schulsystem wirksam sind. Auch äußert Peter Struck sich sehr deutlich zu der Fragwürdigkeit des wiederentdeckten Leistungsbegriffs, der sich wiederum an Paradigmen der letzten Jahrzehnte orientiert – also vor allem an Rechtschreibung und Rechenfertigkeit sowie den Kopfnoten Fleiß, Ordnung und Mitarbeit statt an den neuen Schlüsselqualifikationen Handlungskompetenzen, Selbstständigkeit, Teamfähigkeit und Informationskompetenz."

Lena lehnte sich zurück. Ich konnte ihrer etwas entspannteren Körperhaltung ansehen, dass sie sich deutlich besser fühlte. Doch was ging ihr gerade durch den Kopf?

„Für die Klassenlehrerin von Max gehören gute Rechtschreib- und Grammatikkenntnisse sowie Fleiß, Ordnung und Mitarbeit zum

Pflichtprogramm", sagte sie in einem sich wie von selbst einstellenden Stakkato. „Einmal sprach ich sie auf die anderen Fähigkeiten von Max an, auf seine Kreativität und Fantasie – doch seine Lehrerin entgegnete nur trocken, dass die Fächer Kunst und Musik diese Bereiche abdeckten – und da sei Max ja auch nicht besonders gut."

Unsere Blicke trafen sich. Ich sah Max vor meinem geistigen Auge, dachte an sein großes künstlerisches Talent zur Malerei, und trotz der Ernsthaftigkeit des Themas – oder gerade auch deswegen – mussten wir beide herzhaft lachen. Welch ein Paradox, dass ein so fantasievoller und kreativer Junge wie Max in den Fächern Kunst und Musik keine guten Noten erreichte. Welch ein Paradox aber auch, die Kreativität und die Fantasie ausschließlich den Fächern Kunst und Musik zuzuordnen. Welche Bedeutung hatte die Kreativität denn dann für die Fächer Deutsch, Englisch, Geografie, Geschichte, Latein? So gut wie keine Bedeutung? Im Augenblick mussten wir es annehmen.

Schnell kehrte die Ernsthaftigkeit in unsere Diskussion zurück, und natürlich stellte sich hier erneut die Frage nach der einseitigen akademischen Ausrichtung der Schule. Waren die gängigen Unterrichtsmethoden in den genannten Fächern, ebenso wie die Lerntechniken, einseitig und zum Nachteil dieser besonderen Gruppe anders lernender Kinder und Jugendlicher auch komplett auf die Fähigkeiten des linken Gehirns ausgerichtet? Dem wollten wir nachgehen.

Die Machtübernahme des linken Gehirns – Verbale Unterrichtsmethoden und andere unterrichtliche Entscheidungen

Wie Lena stand eine Vielzahl von Eltern ebenfalls unter dem Eindruck nicht gelungener Gespräche mit Lehrern, in deren Ergebnis sie oftmals fassungslos und ohnmächtig vor dem System Schule resignierten. Doch warum?

So hatte auch im Fall des kleinen Timo ein Gespräch mit seiner Lehrerin zu keinem guten Ergebnis geführt. Timo war Schüler der vierten Klasse einer Grundschule. Seine Mutter bekam in einem Telefonat mit seiner Lehrerin Folgendes zu hören: Timo sei im Unterricht nicht besonders gut. Er melde sich kaum und höre auch nicht zu. Des Weiteren habe er bei der Vorstellung eines Lernplakates vor der Klasse nichts gewusst und auf die Fragen der Mitschüler keine Antwort gegeben. So könne sie, seine Lehrerin, ihm im Fach Sachunterricht nur eine Drei auf dem Zeugnis geben, obwohl er im Referat eine Eins habe. Die gymnasiale Schulform komme für Timo nicht infrage. Seine Rechtschreibung und Grammatik ließen sehr zu wünschen übrig.

Aufgelöst hatte mir Timos Mutter erzählt, wie die Lehrerin ihr diese Informationen innerhalb von zwei Minuten um die Ohren gehauen hatte. Noch immer hörte ich Timos Mutter sagen:

„Total sprachlos, war ich nicht in der Lage zu antworten. Ich war wütend und geknickt zugleich. Ich hatte dieser Lehrerin von den anderen Fähigkeiten und Denkweisen erzählt, die Timo anwendet. Ich erwartete einfach, dass sie Timos besonderen Fähigkeiten auch bei der Empfehlung für die weiterführende Schule berücksichtigt, so wie sie es bei den anderen Kindern auch tat. Doch darauf ging sie gar nicht ein. Dann war das Telefonat zu Ende."

Timos Mutter, so erzählte ich Lena weiter, hatte noch berichtet, dass in der Schule ein so genanntes Klassen-übergreifendes Forschungsprojekt existiert. Hier wurden Mappen über geschichtliche Ereignisse, physikalische Phänomene und andere interessante Begebenheiten von Kindern für Kinder verfasst. Eine fantastische Idee. Doch Timo durfte bei dem Forscherprojekt nicht mitmachen. Der Grund: Seine Noten in der Rechtschreibung und Grammatik seien nicht entsprechend. An diesem Projekt durften ausschließlich Kinder mit guten bis sehr guten Noten in Mathematik, Lesen, Rechtschreibung und Grammatik teilnehmen.

Und die anderen? Wie ich von Timos Mutter wusste, erhielten diese Kinder stattdessen eine weitere Förderung in Rechtschreibung und Grammatik.

Gerade denjenigen Kindern, deren großes Begabungspotenzial auf Neugier, Kreativität und Fantasie basierte, deren Wissbegier ihnen aus den Augen blitzte, durften an einem Forschungsprojekt nicht teilnehmen. Eine skandalöse, sich selbst bestätigende Blindheit des Lehrpersonals!

Natürlich war Timos Mutter voller Zorn über das Unrecht, dass ihrem Sohn die Teilnahme an dem Forschungsprojekt verwehrt blieb. Doch was steckte hinter dieser pädagogischen Entscheidung, die von der begleitenden Lehrerin gar nicht als fragwürdig gesehen wurde?

Lena reagierte blitzschnell. „Abermals Unkenntnis", sagte sie abrupt. „Rechtschreibung und Grammatik haben eben einen besonderen Stellenwert. Die Lehrerin von Max würde jetzt ebenfalls argumentieren, dass es wichtig sei, an einer zusätzlichen Förderung in Rechtschreibung und Grammatik teilzunehmen, um schnellstmöglich Defizite in diesen Bereichen auszugleichen. Die Zeit kurz vor den Sommerferien sei dafür geeignet und in einem Forscherprojekt würde schließlich nicht richtig unterrichtet. Mehr als einmal habe ich eine solche Äußerung gehört", sagte Lena, und ihr war anzumerken, wie es in ihr arbeitete.

Eine interessante Aussage der Lehrerin, dachte auch ich. Wir würden sie jetzt unter die Lupe nehmen und die sich dahinter verbergenden Unterrichtsmethoden einmal durch das Fenster der Neurobiologie betrachten. Wie kam eine Lehrerin zu einer derartigen Aussage und welche Denkweise über Unterricht und Vermittlungsmethoden steckte dahinter. Hatten wir es abermals mit der bekannten didaktischen Perspektive zu tun, die die visuelle und ganzheitliche Arbeitsweise komplett ausblendet?

Wie also verlief der Unterricht in einem Forschungsprojekt? Wie in einer ganz normalen anderen Unterrichtsstunde? Welche unterschiedlichen Vermittlungswege steckten dahinter, und waren sie ebenfalls einseitig auf die Fähigkeiten des linken Gehirns ausgerichtet?

Ich wollte Lena nicht zu viel von der Fachsprache der Unterrichtsdidaktik, also von der Methode des Unterrichtens zumuten, nur so viel, dass dem Projektunterricht oder einem Forscherprojekt, ein handlungsorientierter Unterricht zugrunde liegt, der die Interessen der Schüler in den Mittelpunkt stellt. Doch Lena wollte mehr wissen. „Wie von Peter Struck, dem PISA-Kritiker gefordert", hatte sie sofort geantwortet. Ich stimmte zu und erläuterte ich ihr kurz die weiteren wichtigsten Leitideen dieser Unterrichtsmethode.

Ein Forscherprojekt oder Projektunterricht ist ein ganzheitlicher Unterricht, in dem der Schüler mit dem Kopf, dem Herzen, also den Gefühlen und allen Sinnen lernt, indem er selbst aktiv etwas herstellt, eigene Fragestellungen und Interessen einbringt; wo Prozesse und Fehlerfreundlichkeit eine Rolle spielen, wo Denken, Diskutieren und Planen sich mit Träumen und Fantasieren abwechseln.

„Eine fantastische Unterrichtsform, ideal für Max und all die anderen Kinder und Jugendlichen." Lena kam ins Schwärmen. „Doch warum wird diese Form des Unterrichts so wenig praktiziert? Von

Max' Gymnasium weiß ich, dass Projektunterricht höchstens zweimal im Jahr, am Ende eines Halbjahres oder vor den Sommerferien durchgeführt wird. Wieso nicht öfter?"

Weil diese Form des Unterrichts nicht mit den Werteschemata der Schule übereinstimmt? Hatte Peter Struck nicht explizit kritisiert, das Schulen nur sehr strukturiertes, vorgeschriebenes Wissen sowie Rechtschreibung, Grammatik, Lesefähigkeit lehrten? Und wie passten Gehorsam, Konformität und Selbstkontrolle zu den Maximen eines handlungsorientierten Unterrichts, der Teamfähigkeit und selbstständiges Denken forderte? So gut wie gar nicht!

Ich dachte an meine eigene Referendarzeit, die zweite abschließende Phase der Lehrerausbildung, zurück. Schon dort hatte ich die Widersprüche zwischen der Theorie eines schülerzentrierten Unterrichts und den tatsächlichen Möglichkeiten der Unterrichtspraxis ausbalancieren müssen. Als ich Lena gegenüber die Referendarzeit erwähnte, wurde sie neugierig und wollte natürlich etwas aus dieser Zeit hören. So begann ich ihr davon zu erzählen.

„Es ist einige Jahre her, als ich mich entschied, die zweite Phase der Lehrerausbildung, das sogenannte Referendariat anzutreten. Ich weiß es noch wie heute. Sie sollte mit einem denkwürdigen Satz beginnen. Am ersten Tag, gleich zu Beginn des ersten pädagogischen Hauptseminars begrüßte uns der Leiter mit folgenden Worten: ‚Sie müssen hier so ein dickes Fell entwickeln, dass sie ohne Rückgrat stehen können.' Zu dem Zeitpunkt ahnten wir noch nicht, wie viel Wahrheit in diesem als Scherz formulierten Spruch stecken sollte.

Drei Referendare der Ausbildungsgruppe hielten dem Druck, den das System ausübte, nicht stand. Sie brachen diese letzte Phase der Ausbildung schon nach drei Monaten ab. Tatsächlich wurde in diesen beiden Jahren der Lehrerausbildung noch einmal mit Nachdruck überprüft, wer in der Lage war, systemimmanent zu arbeiten. Doch was hieß hier systemimmanentes Arbeiten? Wir alle waren erwachsen und hoch motiviert. Mit hochfliegenden Zielen wollte ein Teil von uns Schule ein bisschen humaner, Unterricht ein wenig spannender und lebendiger gestalten. Natürlich setzten wir uns intensiv auseinander mit den didaktischen Theorien von Hilbert Meyer und von Heimann, Otto, Schulz, allesamt kritische Unterrichtsdidaktiker, die sich Gedanken über unterschiedliche Lehrmethoden und Formen des Unterrichts machten. Ich kann mich noch gut erinnern, wie ich selber viele Bücher zum schülerzentrierten und handlungsorientierten Unterricht geradezu verschlungen habe. Doch die Theorie blieb der Theorie vorbehalten. In der unterrichtlichen Praxis herrschten andere Gesetze.

Tatsächlich wurden wir noch einmal einer Benotungs- und Bewertungsmaschinerie ausgesetzt, die Ihresgleichen sucht. Wer den Unterricht nach vorgeschriebenen Schemata gestaltete, Unterrichtsschritt für Unterrichtsschritt minutengenau einlöste und das Unterrichtsziel am Ende der Stunde erreichte, war bei den Fachleitern (Ausbildern) in der Regel gut angesehen. Anders diejenigen, die den Unterricht fantasievoll und kreativ gestalteten, dafür aber das eine oder andere Mal ein vorformuliertes Unterrichtsziel nicht vollständig erreichten. Besuchte ein Fachleiter eine solche Stunde, musste der Referendar immer mit nicht unerheblichen Abstrichen an der Note rechnen. Dass die Schüler in diesem so anders gestalteten Unterricht eine Menge Spaß hatten, fiel nicht selten unter die Rubrik ‚bedeutungslos'."

Lena folgte mir mit grimmigem Gesicht.

„Auch in der Lehrerausbildung steht die akademische, also logisch analytische Ausrichtung der Lernmethode erkennbar und deutlich im Vordergrund. Dasselbe gilt für die aktuelle Unterrichtspraxis in den Schulen. Lehrer planen nicht selten in minutengenauer Abfolge, welche kognitiven oder sozial affektiven Lernziele vom Schüler erreicht werden sollen. Selbst erwartetes Schülerverhalten wird in den Planungsüberlegungen schon vorweggenommen. Für Unterrichtsprozesse, also für Selbsttätigkeit, Kreativität und Forschergeist bleibt wenig Raum.

Auf diese Schritt für Schritt geplanten Unterrichtsvorbereitungen folgen in der Regel logisch strukturierte Unterrichtsformen zur Durchführung des Unterrichts. An erster Stelle der Frontalunterricht mit dem Lehrervortrag, der in der Regel immer sprachlich ist."

„Warte mal." Lena unterbrach mich etwas unwirsch. „Was unterscheidet eigentlich Frontalunterricht vom Projektunterricht?"

In einem kurzen Steckbrief versuchte ich, Lena die wichtigsten Kennzeichen dieser im Vergleich zum Projektunterricht völlig anderen Unterrichtsmethode deutlich zu machen.

„Im Frontalunterricht hat ausschließlich der Lehrer das Sagen. Von ihm werden alle Aufgaben gestellt, zeitlich gesteuert und kontrolliert. Im Vordergrund steht die eingleisige Kommunikation vom Lehrer zum Schüler. Dabei ist der Sprechanteil des Lehrers wesentlich höher als der Sprechanteil aller Schüler einer Klasse zusammen. Kannst du dir das vorstellen? Für Selbsttätigkeit und Aktivitäten der Schüler ist kein Raum vorgesehen."

Lena zog Grimassen. „Jetzt verstehe ich, warum Max im Unterricht oft abwesend gewirkt haben soll. Er wurde ja nicht wirklich aktiv beteiligt."

Ich nickte zustimmend. „Für die Schüler ist es nicht selten eine Tortur, mehrere Unterrichtsstunden still zu sitzen und zuzuhören. Sie werden zur Passivität gezwungen und ihnen ist langweilig. Nichts kann für diese fantasievollen, kreativen Kinder und Jugendlichen schlimmer sein.

Erschwerend kommt hinzu, dass es im Frontalunterricht überwiegend um die Vermittlung von Faktenwissen geht. Der Lehrer doziert sein Wissen. Hilbert und Meyer, zwei Koryphäen der Unterrichtsdidaktik und Befürworter eines schülerorientierten Unterrichts, stellen fest, dass aktive Anteile von Schülern hier sogar in den

Grundgedanken der Methode nicht gewollt sind. Sie verurteilten in diesem Zusammenhang schon vor vielen Jahren, dass in dieser grundsätzlich lehrgangsmäßig aufgebauten Unterrichtsform ein Macht- und Kompetenzgefälle zwischen Lehrern und Schülern besteht. Kritisch weisen sie ebenfalls darauf hin, dass Frontalunterricht damit zwangsläufig zur Passivität und Anpassung sowie Ruhe, Ordnung und Disziplin erzieht. Doch auch ihre Stimmen bleiben in der alltäglichen Unterrichtspraxis in unseren Schulen ungehört."

Ich hielt kurz inne. „Lena, fällt dir auf, dass der Frontalunterricht in völliger Übereinstimmung mit den von Peter Struck kritisierten tradierten Werteschemata der Schule steht?"

Lena nickte. „Immer wieder tauchen diese Namen auf. Unhinterfragte Anpassungsfähigkeit, Passivität, Angst, Druck, Entmutigung. Stehen alle diese Begriffe tatsächlich mit dem Frontalunterricht in Verbindung?"

„Es sieht so aus, Lena. Auf diesem fragwürdigen ‚Nährboden' wird vorgeschriebenes, akademisch aufbereitetes, strukturiertes Wissen vermittelt – eine Art Wissensvermittlung, die eine immer größer werdende Zahl von Kindern und Jugendlichen nicht mehr erreicht. Ganz besonders betroffen aber sind diejenigen, deren rechte Hemisphäre in den Denk- und Arbeitsweisen dominiert. Die Erwartung, dass alle Kinder und Jugendlichen sich logisch rationalen Strukturen anpassen, ist verfehlt. Doch in den Haltungen und Einstellungen, die in den Gesprächen mit Lehrern transportiert werden, ist deutlich abzulesen, dass sie nur diese Möglichkeit akzeptieren. Erinnere dich nur an deine Gespräche mit Max' Lehrerin oder an das Gespräch zwischen Lukas' Mutter und der Lehrerin. Nicht in der Lage, den Unterricht auch auf die Denkweisen der anders lernenden Kinder und Jugendlichen abzustimmen, setzen die Lehrpersonen sie lieber einer Kritik aus, die sie entmutigt, einer Kritik, die sie entwürdigt, einer Kritik, die die Freude am Lernen zerstört. Und davon sind in zahlreichen Gesprächen mit Lehrern immer auch die Eltern betroffen.

Hier geht es um autoritäre Strukturen und tief verinnerlichte Werte, die in Gesprächen von den Lehrern an Eltern und Schüler übermittelt werden. Tagtäglich. Von einem Lehrer, der zutiefst davon überzeugt ist, dass Druck das richtige Mittel für die Lernmotivation ist, ist kaum zu erwarten, dass er in der Lage ist, eine ermutigende Lehrer-Schüler-Bindung einzugehen. Mit der Vermittlung von Wissen werden immer auch Einstellungen und Überzeugungen transportiert. Sowohl auf der fachlichen wie auch auf der Verhaltensebene. Ein Lehrer, der es gewohnt ist, in Worten zu denken und nicht in Bildern, wird den Frontalunterricht mit seiner lehrerzentrierten und zu über 95 Prozent sprachlichen Übermittlungsform immer vorziehen. Für einen solchen Lehrer ist es nicht ohne Weiteres möglich, in Bildern zu denken oder dem Schüler im Unterricht intuitive Zugänge zum Wissen zu ermöglichen."

Lena hatte genau zugehört, wirkte jetzt still, fast in sich gekehrt. „Ich verstehe jetzt ein wenig mehr, weshalb ich mich im Gespräch mit Max´ Klassenlehrerin so ohnmächtig gefühlt habe. Ich war zutiefst verunsichert, weil die Lernprobleme auch von Max in all ihren Facetten sprachlich kaum auszudrücken waren. Ich habe immer nur gespürt, dass Max doch eigentlich lernen kann. Doch seine Lehrerin hatte fachlich den Fokus auf die Rechtschreibung und die Grammatik gerichtet. Sie erwartete von Max rationale Denkweisen – außerdem, dass er im Unterricht still sitzt und nach vorne schaut. Wenn er so nicht funktionierte, folgten Druck und Entmutigungen. Und Max reagierte darauf mit Leistungsverweigerung, mit Bauchschmerzen und Ablenkung durch stundenlanges Spielen am Computer. Und dann noch die Linkslastigkeit in der Vermittlung von Faktenwissen."

„Das ist das entscheidende Stichwort, Lena. Neben der Einseitigkeit der Methode ist es für Schüler wie Max und die anderen kaum möglich, dieser ausschließlich verbal ablaufenden Form des Unterrichts zu folgen. Blakeslee spricht in diesem Zusammenhang von einer Machtübernahme des linken Gehirns in der Erziehung. Wir können im Schulsystem von einer Machtübernahme des linken Gehirns auch in den Unterrichtsmethoden, also der Darbietung und Vermittlung von Wissen, sprechen, mit Folgen, die für diese anders lernenden Kinder und Jugendlichen katastrophal sind.

Nun liegt das entscheidende Problem darin, dass das gesamte Schulestablishment sich in der Denkweise ändern müsste, bevor sich für die Kinder und Jugendlichen etwas Entscheidendes verändern könnte. Blakeslee selbst hat sich auch hierzu in einer interessanten Textstelle geäußert:

‚Ein Lehrer, der gewohnheitsmäßig einfach verbal denkt, kann den Kindern nicht einen Kurs über intuitives Denken verabreichen. Die wirkliche Herausbildung von Verhaltensweisen muss Tag für Tag in der Methode und in der Haltung des Lehrers zu allen Gegenständen gelehrt werden. Unglücklicherweise sind die gewohnheitsgemäßen Denkweisen eines Lehrers ziemlich festgelegt. Nach Jahrzehnten verbalen Denkens ist es nicht leicht, grundlegende Denkweisen zu ändern und einfach intuitiv zu werden. Die wirklichen Veränderungen werden nur langsam kommen, so wie die Lehrer sich selbst ändern.'"

Ich schaute zu Lena und begegnete ihrem Blick.

„Hier können wir der Schule ein weiteres Mal nachweisen, dass sie neben den Lese- und Lerntechniken auch in der Wahl der Unterrichtsmethoden überwiegend linkslastig arbeitet, und natürlich zeigt sich die Linkslastigkeit auch in der methodischen Aufbereitung der vielen Schulbücher und Schulbegleithefte."

Lena verstand nicht ganz, was ich meinte. „Wodurch", fragte sie, und ich bat sie, sich noch einmal die allgemeinen Fähigkeiten des linken Gehirns zu vergegenwärtigen.

Lena überlegte nicht lange. „Lineares Denken, vom Detail zum Ganzen, einzelne Sequenzen."

„Das ist das Stichwort", unterbrach ich sie. „Einzelne Sequenzen, darum geht es vor allem in den Lehrbüchern zur Rechtschreibung und Grammatik. Grammatikalische Lehrbücher vermitteln fast ausnahmslos völlig isolierte Grammatikkenntnisse. Das Verpacken grammatikalischer Phänomene in lebendige Geschichten und Erzählungen ist immer noch die Ausnahme und nicht die Regel. Das Gleiche gilt für die Lehrbücher der Fremdsprachen Englisch, Spanisch, Latein und Französisch. Der Aufbau dieser Bücher folgt einer Dreiteilung: Geschichten zu einem Schwerpunktthema, Grammatik und Vokabelwissen. Bezeichnend ist, dass das Vokabelwissen und die Grammatik zu einem Thema schon optisch mehrere Seiten auseinanderliegen und getrennt behandelt und dargestellt werden. Abermals ein Hinweis auf Einzelsequenzen, also die Arbeitsweise des linken Gehirns. Zwischen den einzelnen genannten Bereichen liegen viele Seiten, die hin und her geblättert werden müssen, bevor einem Schüler deutlich wird, was wie zusammenhängt."

Lena reagierte mit Verblüffung. „Natürlich, wenn Max nicht auf einen Blick sieht, was die Grammatik bedeutet, lässt er es gleich ganz sein. Er verweigert die Hausaufgabe und hat keine Lust mehr."

Ich griff Lenas Stichwort auf. „Ja, auf einen Blick: vom Ganzen zum Detail, Erkennen von Strukturen, das sind die Fähigkeiten des rechten Gehirns, die Arbeitsweise von Max und einer großen Zahl weiterer Kinder und Jugendlichen in unserem Schulsystem. Sie alle denken nicht in kleinen Schritten, sondern ganzheitlich, in einem ‚Bild' mit gleichzeitig vorhandenen vollständigen Informationen."

Lena lehnte sich zurück. Ihr Blick ging hinüber zu der großflächigen Mindmap an der Wand, welche die Aspekte der sieben Bücher unserer wissenschaftlichen Runde vernetzt und in einem ganzheitlichen Bild präsentierte.

Lena war gespannt und neugierig. „Du meinst, dass diese Präsentation auch ein Beispiel für das Lernen des sprachlichen Wissens und für die Rechtschreibung und Grammatik ist?"

 **Wissen kurzgefasst:**

Wissensvermittlung an Schulen

In der heutigen Schule basiert Wissensvermittlung immer noch auf der Grundlage unhinterfragter Werteschemata, wie Angst, Selektion, Anpassung und Passivität sowie Druck. Öffentliche Schulen wurden nicht eingerichtet, um Kreativität und Innovation zu fördern. Sie wurden eingerichtet, um ein sehr strukturiertes, vorgeschriebenes Wissen sowie Gehorsam, Konformität und Selbstkontrolle zu lehren. Unsere logisch analytische Wissenskultur folgt zu über neunzig Prozent verbalen Unterrichtsmethoden. An erster Stelle der Frontalunterricht, als die vermeintlich effektivste Form der Stoffvermittlung. Tatsächlich ist Frontalunterricht nur eine geeignete Methode für die kurze Darstellung von Sach-, Sinn- oder Problemzusammenhängen.

Da der Frontalunterricht sich in der Regel ausschließlich verbaler Vermittlungsformen bedient, ist er, wie die Lerntechniken, ausschließlich auf die emotionslose Logik und Analytik der Fähigkeiten des linken Gehirns ausgerichtet.

Die in der Schule praktizierten Formen der Unterrichtsvermittlung begünstigen nur einen Teil der Kinder und Jugendlichen, nämlich diejenigen, die sich an die logisch analytische und verbale Unterrichtsstruktur anpassen. Für Kinder und Jugendliche, mit einem ausgeprägten Bildergedächtnis ist die geforderte Anpassung an die verbale logische Struktur des Unterrichts und der Wissensvermittlung mit ihrem Verhaltenskodex in der Regel nicht zu leisten.

Ihre hohe und schnelle Auffassungsgabe verlangt ganzheitlich ausgerichtete Unterrichtsmodelle, die neben den visuellen Talenten ebenfalls die Kreativität, Fantasie und Intuition für das Lesen und Lernen aufgreifen und dabei ihre herausfordernden ungewöhnlichen Denkstile mit einbeziehen. In einem derartigen Unterricht würden Desinteresse, Aufmerksamkeitsstörungen und Zappelei der Vergangenheit angehören.

Grammatik lernen, einmal anders! – Die Fähigkeiten des rechten Gehirns mit einbeziehen

Was wäre, wenn man der Gruppe anders lernender Kinder und Jugendlichen einen visuellen Lernweg für die Grammatik anböte? Was wäre, wenn sie die Grammatik ganzheitlich und in lebendigen Geschichten erfassen könnten? Wären die Probleme einer Vielzahl von Schülern dann beseitigt?

Gute Grammatik- und Rechtschreibkenntnisse – zweifelsfrei gehört ihre Vermittlung zur einseitigen Leistungsideologie der Schule. Ohne ihr Eingebundensein in anschauliche lebendige Geschichten bleiben sie jedoch den visuell orientierten Kindern und Jugendlichen, dieser besonderen Gruppe anders lernender Schüler, oftmals weit über das Schulleben hinaus unverständlich und nicht selten sogar komplett verborgen.

Tatsächlich geht es in der Diskussion um gute Rechtschreib- und Grammatikkenntnisse nicht darum, diese Fähigkeiten an den Rand zu stellen, sie für nicht so wichtig zu erachten, sondern ganz im Gegenteil. Es geht um die Frage, welche ganzheitlichen Lernwege es ermöglichen, dass auch die visuell und intuitiv lernenden Schüler einen Zugang zu diesen Bereichen erhalten.

Lena hatte es sich erneut in dem großen Ohrensessel bequem gemacht und noch die Frage gestellt, ob es überhaupt möglich sei, die Probleme innerhalb des bestehenden Systems Schule zu lösen. Zweifel hatte in ihrer Stimme mitgeklungen. Dieser Zweifel war berechtigt, doch wie Blakeslee wusste, ist es wesentlich leichter, festzustellen, was in unserem Schulsystem falsch läuft, als etwas dran zu ändern. Und natürlich wäre das Problem nicht dadurch gelöst, einfach intuitive oder visuelle Unterrichtsprogramme im Unterricht einzuführen. Die Thematik geht in ihren Facetten wesentlich tiefer – trotzdem beginnt jede Veränderung mit einem Bewusstwerdungsprozess, und jeder kleine Schritt in die richtige Richtung bedeutet für die betroffenen Kinder und Jugendlichen Entlastung vom Verdacht der Lernschwäche sowie der Aufmerksamkeits- oder Konzentrationsstörung. Damit gab sich auch Lena zunächst zufrieden und war nun doch gespannt, wie es möglich ist, Grammatik einmal anders zu erfassen und dieses Wissen um eine adäquate Vermittlung auch in der Schule umzusetzen.

Ich überlegte, wie ich Lena verdeutlichen konnte, wie dieser Spagat zwischen Begabung und schulischen Anforderungen bewältigt werden konnte. Mir kam Luca, einer meiner Schüler, in den Sinn. Ein weiteres Mal holte ich den schwarz-grauen dicken Ordner hervor. In diesem Ordner musste es Aufzeichnungen darüber geben, auf welche besondere Weise sich Luca im Fach Deutsch auf eine Grammatikarbeit vorbereitet hatte. Beim Blättern der Seiten erinnerte ich mich daran, dass es dabei um die Versetzung in die nächste Klasse ging und Luca sehr unter Druck gestanden hatte. Wir hatten es also mit Voraussetzungen zu tun, die in der Schule tagtägliche Realität sind.

Ich hatte die Aufzeichnungen gefunden und begann, Lena ein wenig von dem schulischen Hintergrund von Luca zu erzählen. Es war im letzten Jahr, einige Wochen vor den Sommerferien, kurz vor der Versetzung, wo nur noch wenige versetzungsrelevante Klassenarbeiten geschrieben wurden.

„Luca war zu dem Zeitpunkt 12 Jahre alt und ging in die sechste Klasse eines Gymnasiums. Er hatte in allen sprachlichen Fächern große Probleme, insbesondere mit der Rechtschreibung und Grammatik. Diese beiden Bereiche versetzten ihn jedes Mal in einen Zustand der schieren Verzweiflung. Lucas Versetzung war wegen einer Fünf in Deutsch und Latein gefährdet, Englisch schaffte er so gerade. Die Wiederholung der Klasse sechs sollte mit dieser letzten noch zu schreibenden Deutscharbeit abgewendet werden. Leider handelte es sich bei dieser Arbeit ausgerechnet um eine Grammatikarbeit."

Ich schaute zu Lena. „Ähnlich wie du, wusste auch Lucas Mutter um die anders gelagerten Fähigkeiten ihres Sohnes. Sie hatte mit Luca schon eine Odyssee durch die therapeutischen Praxen hinter sich. Zuletzt waren sie im Zentrum für Hochbegabung der Universität Münster gelandet. Dort attestierten sie dem Jungen einen IQ von über 125. Wegen des ungewöhnlich guten Testergebnisses durfte Luca am Gymnasium bleiben – doch zu dem Zeitpunkt rieten die Lehrer zu einer Wiederholung der Jahrgangsstufe. Trotz des hohen IQ waren die Sorgen um Lucas schulische Entwicklung nicht kleiner geworden, vor allem weil er die Leistungsanforderungen in den sprachlichen Fächern nicht erfüllen konnte.

Als Luca mich mit seiner Mutter das erste Mal aufsuchte, stellte sich bei der Testung zu den Fähigkeiten des rechten Gehirns sehr schnell heraus, dass Luca hochgradig intuitiv und ebenfalls ein visuell denkender Junge ist. An dem Tag dann, als es um die Vorbereitung zu dieser die Versetzung entscheidenden Klassenarbeit ging, hatte ich mit Luca etwa sieben Mal im Einzelunterricht gearbeitet. Zwischen uns beiden hatte sich schon ein Band des Vertrauens aufgebaut."

Ich rief mir die Situation wieder in Erinnerung.

„Doch an dem Tag war Luca nicht wie üblich die vielen Stufen zum Institut hochgestürzt, sondern betrat sehr verhalten mit Tränen in den Augen den Raum. Es war offensichtlich, dass er verzweifelt versuchte, die Fassung wiederzugewinnen. Auch mein ermutigender Spruch ‚Wir schaffen das schon, zeig mal her!' verfehlte diesmal seine Wirkung. Wortlos legte mir Luca zwei kaum leserliche, extrem klein kopierte Texte auf den Arbeitstisch und sagte mit tonloser Stimme: ‚Das muss ich morgen können, sonst kann Mama mich gleich von der Schule abmelden.'

Ich warf einen Blick auf die Texte. Zu meiner Überraschung handelte es sich hier um Definitionstexte zu den adverbialen Bestimmungen. Auf meine Frage, welche Geschichten im Deutschunterricht begleitend zum Thema durchgenommen wurden, antwortete Luca nur: ‚Texte dazu haben wir nicht. Wir schreiben doch eine Grammatikarbeit.' Ob seine Klassenlehrerin nun tatsächlich keine begleitenden Geschichten in den jeweiligen Deutschstunden durchnahm, bleibt dahingestellt. Bedeutsam ist, dass es offensichtlich im Denken des Jungen keinerlei Vernetzungen oder Erinnerungen des Grammatikthemas zu literarischen Texten oder Sachtexten aus dem Deutschunterricht gab."

Lena lächelte. „So kenne ich das auch von Max."

Ja, dachte ich. Lena hatte Recht, Luca und Max sind keine Einzelfälle. Auch ich wusste aus vielen Gesprächen mit anderen Eltern, dass es deren Kindern ähnlich erging.

In den wenigsten Fällen kam es vor, dass grammatikalische Phänomene ganzheitlich in den Geschichten und Texten erklärt und darüber auch erkannt wurden. Was Luca gerade in seinem Deutschunterricht erlebte, skizzierte die schon beschriebene gängige Lehrpraxis in vielen Schulen. Immer wieder wurden grammatikalische Zusammenhänge von Texten isoliert vermittelt. Wie jetzt bei Luca. Das Grammatikthema ‚adverbiale Bestimmungen' wurde nicht im Kontext einer spannenden Geschichte, sondern in Einzelsequenzen, als Definition zum Auswendiglernen verabreicht – womit es dann im Bewusstsein und Wissensnetz eines 12-Jährigen, wenn er denn die klein kopierten Texte überhaupt las, zusammenhanglos gespeichert und sehr schnell wieder vergessen wurde. Entsprechend waren die Reaktionen von Luca. Hinzu kam die große Angst, nicht versetzt zu werden, und natürlich setzte ihm der hohe Leistungsdruck zu. Jetzt ausgerechnet eine gute Note in der schon immer ungeliebten Grammatik erreichen zu müssen, erschien ihm unmöglich. Am liebsten hätte Luca komplett verweigert.

Auch an dem Tag hatte ich mich gefragt, weshalb ein hochbegabter 12-Jähriger vor solchen Problemen stand? Kreativ, fantasievoll, visuell hoch talentiert, mit einem IQ von über 125 – doch die adverbialen Bestimmungen einfach nacheinander auswendig zu lernen, für Luca undenkbar.

„Und, na sag schon, wie ging es weiter mit Luca?" Lena unterbrach ungeduldig meine Gedanken.

„Wie es weiterging?" Erneut tauchte diese Unterrichtsstunde vor meinem geistigen Auge auf.

„Luca selbst lieferte einen interessanten Zugang zu dem Thema. Doch zunächst war ihm das noch nicht bewusst. Er hatte am Wochenende zuvor den jährlich stattfindenden Skaterwettbewerb mit atemberaubenden Sprungvariationen in der Halfpipe gewonnen. Ich wusste von ihm, dass er das Skateboardfahren liebte und er diesem Wochenende entgegengefiebert hatte. Natürlich fragte ich ihn nach dem Wettkampf, auch um ihn ein wenig von der bevorstehenden Deutscharbeit abzulenken – doch noch im selben Augenblick hatte ich eine weitere Idee, nämlich diesen Skaterwettbewerb für die Aufarbeitung des Grammatikthemas zu nutzen. Wann? Wo? Wer? Wie? Was? Womit? Ich bestürmte Luca mit einer Vielzahl von W-Fragen und tatsächlich, er ließ sich nicht zweimal fragen. Ausführlich begann er, von den Ereignissen am Wochenende zu erzählen.

Augenblicklich veränderten sich seine Gesichtszüge. Sie wurden lebendiger und ich konnte fast greifbar spüren, wie er emotional in die Geschehnisse des vergangenen Wochenendes eintauchte. Er war mit ganzem Herzen bei der Sache und erzählte so lebendig, dass ich hinterher den Eindruck hatte, selbst Teilnehmerin dieser Veranstaltung gewesen zu sein. Diesem Eindruck nachhängend, sah ich die

Verbindung zu den adverbialen Bestimmungen klar auf der Hand. Eine wunderbare Geschichte, um sie mit einem Lernthema zu verbinden.

Ich überraschte Luca mit der Feststellung, ich hätte den Eindruck, dass er schon alles über adverbiale Bestimmungen weiß. Im ersten Augenblick schaute er irritiert zu mir herüber. Doch schon in der nächsten Sekunde begriff er, warum ich ihn mit so vielen W-Fragen überschüttet hatte. ‚Wann? Wie? Wo? Was? Warum?', sprudelte es aus ihm heraus.

Das Eis war gebrochen. Schnell war er bereit, am Beispiel seiner Erlebnisse in der Halfpipe das Thema der adverbialen Bestimmungen zu bearbeiten. Mit der Technik Mindmapping war Luca schon vertraut. Mit bunten Stiften und einem DIN-A3 großen Blatt Papier sollte er zunächst eine eigene Überschrift für das Grammatikthema finden. Stell dir vor, Lena. So hieß dann die Überschrift: ‚Mit adverbialen Bestimmungen in die Halfpipe'.

Warte ab, was daraus entstand. Luca nahm sich ein Blatt Papier. Er malte in die Mitte des Blattes einen Kreis, darin die Überschrift. Im nächsten Arbeitsauftrag sollte er Fragen an das Thema ‚Mit adverbialen Bestimmungen in die Halfpipe' stellen. Luca schaute mich zunächst noch etwas zweifelnd an, bekam aber zunehmend Gefallen an dieser für ihn neuen Aufgabe. Auf die Aufforderung hin, auch augenscheinlich etwas ungewöhnliche oder auch einfach wirkende Fragen zu stellen, formulierte er schnell Folgendes:

‚Adverbiale Bestimmungen, wer hat euch erfunden? Wie alt seid ihr? Was macht ihr in der Halfpipe? Wie helft ihr mir bei der Geschichte in der Halfpipe? Welche Texte bevorzugt ihr? Wie viele gibt es von euch? Wie erkenne ich euch? Wie wichtig seid ihr? Was bewirkt ihr in den Geschichten? Was in den Sachtexten? Warum heißt ihr überhaupt adverbiale Bestimmungen?"

Ich blickte zu Lena: „Lass die Fragen einmal auf dich wirken. Hier handelt es sich um sehr interessante und sehr sachbezogene

Fragen zu einem Grammatikthema, die weit über den Definitionsbereich der Bedeutung und Funktion der adverbialen Bestimmungen hinausgehen.

Mit dem nun folgenden dritten Arbeitsauftrag ermutigte ich Luca, zu seinen eigenen Fragestellungen zunächst einmal eigene Antworten zu finden. Dazu könne er einfache Vermutungen und Behauptungen aufstellen. Vor allem könne er die unterschiedlichen W-Fragen mit seinen Erlebnissen in der Halfpipe verbinden.

Wie du dir jetzt denken kannst, bekam er zunehmend Spaß an der Aufgabe. Luca war in seinem Element. Einige Zeit verstrich. Lena, sieh einmal, was daraus entstand." Zum Glück hatte ich Lucas Mindmap kopiert. Ich reichte sie Lena. Ihr zustimmender Blick verriet mir, dass sie augenblicklich verstanden hatte, dass Luca einen ganz besonderen Zugang zu diesem Grammatikthema gefunden hatte. Hier ging es um die ganzheitliche Aneignung eines Themas – um das ‚Bild' mit allen gleichzeitig vorhandenen Informationen, eine Fähigkeit, die Luca den Weg zu guten Leistungen in allen sprachlichen Fächern ebnen würde.

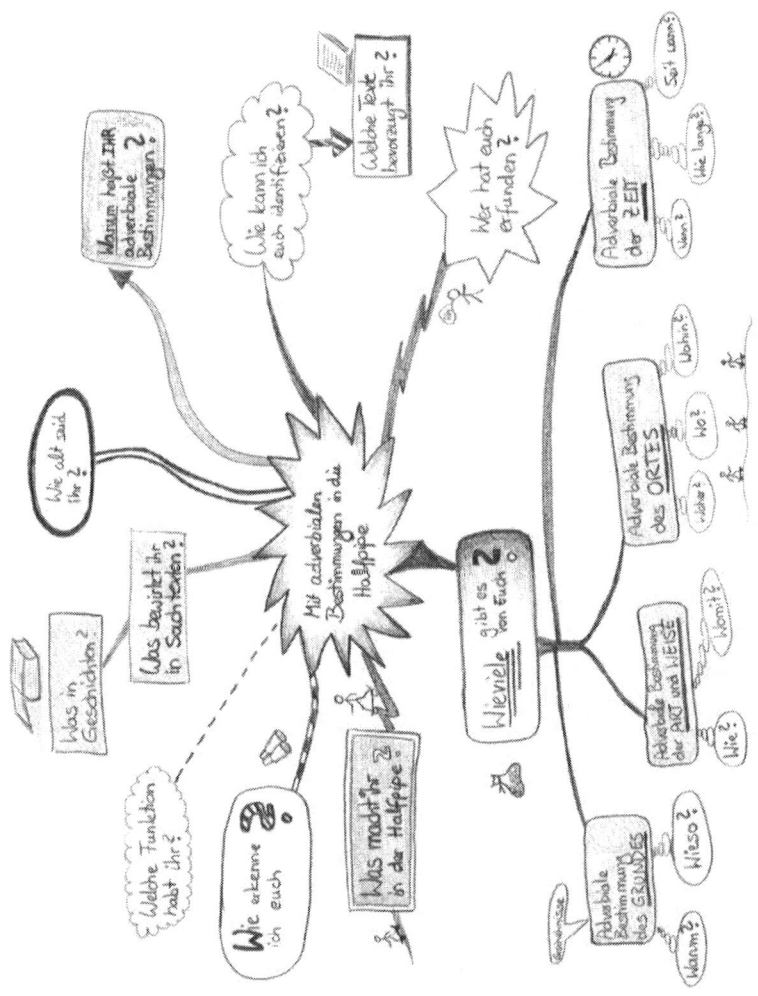

Abb. 3: Mit adverbialen Bestimmungen in die Halfpipe

„Für Luca stellte dieses Bild eine Struktur dar, in der alle Informationen über die adverbialen Bestimmungen gleichzeitig vorhanden waren. Wenn ihm diese Mindmap als inneres geistiges Bild in der Klassenarbeit zur Verfügung stünde, würde alles gut gehen", verriet ich Lena.

„Und wie ging es dann weiter, spann mich nicht auf die Folter", drängte sie.

„Am Ende der Stunde führte ich mit Luca eine Visualisierungsübung durch, in der er das äußere Bild kraft seiner Vorstellung in ein starkes inneres Bild verwandelte. Dieses innere Bild sollte ihm bei der Klassenarbeit helfen, sich zu orientieren, das Ganze zu sehen, um dann sein Wissen auf die neuen Aufgabenstellungen der Klassenarbeit zu übertragen."

Lena staunte darüber, dass es letztlich doch sehr einfach war, selbst einen thematisch komplexen Zusammenhang mit allen Aspekten in ein ganzheitliches Bild zu verwandeln. Tatsächlich hatten wir es mit einer anderen Arbeitsweise zu tun, die eins zu eins auf die Fähigkeiten des rechten Gehirns, also auf die Begabungen und Talente der Kinder und Jugendlichen abgestimmt war.

Was hatte sich also im Vergleich zu vorher durch diese Form der Aneignung von Wissen verändert?

Luca war sehr verängstigt mit einem klein kopierten Text über adverbiale Bestimmungen zu mir gekommen. Den Themen mit eigenen, persönlich bedeutsamen und wichtigen Fragen zu begegnen, entfachte seine Neugier.

„Wer neugierig ist, wird kreativ", sagte ich zu Lena. „Kreativität hilft bei der Entfaltung eines eigenwilligen individuellen Denk- und Lernstils. Kreativität, Neugier, Fantasie und Emotionalität gehören zu den weiteren Fähigkeiten des rechten Gehirns und ebenso in besonderer Weise zu den Vorzügen und Begabungen dieser anders lernenden Kinder und Jugendlichen. Dieser Junge Luca hatte einen

IQ von über 125, den interessierte ein vom Ganzen abgespaltener Definitionstext zum Thema ‚adverbiale Bestimmungen' nicht. Sein Interesse entstand, als er begann, das Thema fragend zu erforschen, ihm ursächlich auf den Grund zu gehen. Dass Luca in diesem besonderen Fall über seine Erlebnisse in der Halfpipe das Thema lebendig und anschaulich erfassen konnte, weist auf die besondere Bedeutung hin, Wissen mit Fragen an die individuelle Wirklichkeit der Kinder und Jugendlichen zu verbinden. Dies ist ohne Weiteres auch über spannende Sach- und Fach- und literarische Texte möglich."

„Diese Technik könnten die Lehrer doch ganz einfach in der Vermittlung von Wissen in allen Schulfächern nutzen", meinte Lena zögernd.

Ich stimmte ihr zu. Eine Öffnung des Unterrichts für eine Individualisierung des Lernens in der Schule würde einen Wissensschatz aufbauen. Und endlich würde das von Peter Struck wieder in Erinnerung gerufene Postulat des Grundgesetzes, Kinder nicht an die Schule anzupassen, sondern umgekehrt Schule an die Bedürfnisse der Schüler anzupassen, eingelöst werden können.

„Und, wie ging es mit Luca weiter?" Lena hatte die Möglichkeiten und Chancen, die diese sehr wirksame und einfache Bildertechnik bot, eine Weile auf sich wirken lassen. Jetzt brannte sie natürlich darauf, wie Luca das neue Lernen umgesetzt hatte.

„Luca ist noch in dieser Stunde zu interessanten Ergebnissen seiner Fragen gelangt", erwiderte ich. „Doch von besonderer Bedeutung war, dass er ein so trockenes Grammatikthema mit der für ihn wichtigsten Sache der Welt, dem Skaten in der Halfpipe, verbunden hatte. Die Grammatik hatte ihre Angst einflößende Macht verloren. Luca erlebte sie wohl das erste Mal als lebendigen Bestandteil der Sprache – vor allem, weil er sie nicht mehr isoliert und losgelöst von seiner Lebenswelt erfuhr."

Lena hörte mir sehr aufmerksam zu. „Doch, was ist mit dem Definitionstext passiert und wie sieht es mit Sachtexten oder literarischen Texten aus? Und wie war die Klassenarbeit?"

„Ich komme sofort dazu. Der dritte Arbeitsschritt bestand nun darin, mit einer beschleunigten Lesetechnik durch den zunächst gefürchteten Definitionstext mit dem Thema ‚adverbiale Bestimmungen' zu gehen, um festzustellen ‚Habe ich alles? Habe ich das ganze Wissen schon erfasst? Was fehlt mir? Was wissen die Experten mehr als ich?' Und Luca stellte zu seinem Erstaunen fest, dass ihm lediglich noch etwa fünf Prozent Informationen fehlten, die er dann mit Freude seinen eigenen Ergebnissen hinzufügte. Der Definitionstext hatte seine Macht über den Jungen verloren. Mit dem Satz ‚Die Experten wissen eigentlich auch nicht viel mehr!' verabschiedete er sich; diesmal stürmisch, drei Treppenstufen auf einmal nehmend. – Ja, Lena, so war es uns gelungen, das Lernthema ‚adverbiale Bestimmungen' in einen für den Jungen interessanten Forschungsgegenstand zu verwandeln. Lucas individuell formulierten, ungewöhnlichen Fragen weckten seinen Wissensdurst und seine Neugier, die lebendigen Fähigkeiten des rechten Gehirns. Diese könnten selbst das trockenste Grammatikthema zu einer persönlich bedeutsamen Lernangelegenheit werden lassen."

„Ja, ja, doch wie fiel die Arbeit aus?"

„Später stellte sich heraus, dass Luca die Deutscharbeit ‚voll befriedigend' geschrieben hatte und in die siebte Klasse versetzt wurde.

Ich hatte Gelegenheit, mit Luca noch ausführlich über den Verlauf der Klassenarbeit zu sprechen. Es war ihm gelungen, über den gesamten zeitlichen Rahmen dieser Arbeit in Kontakt mit dem ‚inneren Bild' über das Grammatikthema zu bleiben. Darüber war es ihm erstmalig gelungen, sein Wissen auch auf die Aufgaben der Klassenarbeit zu übertragen. Hier war Luca sonst immer gescheitert. Er hatte die Struktur, die hinter dem grammatikalischen Thema stand, erkannt. Deshalb fiel es ihm jetzt sehr leicht, dieselbe Struktur auch in einem Zeitungsbericht zu erkennen und im Sinne der Aufgabenstellung der Klassenarbeit zu bearbeiten. Diese neue Form zu lernen, hatte für Luca eine persönlich bedeutsame Dimension erhalten. Der wichtige schulische Erfolg in der Klassenarbeit hatte ihn ermutigt und sein Selbstvertrauen gestärkt. Doch noch bedeutsamer war, dass er den ersten Schritt auf einem neuen Weg gesetzt hat, auf seinem eigenen Weg, zu lesen und zu lernen. Zum ersten Mal hatte er seine Begabungen und Talente eingesetzt und sich dabei als kompetent erlebt. Dies setzte Kräfte in ihm frei, die ihn stark machten und ihn ermutigten, mit der Macht der inneren Bilder in der Schule weiterzulernen und weiterzuarbeiten. Luca ist jetzt ein 14-jähriger Teenie. In der Schule hat er kaum noch Probleme. Er setzt seine Begabungen ein, allerdings nur minimalistisch. Er will gut durchkommen, aber kein Streber sein. Das ist in Ordnung, denn er ist mutig geworden und voller Selbstachtung und Selbstvertrauen."

 Wissen kurzgefasst:

Die visuellen Fähigkeiten

Die Visualisierung ist eine hervorragende Möglichkeit, die Sinne zu schärfen, das Gedächtnis zu trainieren oder sich auf das Erreichen von Zielen vorzubereiten.

Mithilfe der Visualisierung lassen sich verschiedene Fähigkeiten trainieren und vervollkommnen. Jede Art von Wissen aus den verschiedenen Schulfächern kann über Mindmaps, die sogenannten Gedächtniskarten, visualisiert werden. Jeder von uns, und die Gruppe anders lernender Kinder und Jugendlicher in besonderer Weise, hat die Fähigkeit, sich ein gewünschtes Bild vorzustellen. Wenn zu diesem Bild noch eine Handlung hinzukommt, werden aus Bildern kleine Filme. Auch Texte oder ganze

Bücher lassen sich in Bilder, Szenen, in kurze oder lange Filme verwandeln. Folgende Übungen werden helfen, diese Fähigkeiten zu entwickeln.

1. Vorstellen des Lieblingsortes mit Entspannungsübung

Atme ein paar Mal tief ein und aus und schließe die Augen. Nimm wahr, wie sich deine Aufmerksamkeit ganz von alleine nach innen richtet. Geh nun in deiner Vorstellung an einen schönen Ort, an dem du dich wohlfühlst. Stelle ihn dir vor deinem inneren Auge vor, vielleicht gehst du über einen Strand, sieh mit deinem inneren Augen die blaugrünen Farben des Meeres, verfolge das Heranrollen der Wellen, höre das Donnern der Brandung, spüre die warmen Sonnenstrahlen auf deiner Haut, atme die kräftige salzige Luft, spüre den sanften Seewind und den Sand zwischen den Zehen.

Nimm in deiner Vorstellung mit der Hand etwas Sand auf, strecke deine Hand dem blauen klaren Himmel entgegen, bevor du ihn durch die Finger rieseln lässt. Beobachte, wie das Sonnenlicht in den winzigen Salzkristallen tanzt, spüle deine Hände im Wasser ab. Spüre mit der Zunge das Salz an deiner Hand. Erkunde mit all deinen Sinnen diesen wunderschönen Ort.

2. Visualisierung von Bildern und Werken aus dem Kunstunterricht

Um die Visualisierungsfähigkeit zu stärken und zu verfeinern, kannst du das Fach Kunst als Anlass für Visualisierungen nutzen. Wähle ein Kunstwerk oder ein Lieblingsbild aus, nimm dir jeden Tag über einen Zeitraum von einer Woche mindestens fünf Minuten Zeit, um das Kunstwerk genau zu betrachten. Lass das Bild vor dem Einschlafen vor deinem inneren Auge entstehen und rekonstruiere alle Details, erinnere dich an alle Details und füge sie in dein inneres Bild. Beziehe alle Sinne in die Rekonstruktion des Bildes ein, nimm wahr, wie sich die Eindrücke von Tag zu Tag intensivieren.

3. Das visuelle Wortschatzlexikon

Das visuelle Wortschatzlexikon dient der Erweiterung deines individuellen Wortschatzes. Ausdrucksvermögen und Rechtschreibung werden durch visuelle Wortschatzübungen immer besser. Diese Übung kannst du von der ersten Klasse an über viele Jahre durchführen.

Übung: Nimm ein Wort (Nomen) oder Fremdwort deiner Wahl, z. B. Detektiv. Lasse in deiner Vorstellung zu diesem Wort erst ein inneres Bild, dann eine kleine innere Szene entstehen. Nimm intensiv alle Details und alle Farben wahr. Vielleicht raucht dein Detektiv eine Zigarre. Dann nimm auch den Geruch der Zigarre wahr. Dann schreibe mithilfe deiner Vorstellung die einzelnen Buchstaben des Wortes mit einem imaginativen Farbstift in das innere Bild oder in die Szene hinein. Halte dabei die Augen zunächst geschlossen. Versuche, das innere Wortbild ein bis zwei Minuten in deinem inneren Bild zu halten. Nimm den gesamten Schriftzug des Wortes wahr. Übe dich im visuellen Buchstabieren, erst vorwärts, dann rückwärts. Diese Übung erleichtert die Erstellung des visuellen Wortschatzlexikons.

Spieglein, Spieglein an der Wand – Auf Pygmalions Spuren

Forscher stellen in zahlreichen Untersuchungen immer wieder fest, dass die Leistungen der Schüler nach den Erwartungen und Überzeugungen der Lehrer ausfallen. Ich blätterte die nächste Seite eines Buches von Hilbert Meyer über Unterrichtsmodelle um und überflog die einzelnen Abschnitte aus einem Werk über Unterrichtsmethoden in Schulen.

Hier stellen als Mitautoren Rosenthal und Jacobson ein interessantes Experiment vor. Sie teilten Lehrern aus unterschiedlichen Klassen mit, dass bei einigen ihrer Schüler im nächsten Schuljahr eine überdurchschnittliche Leistungssteigerung und Intelligenzentwicklung zu erwarten sei, das hätten an ihnen vorgenommene psychologische Untersuchungen ergeben. Weiter teilten sie den Lehrern die Namen der betroffenen Schüler mit. Acht Monate später zeigten die Kinder eine signifikante Zunahme des Intelligenzquotienten im Vergleich zu den anderen Kindern der Klasse.

Das Erstaunliche an dieser Studie war, dass die Forscher die Schüler nicht etwa nach der Intelligenz oder Leistungsbereitschaft ausgesucht hatten, sondern nach dem Zufallsprinzip. Die beiden Forscher folgerten daraus, dass die positive Aufmerksamkeit und Erwartungshaltung der Lehrer wie eine Selffulfilling Prophecy wirke, ähnlich wie es in der griechischen Sage des Pygmalion beschrieben wird. Der Bildhauer Pygmalion verliebte sich so sehr in das Bildnis einer von ihm geschaffenen Frau, dass es schließlich lebendige Wirklichkeit wurde. Rosenthal und Jacobson vermuteten, dass eine veränderte Verbal- und Körpersprache sowie veränderte Aufruf- und Drannehmtechniken der Lehrer das frappierende Ergebnis des Experiments maßgeblich beeinflusst hätten.

Ich schloss das Buch und legte es zur Seite. Wie viele Schüler in unserem Schulsystem wohl von diesem Phänomen des Pygmalion-Effekts betroffen sind – im Guten wie im Schlechten, dachte ich.

Ein intensiver Arbeitstag ging zu Ende. Am Nachmittag war der kleine Michel zu mir ins Institut gekommen. Er war die Treppe heraufgestürmt, mit seinem Mathe-Klassenarbeitsheft in der Hand. Stolz und mit leuchtenden Augen hielt er es mir entgegen.

Michel hatte das erste Mal eine Zwei in Mathematik erreicht. Vor einigen Monaten hatte ich ihn kennengelernt – acht Jahre alt, hochsensibel, sehr introvertiert. Michels Mutter hatte sich an mich gewandt, weil ihr Sohn nach Ansicht seiner Lehrerin nicht die Resultate in Mathematik zeigte, die ein Schüler nach den Richtlinien der Jahrgangsstufe erreichen muss, um in die dritte Klasse versetzt zu werden. Sie war darüber sehr beunruhigt, doch gleichzeitig hatte sie in diesem Telefonat klargestellt, dass sie die Auffassung der Mathematik-Lehrerin nicht teile, weil Michel zuhause viele der Aufgaben mit Leichtigkeit löse, aber dann, aus für sie unerklärlichen Gründen, bei denselben Aufgabenstellungen in der Schule versage – und das regelmäßig.

Ich war neugierig auf Michel. Würde er auch bei mir die Aufgaben lösen können?

In dem ersten Gespräch mit seiner Mutter war mir ein Verdacht gekommen. Wurde Michel so stark von der negativen Überzeugung seiner Mathematik-Lehrerin beeinflusst, dass er deshalb in ihren Stunden versagte? Und tatsächlich, als Michel mich das erste Mal aufsuchte, war er auch bei mir in der Lage, bis in den Tausenderbereich Additionen, Subtraktionen und Multiplikationen durchzuführen. Auf meine Frage an Michel, wie er es sich erkläre, dass es hier klappt und in der Schule nicht, antwortete er: „Meine Lehrerin glaubt nicht, das ich rechnen kann. Ich glaube es auch nicht." Ganz ernst sagte er das.

Seine Mutter sah mich erstaunt an, und in dieser ersten Begegnung mit ihr und Michel verstärkte sich meine Vermutung, dass wir es hier tatsächlich mit dem sogenannten Pygmalion-Effekt zu tun hatten, welcher auf der von Rosenthal und Jacobson vor einigen

Jahrzehnten durchgeführten, berühmten Studie beruhte. Ausführlich wird dort beschrieben, dass Überzeugungen und Erwartungen von Lehrern an die Leistungsfähigkeit eines Schülers einen nicht unerheblichen Einfluss auf seine tatsächlichen Leistungen im Unterricht haben. Bei Michel ging es um die negative Erwartung der Lehrerin an sein Leistungsvermögen in Mathematik, eine Überzeugung, der er im Unterricht und in den Klassenarbeiten eins zu eins entsprach.

Ich hatte Michels Mutter von dem Pygmalion-Effekt und der aufsehenerregenden Studie aus den 1970er Jahren erzählt. Michels Mutter hatte freudig, aber auch mit Erstaunen auf diese Informationen reagiert und mich natürlich gefragt, ob denn die Studie irgendwelche Auswirkungen auf den Unterricht gehabt habe und was weiter damit passiert sei.

So gut wie nichts, hatte ich ihr geantwortet. Die Studie geriet schnell in Vergessenheit. Nur kurzfristig sorgte sie für Aufruhr, vor allem an den Universitäten und natürlich innerhalb der Lehrerschaft, doch schnell wies man ihr methodologische Mängel nach. Von da an wurde sie nicht mehr ernst genommen. Man zweifelte ihre Glaubwürdigkeit an, nicht zuletzt, weil der sichtbare wissenschaftliche Beweis fehlte, und das, obwohl viele Folgeuntersuchungen zum Beispiel von Good und Wagner, ebenfalls Unterrichtsexperten, die Grundthesen immer wieder bestätigten.

Die Unterrichtspraxis blieb bis heute unbeeindruckt von den Ergebnissen. Wie sonst lassen sich die vielen negativen Einschätzungen und entmutigenden Äußerungen von Lehrern über ihre Schüler erklären? Die weit verbreitete Überzeugung, dass das Ausüben von Druck positive Leistungs- und Verhaltensänderung bei den Kindern bewirken könne, war nach wie vor groß. Ebenso die einseitige Wissenschaftsgläubigkeit.

Michels Mutter jedenfalls reagierte mit großer Erleichterung, als sie endlich eine mögliche Erklärung für Michels ungewöhnliches Leistungsverhalten in Mathematik erhielt, und gab sich zunächst damit zufrieden. Ihr war es wichtig, das Problem zu lösen. Ich hatte mit ihr einen Plan ausgearbeitet, der auch die Mathematiklehrerin einbezog. Ob sie ihn wohl unterstützen würde, hatte ich mich gefragt. Und tatsächlich, die Lehrerin kooperierte – doch dazu später! Michel jedenfalls wurde in den letzten Wochen immer besser in Mathematik. Dank der Offenheit und Zugewandtheit der Lehrerin hatte es geklappt. Michels gestärktes Selbstwertgefühl und seine wiederentdeckte Freude am Mathematik-Unterricht sprachen Bände. Und jetzt auch noch die Zwei. Ich freute mich sehr für ihn.

Ich dachte an die Studie zurück. Lena und ich würden uns heute ausführlich mit dem Phänomen der Übertragung von Überzeugungen und Denkweisen von einem Menschen auf den anderen beschäftigen. Mir blieb noch etwas Zeit, bis sie kam. Ich sah mich im Arbeitsraum um. Ein ganz besonderes Buch würde unsere Arbeit heute wissenschaftlich begleiten – das des Psychiaters und Facharztes für Psychotherapeutische Medizin des Universitätsklinikums Freiburg, Joachim Bauer, „Warum ich fühle, was du fühlst: Intuitive Kommunikation und das Geheimnis der Spiegelneurone".

Mein Blick fiel auf die Riesen-Mindmap an der Wand mit all den aufgelisteten Büchern unserer wissenschaftlichen Runde, dann auf den Titel des Buches von Bauer und ich vergegenwärtigte mir noch einmal die zu diesem Buch von uns gestellten Fragen. Lena hatte sie kürzlich auf kleine Kärtchen geschrieben und in einer Kreisform um den Titel des Buches geheftet.

Welche neurobiologische Entdeckung verbirgt sich hinter den Spiegelnervenzellen? Welche Bedeutung haben die Spiegelneurone für Lehrer-Schüler-Beziehungen? Welche Chancen eröffnen sie für Lese- und Lernprozesse? Ist das Wissen über die Spiegelneurone tatsächlich ein Schlüssel für die Auflösung der zahlreichen auch sozialen Verhaltensauffälligkeiten, Lernschwierigkeiten und Leistungsverweigerungen einer ständig wachsenden Anzahl von Schülern? Was verraten uns die Spiegelnervenzellen über den Einfluss von Einstellungen und Einschätzungen? Welches wertvolle Wissen können wir hieraus für Unterrichtsprozesse ableiten?

Mit diesen Fragen liegen intensive Arbeitsstunden vor uns, überlegte ich. Würde dieses Buch den schon so lange überfälligen wissenschaftlichen Beweis für den von Rosenthal und Jacobson entdeckten Pygmalion-Effekt liefern können? Käme der Studie nun die Akzeptanz, Wertschätzung und Öffentlichkeit zu, die sie schon lange verdiente? Reichen die neurobiologischen Erkenntnisse Bauers aus, um den Pygmalion-Effekt sichtbar zu beweisen? Fragen über Fragen.

Es müsste gelingen, hoffte ich.

Nicht nur in der Neurobiologie, auch in anderen Forschungsbereichen, zum Beispiel in der Physik, dort insbesondere in der Resonanzforschung gelangten Übertragungsphänomene, wie von Rosenthal und Jacobson beschrieben, zu neuerlicher Beachtung. Stützten sie ihre Aussagen auf die damalige Studie? Vermutlich nicht, denn ich fand keinerlei Literaturhinweise seitens der Neurobiologen und Physiker auf die ehemaligen Unterrichtsdidaktiker. Und die Schulpädagogik? Würde sie sich zukünftig den Erkenntnissen anderer Fachdisziplinen öffnen?

Erst kürzlich hatte ich in einem Buch über Resonanz erneut von einer interessanten Untersuchung zum Thema der Übertragung von Erwartungen gelesen. Hier ging es ebenfalls um das mathematische Leistungsvermögen eines Jungen. Der Junge musste sich zwei Tests unterziehen. Im ersten Test erzählte man dem beaufsichtigenden Mathematik-Lehrer, dass der zu prüfende Junge eine Hochbegabung in Mathematik habe. Der Lehrer war dem Jungen von Beginn der Prüfungssituation an freundlich und wohlwollend eingestellt. Er traute dem Jungen in der Prüfung nur die allerbesten Ergebnisse zu. Das Gehirn des Jungen, das an Elektroden angeschlossen war, arbeitete innerhalb des gesamten Prüfungszeitraums unauffällig. Entsprechend sehr gut fielen seine mathematischen Leistungen aus.

In der zweiten Testsituation wurde der Lehrer ausgetauscht. Dem zweiten Lehrer wurde mitgeteilt, der Junge sei lernbehindert und müsse sich einer nochmaligen Testung unterziehen. Dieser Lehrer hatte den Jungen schon abgestempelt, bevor er ihn das erste Mal gesehen hatte. Schon als der Junge den Prüfungsraum betrat, verzeichneten die Elektroden messbare Blockaden. Das Gehirn arbeitete über den gesamten Prüfungszeitraum nur noch reduziert, und entsprechend schlecht fielen die mathematischen Leistungen des Jungen aus.

Konnten negative Einstellungen und Überzeugungen eine derartig verheerende Wirkung auf die Intelligenz- und Leistungsentwicklung der Schüler ausüben? Es schien so. Ich schaute auf die Uhr. Lena müsste gleich da sein.

Auch Lena war wieder mit diesem Thema konfrontiert. Max' Leistungen in Französisch wurden nicht besser, ganz anders allerdings die in Englisch. Da blühte er regelrecht auf, und die Beziehung der Englisch-Lehrerin zu Max war mittlerweile geprägt von Wohlwollen sowie einer ermutigenden Haltung ihm gegenüber. Noch vor Monaten sah das ganz anders aus. Eine weitere Bestätigung, dass sich auch auf Max die ermutigende Einstellung seiner Lehrerin übertragen und positiv auf seine Leistungsentwicklung ausgewirkt hatte?

Ich dachte an das erste Gespräch mit dieser Englisch-Lehrerin zurück, ein Gespräch, bei dem ich selbst zugegen war. Lena und ich hatten sie vor etwa einem Jahr in der Schule aufgesucht. Max' Lehrerin wirkte streng, war in klassischer Weise wissenschaftlich orientiert. Ihr Unterricht war frontal, darüber hinaus war sie bei den Schülern auf Fleiß, Ordnung und Pünktlichkeit bedacht – Anforderungen, die Max in dieser Form nicht einlösen konnte. Für Kinder und Jugendliche wie Max Verständnis aufzubringen, fiel der Lehrerin schwer. Fliegende Blätter im Tornister – für sie völlig inakzeptabel. Dann war dieser Junge auch noch verträumt und verspielt. Solchen Schülern beggenete sie mit Druck und Strenge. Deutlich stellte sie in diesem ersten Gespräch die hohen fachlichen Anforderungen der gymnasialen Schulform in den Vordergrund. Sie erwartete, dass auch Schüler wie Max hier entsprechende Anpassungsleistungen erbringen.

Dennoch nahm ich in ihrem Gesichtsausdruck eine leichte Irritation wahr, als ich von Max' anderen Fähigkeiten, zu lesen und zu lernen berichtete. Vielleicht hatte sie sich schon mit Spiegelneuronen befasst – jedenfalls begann ihr Verhältnis zu Max eine andere Qualität anzunehmen. Sie war nun offen und bereit, ihm eine Chance mit den visuell orientierten Lerntechniken zu geben, doch schien zwischen ihr und Max noch mehr passiert zu sein. So etwas wie eine positive Lernbeziehung, in der von der Skepsis nach dem ersten ausführlichen Gespräch nichts mehr übrig war.

Schon wenige Wochen nach diesem Gespräch berichtete Max fröhlich, dass seine Lehrerin zwar immer noch sehr streng sei, ihm aber signalisiert habe, dass sie fest daran glaube, er würde es jetzt schaffen. Als er im ersten Vokabeltest eine Drei geschrieben hatte, begann er selbstständig zu lernen, ohne wie sonst erst die ermüdenden Aufforderungen von Lena, nun endlich Hausaufgaben zu machen, abzuwarten. Langsam stellten sich Erfolge ein.

Ein ähnliches Gespräch führten Lena und ich auch mit der Französisch-Lehrerin. Doch obwohl Max auch hier seine neue visuelle Lerntechnik anwandte, blieb der Erfolg aus. Auch an dieses Gespräch erinnerte ich mich noch deutlich. Unverhohlen hatte Max' Französisch-Lehrerin klargemacht, sie glaube nicht daran, dass Max den gymnasialen Anforderungen jemals genügen könne. Und tatsächlich, Max' Leistungen bewegten sich im Fach Französisch nach wie vor im Bereich ‚mangelhaft'. Um diese Lehrerin ging es heute.

Am Mittag hatte Lena in einem Telefonat von einem erneuten Gespräch mit ihr berichtet. Aufgelöst, aber auch mit Empörung in der Stimme erzählte sie mir, dass die Einstellung der Lehrerin immer noch dieselbe wie vor Monaten sei, dass sie nicht sehe, wie

Max sich verändert habe. Sie, die Lehrerin, spule immer wieder dieselben Worte ab. Er sei unkonzentriert. Er zeige nicht auf. Er sei nicht anwesend. Er schaue nicht nach vorne. Selbst wenn er in der nächsten Arbeit eine Vier schriebe, würde sie ihm eine Fünf geben. Sie handhabe das so: Sollte er – womit sie nicht rechne – eine Vier schreiben, würde sie ohne Berücksichtigung der Vorgeschichte die erste Sechs mit der Vier addieren und dann durch zwei teilen. Immer käme eine Fünf dabei heraus, habe sie dann noch bemerkt.

Ein ermüdendes Stakkato der Lehrerin, dachte ich, als ich das hörte. Dass dies zu einer sich selbst erfüllenden Prophezeiung wird, mussten wir verhindern.

Doch Lena hatte noch nicht zu Ende gesprochen. „Du hättest mal ihre Stimme hören sollen", sagte sie durchs Telefon. „Sie wirkte kalt und unzugänglich. Ich wusste gleich, da ist nichts mehr zu machen. Trotzdem habe ich sie dann doch noch auf die Lernprogression aufmerksam gemacht; doch sie ist erst gar nicht drauf eingegangen. Ihre einzige Bemerkung dazu war: Sie habe den Blick auf das ganze Schuljahr. Da sei eben keine Vier drin. Der Junge ist ihr egal! Sie will nicht, dass Max weiterkommt." Pause. Lena schnappte hörbar nach Luft.

„Außerdem, du weißt ja, wie er ist, vor lauter Versagensangst bringt Max im Unterricht überhaupt kein französisches Wort mehr heraus. Die Sympathie der Lehrerin ist einfach wichtig für ihn. Dabei hatte er eigentlich immer sehr viel Spaß an der Sprache, doch sie bemerkte es nicht einmal. Wahrscheinlich hat sie ihn schon vor den Osterferien abgeschrieben, und aus der Schublade kommt er nun nicht wieder heraus."

Lena hatte recht. Alleine war Max ohne Chance. Wie präzise sich auch hier die Erwartungen und Überzeugungen der Lehrerin in Max' Französisch-Leistungen widerspiegelten! Ich war selbst Zeuge gewesen, dass Max in der Lage war, die französische Grammatik und die Vokabeln fehlerlos abzurufen.

Da wir beide Zeit hatten, entschieden Lena und ich beim Telefonat, uns noch am selben Abend zu treffen. Wir wollten ein erneutes Gespräch mit der Lehrerin vorbereiten und parallel die Zeit nutzen, um dem Phänomen der Übertragung von Einstellungen und Überzeugungen neurobiologisch auf die Spur zu kommen. Lena war sehr neugierig auf die wissenschaftlichen Erkenntnisse.

Vor allem wollte sie wissen, wie man negative und einschränkende Überzeugungen auflöst und in positive verändert. Aus eigener Erfahrung wusste sie, wie schnell eine negative und abwertende Bewertung Max gegenüber formuliert war. Oft reichte eine Fünf in einer Klassenarbeit oder ein Brief von der Schule aus, um dem Jungen zu vermitteln, dass er zu faul sei, sich die Ergebnisse selber zuzuschreiben habe, einfach ordentlicher werde müsse und so weiter. Genauso wie Lena erging es vielen anderen Eltern.

Ich freute mich auf den heutigen Abend mit Lena. Es war dringend notwendig, dieses Wissen aus der Neurobiologie endlich auf die Bedingungen der Schule zu übertragen. Kein anderes Buch als das von Joachim Bauer könnte für dieses Unterfangen nützlicher sein. Ermöglichte es uns eine Übertragung und Vernetzung des Wissens aus dem Fachgebiet der Neurobiologie auf die Schulpädagogik? Eine Übertragung, wie sie so in der mir bekannten Literatur bisher auch noch nie erfolgt war.

Zwar hatte auch Bauer die Bedeutung der Forschungsergebnisse auf den Bedeutungsraum Schule übertragen, sie aber eher allgemein gehalten. Das Entschlüsseln und die Anwendung der Übertragungsphänomene auf die Lehrer-Schüler-Beziehung und auf das Lernen würden Lena und mir heute Abend spannende Arbeitsstunden bescheren.

Dessen war ich mir sicher.

Spiegelneurone – Neuronale Hardware des Spiegelgeschehens und der Intuition

Gerade wollte ich noch einen Blick in das Buch von Joachim Bauer werfen, als es klingelte und Lena hereinkam. Sie hielt sich nicht mit Begrüßungsworten auf.

„Kann es tatsächlich sein, dass Gedanken und Überzeugungen von Max' Französisch-Lehrerin auf ihn gewirkt haben? Seit heute Mittag lässt mich diese Frage nicht mehr los."

Lenas Blick war unruhig, sie schaute etwas gereizt an mir vorbei, ging auf den Ohrensessel zu, befreite ihn von einem Stapel Bücher, um es sich dann darin bequem zu machen. Die Skepsis stand ihr ins Gesicht geschrieben, aber am Ausdruck ihrer Augen bemerkte ich auch die Zuversicht, die Probleme mit Max' Französisch-Lehrerin doch noch positiv zu lösen. Natürlich hatte ich Lena am Mittag noch von der Pygmalion-Studie erzählt, auch von den Tests mit den unterschiedlich eingestimmten Mathematik-Lehrern. Schnell erzählte ich ihr noch von den Erlebnissen mit Michel am Nachmittag. Klar, dass sie skeptisch war.

„Also, wie geschieht es?"

Wieder warf sie mir diesen etwas zweifelnden Blick zu.

„Über intuitive Resonanzphänomene", antwortete ich ihr.

„Über was?" Lenas ungläubiger Blick fixierte mich nun. „Klingt das nicht ein wenig abenteuerlich? So können wir doch nicht der Schule gegenüber argumentieren", bekräftigte sie ihren Vorbehalt. Dabei verzog sie ihren Mund, als hätte sie in etwas Saures gebissen. Sicherlich stellte sie sich gerade vor, wie die Lehrer auf das Wort Resonanzphänomene reagieren würden.

„Leider ist es so, dass in unserer Gesellschaft den Phänomenen der Intuition und Resonanz etwas Abwertendes anhaftet", stimmte ich Lena zu, „doch die Erkenntnisse aus dem Buch von Joachim

Bauer werden hilfreich sein, die Akzeptanz für intuitive Phänomene aufzubauen und zu erhöhen. Jeder kennt sie. Intuitive Vorgänge erleben wir tagtäglich. Sie sind uns sogar so derartig vertraut, dass sie zum größten Teil unbewusst ablaufen und kaum jemand darüber nachdenkt. Es geht hier um die intuitive Wirkung von Stimmungen, Erwartungen, Überzeugungen, Gedanken, Gefühlen und Körperhaltungen. Alles kann von einem Menschen auf den anderen übertragen werden", sagte ich zu Lena.

„Alles?" In Lenas Stimme schwang abermals eine Spur Zweifel mit. „Aber wie geht das und wie lässt es sich beweisen?"

„Moment, Lena." Ich griff zu dem Werk von Bauer und hielt Lena das Cover entgegen. „Zuerst ein paar Fakten. Du wirst staunen."

„Also, es fing damit an, dass Neurowissenschaftler in ihren Untersuchungen herausfinden wollten, wo sich die Gedanken und Bilder des Geistes in den Synapsen des Gehirns wiederfinden. Sie suchten nach einem ‚neurophysiologischem Korrelat' der Denk- und Verhaltensmuster. Unbedingt wollten sie die Aktivitäten des Gehirns sichtbar machen. Dafür nutzten sie bildgebende Verfahren. Bei diesen Versuchen, die etwa zu Beginn der 90er Jahre einsetzten, entdeckten die Neurobiologen nun zu ihrem Erstaunen eine bis dahin völlig unbekannte Gruppe von Nervenzellen. Sie nannten sie Spiegelneurone.

Diesen Namen tragen sie nicht umsonst. Diese Art von Nervenzellen wies zum großen Erstaunen der Fachleute Spiegelfähigkeiten auf. Sie zeigten messbare Aktivitäten beim Ausdruck von Gefühlen, Gedanken oder Handlungen einer Person und waren – das ist das Ungewöhnliche – zusätzlich in der Lage, die gleichen Schwingungen im Gehirn eines Menschen hervorzurufen, der bei anderen Menschen Gefühle und Handlungen lediglich beobachtete. Beispielsweise zeigte eine der Versuchsanordnungen Folgendes: Wenn eine Versuchsperson einen Apfel zum Mund führte, wurden auch beim Beobachter genau dieselben Neuronen im Gehirn aktiv. Der Beobachter reagierte also so, als hätte er die Handlung selber durchgeführt. Anfänglich vermutete man, dass dieses Spiegelgeschehen nur bei beobachtbaren Handlungen stattfinden könne. Doch schnell fand man durch weitere Untersuchungen heraus, dass derselbe Effekt auch bei Gedanken, Gefühlen, Erwartungen und Überzeugungen ausgelöst wurde. Hier, dieses Buch beschreibt den neurobiologischen Vorgang darüber, warum es möglich ist zu fühlen, was ein anderer fühlt."

„Das ist ja unglaublich", unterbrach Lena mich.

„Ja, die Entdeckung der Spiegelnervenzellen stellte die Fachwelt auf den Kopf, es handelte sich um eine neurobiologische Sensation. Das eigentlich Sensationelle war die Erkenntnis, dass es so etwas wie eine neurobiologische Resonanz gibt, bei der diese neu entdeckte Gruppe von Nervenzellen, die Spiegelneurone, eine besondere Rolle spielte. Warte mal. Hier bei Bauer steht:

‚Etwas wird zum Schwingen oder Erklingen gebracht. Die Fähigkeit des Menschen zu emotionalem Verständnis und zur Empathie beruht darauf, dass sozial verbindende Vorstellungen nicht nur untereinander ausgetauscht, sondern im Gehirn des jeweiligen Empfängers auch aktiviert und spürbar werden können. Es muss demnach ein System wirksam sein, das den Austausch von inneren Vorstellungen und Gefühlen bewerkstelligen und außerdem die ausgetauschten Vorstellungen im Empfänger zu einer Resonanz, also zum Erklingen, bringen kann.'"

Ich schloss das Buch. Die Spiegelneurone haben fantastische Fähigkeiten! Ich war erneut beeindruckt, angesichts der Bedeutung der Aussagen für das Schulsystem.

Dann erzählte ich Lena, wie Bauer den Vorgang des Spiegelgeschehens begründete. „Hoch spezialisierte Gruppen von Nervenzellen, die sogenannten Spiegelneurone, stellen die neuronale Hardware für die intuitive zwischenmenschliche Kommunikation. Spiegelneurone besitzen die Fähigkeit, spontan, mit allergrößter Genauigkeit und völlig unabhängig vom bewussten Verstand zu arbeiten. Der Vorgang der Spiegelung erfolgt zeitgleich mit einer Beobachtung, unwillkürlich und ohne jedes Nachdenken. Von dem, was beobachtet wird, machen die Spiegelneurone eine punktgenaue neuronale Kopie, so als würde es im Beobachter selbst passieren. Ist das nicht unglaublich, Lena?"

Erneut griff ich nach dem Buch. Hier stand es: „... die in Resonanz gesetzten Spiegelneurone heben das gespeicherte Handlungsprogramm in die innere Vorstellung des Beobachters. Was er beobachtet, wird auf einer eigenen inneren Tastatur in Echtzeit nachgespielt. Eine Beobachtung löst im Menschen eine innere Simulation aus. Wie bei einem Flugsimulator. Alles wird erlebt. Damit versteht der Beobachter spontan und ohne nachzudenken, was der andere tut. Diese Innenperspektive, dieses innere Verstehen ist eine ganz andere Dimension als das, was eine intellektuelle Analyse des beobachteten Handlungsablaufes leisten könnte."

Ich legte das Buch wieder zurück auf den kleinen Bücherstapel und wandte mich Lena zu. „Ein bis dahin unbekannt gebliebener Vorgang. Mit der Entdeckung der Spiegelnervenzellen erkannte man zum ersten Mal den neurobiologischen Weg, wie es möglich ist zu fühlen, was ein anderer fühlt. Schnell war den Fachleuten klar, dass es ohne das Vorhandensein der Spiegelnervenzellen keine Intuition und keine Empathie gäbe, ebenso wenig wie intuitives Verstehen und Verständnis. Die Spiegelneurone waren entdeckt, das neuronale Netzwerk und der Ort der Intuition waren gefunden."

„Nun ja", unterbrach Lena mich. Sie rutschte in ihrem Ohrensessel ungeduldig hin und her. „Das ist mir zu theoretisch. Das heißt übersetzt, wenn Max aus der Schule nach Hause kommt, spürt er direkt und ohne dass auch nur ein Wort gefallen ist, in welcher Stimmung ich mich befinde. Ja?" Und als würde sie ihre Frage selbst beantworten, fuhr sie fort: „Heute Mittag war das so: ‚Was ist los mit dir, Mama', fragte Max, direkt beim Hereinkommen. Er spürte sofort, dass ich aufgewühlt und ärgerlich war, und kurz danach stellte er sogar die Frage, ob es Stress mit der Schule gegeben habe."

„Genau Lena, das war so ein Übertragungsgeschehen. Diese Spiegelungen laufen beim Aufeinandertreffen und Zusammensein ständig ab, in jeder Minute des Tages. Spiegelneurone ermöglichen nicht nur intuitive Gewissheiten, sondern auch das, was man im Volksmund ‚Ahnung' nennt. Sie sind aus dem zwischenmenschlichen Alltag nicht wegzudenken. Dabei machen die Spiegelneurone keinen Unterschied zwischen positiven oder negativen Situationen. Es handelt sich um intuitives Wissen – so wie du es heute Mittag bei Max erlebt hast. Ein Blick reichte aus, damit Max wusste, wie es dir geht – eine kurze Momentaufnahme, um Informationen über deine Befindlichkeit zu erhalten, aber auch über das Thema und dessen Aussagen.

Joachim Bauer schreibt hierzu, dass das Vermögen eines Menschen, schnell zu erfassen, was in einem anderen Menschen vorgeht, in der Fachsprache als ‚Theory of Mind' bezeichnet wird. Dabei fließt uns völlig spontan zu, was im anderen vorgeht, auch welche Beweggründe er hat. All das macht es möglich, dass unsere Intuition spontan und schnell, lange bevor der rationale Verstand es begriffen hat, weiß, was vor sich geht.

Max und Michel und all die anderen Kinder und Jugendlichen nehmen intuitiv wahr, was sich in für sie bedeutsamen Handlungsräumen, wie der Schule oder dem Elternhaus, abspielt. Erfahrungsräume, gespickt mit Spiegelgeschehnissen, in denen sich zwischenmenschliche Interaktionen im Guten wie im Schlechten abspielen, mit intuitiven Gewissheiten in die eine oder andere Richtung – und immer sind Lernvorgänge daran beteiligt."

„Wenn die Spiegelneurone der materielle Ort der intuitiven Fähigkeiten sind – heißt das dann auch, dass sich alle Spiegelgeschehnisse im rechten Gehirn abspielen?", fragte Lena nachdenklich.

Sie richtete sich in ihrem Sessel auf und straffte ihre Haltung, als wollte sie wieder zu sich kommen. Ich spürte, dass die Sache mit den Spiegelneuronen ihr unheimlich wurde. Was bedeutete das alles – für unsere Entdeckungsreise, für ihren Sohn, für sie selbst? Mir schien, als würde sie mit der Frage nach dem rechten Gehirn nach etwas Handfestem greifen.

„Genau das wird auch von Bauer aufgegriffen, Lena. Es gibt eine interessante Textstelle hierzu." Ich nahm das Buch – und richtig, ich fand die entsprechende Seite. Dort heißt es:

„Unser Gehirn verfügt über einen Fundus von inneren Bildern handelnder und fühlender Menschen. Diese Sammlung scheint sich in der rechten Hemisphäre zu befinden." Ich überflog ein paar nachfolgende Zeilen. Weiter unten steht:

„Der gemeinsame Pool von körperbezogenen Handlungsvorstellungen ist die Voraussetzung dafür, dass wir uns gegenseitig intuitiv als Menschen unter Menschen erleben und dass wir unsere Handlungen, Ziele und Empfindungen intuitiv, das heißt vor jedem intellektuell-analytischen Nachdenken, verstehen können. Sobald ein anderer Mensch in unsere Wahrnehmung tritt, spielt er in unserem Gehirn auf dieser Klaviatur."

Ich schaute zu Lena und legte das Buch wieder zur Seite. Lena schien jetzt ganz in Gedanken versunken. Nach einer Weile sagte sie: „Wenn die Neurowissenschaft nur im Nachhinein bestätigt, was wir von Intuition und Empathie ohnehin schon wissen, was also Teil unseres Alltagswissens ist, wo liegt da unser Erkenntnisgewinn? Wozu brauchen wir das alles?"

Sie sah mich fast bittend an, als sollte ich sie von ihrer Skepsis befreien. Ich hielt ihren Blick fest, als ich antwortete: „Was die Hirnforschung über die Spiegelneurone herausgefunden hat, zeigt auf berührende Weise, wie sehr wir Menschen aufeinander bezogen sind. Wie sehr wir unsere Realität im permanenten zwischenmenschlichen Austausch konstruieren. Und was die Schule betrifft, so wissen wir nun mit Gewissheit, dass Leistung nichts bloß Individuelles ist, sondern das Ergebnis einer unbewussten Wechselbeziehung zwischen mir und den Menschen, die mich umgeben."

Lena war erleichtert. „Jetzt ist mir klar, wie wichtig und notwendig ermutigende, zwischenmenschliche Kontakte für Max und die anderen Kinder und Jugendlichen sind. Doch noch wichtiger scheint es mir zu sein, dass ihre Lern- und Denkweisen von den Lehrern verstanden werden, denn" – nur zögernd kamen Lena die folgenden Worte über die Lippen – „sonst können keinerlei Spiegelungen stattfinden und jegliches Lernen wäre eingestellt. Und ebenfalls ist klar, wie viel Neuland es hier noch für das kommunikative, intuitive Lernen zu entdecken gilt – und natürlich für das fotografische Lesen."

Wie sich jetzt die Zusammenhänge auffalteten, dachte ich. Der vor vier Jahrzehnten beschriebene Pygmalion-Effekt: Ist das unerklärbare Versagen in Schulfächern eine Wirkung der Vorurteile und Einstellungen von Lehrern gegenüber ihren Schülern? Aufmerksamkeitsgestört, sozial gestört, AD(H)S, LRS usw. Demgegenüber neue fotografische, aber auch intuitive Lese- und Lernweisen, die den Lehrern nicht bekannt sind.

In Anbetracht der Spiegelthematik werfen diese Zusammenhänge neue Fragen auf, z. B. ob das Aufmerksamkeitsdefizitsyndrom ein Ausdruck dieser Problematik sein könnte? Dies würde der Thematik eine völlig neue Richtung geben. Ich erwähnte Lena gegenüber meine Gedanken, sie wich fast ein wenig zurück. Mir war klar, was in ihr vorging. Auch ihr wurde die ethische Verantwortung, die die Themen hier auslösten, in ihrer Tragweite bewusst.

Wir würden die Themen gleich noch einmal aufgreifen, ausführlich. Mit diesem Gedanken wandte ich mich wieder den Grundlagen des Spiegelgeschehens zu und erzählte Lena, dass Bauer in seinem Buch ein Kapitel über Spiegelneurone in der Psychotherapie und Medizin geschrieben habe.

„Weshalb erwähnst du das jetzt", fragte Lena erstaunt.

„Das Kapitel ist wichtig", sagte ich, „weil Mediziner und Therapeuten sich Resonanzgeschehnisse immer schon nutzbar gemacht haben. Vielleicht können wir etwas davon auf die Schulpädagogik übertragen." Ich schlug das Kapitel auf und reichte Lena das Buch. „Hier, überfliege mal das Kapitel." Sie griff fast hastig danach und war schon in den Text vertieft.

Ich überlegte derweil weiter. Die ungewöhnlichen Begabungen und Talente dieser Kinder und Jugendlichen zeugen von einer großartigen neurobiologischen Grundausstattung für das Lesen und Lernen. Anders als von vielen Lehrern gewünscht, funktionierten diese Kinder und Jugendlichen nicht wie ein Aktenordner, in dem vorformuliertes Wissen vielleicht in Form von Blättern einfach nur abgeheftet werden musste. Ganz im Gegenteil. Das, was die Kinder und Jugendlichen als neurobiologische Grundlage mitbrachten, musste, wie Bauer es ausdrückte, bedient und eingespielt werden. Lehrer würden sich hier einer völlig neuen Ausbildungssituation zu stellen und darüber hinaus auf ihren Erziehungsauftrag zu besinnen haben. Nach Bauer wäre die Entfaltung der neurobiologischen Grundausstattung des Menschen nur im Rahmen von zwischenmenschlichen Beziehungen möglich.

In die Schulzeit, eine Zeit unerschöpflicher Lernressourcen, gehört neben dem Aufbau von Wissen und dem Erwerb von Kenntnissen auch die Ausbildung des Selbstwertgefühls, des Selbstbewusstseins und kommunikativer Fähigkeiten. All diese Punkte erledigen sich weder von selbst noch durch Notendruck. Für das Einlösen dieses Erziehungsauftrages wäre das Lernen am sozialen Gegenüber von ausschlaggebender Bedeutung. Dabei ginge es weniger um das Zeigen und Vormachen durch den Lehrer als vielmehr darum, dass der Lehrer Vorstellungen von den Potenzialen und Fähigkeiten des Kindes oder des Jugendlichen entwickelt. Erneut dachte ich an Bauer, der das folgendermaßen ausdrückt: „Die Einspiegelung solcher Entwicklungsszenarien aktiviert im jungen Menschen – via Spiegelsystem – eigene Entwicklungsideen und -wünsche." Welch eine Aussage!

Auch ich war davon überzeugt: Für die Kinder und Jugendlichen kann persönlich bedeutsames Lernen nur im Rahmen einer intakten Lehrer-Schüler-Beziehung stattfinden. Was Bezugspersonen einem Kind oder Jugendlichen über seine Fähigkeiten spiegeln, ist für das Kind oder den Jugendlichen immer eine Botschaft über sich selbst. Der bekannte Psychologe Donald W. Winnicott prägte den bedeutsamen Satz: „Wenn ich sehe und gesehen werde, so bin ich." Jetzt konnten wir hinzufügen: Durch Spiegelungen! Welch eine Chance für Lehrer und Schüler. Doch die Wirklichkeit in der Schule zeigt, dass Lehrer aktuell immer mehr Schwierigkeiten haben, gelungene, positive Lern- und Arbeitsbündnisse vor allem mit der Gruppe anders lernender Schüler einzugehen.

Lena hatte den Text gelesen, das Buch wippte auf ihren Knien hin und her. Ihr Blick wirkte nachdenklich, nach innen gerichtet. Hatte auch sie sich von der Bedeutung der Spiegelgeschehnisse, die Bauer so schön ‚wunderbare Spiegelspiele' nennt, einfangen lassen? Sah sie die Chancen und Möglichkeiten der Übertragung auf die Schule? Genau darüber würden wir jetzt sprechen müssen, über die Übertragung des Spiegelspiels auf den Bedeutungsraum Schule.

Und natürlich wartete Lena immer noch gespannt darauf, wie es weiterging mit Michel und seiner Lehrerin und wie es zu der Zwei in Mathematik kam. Doch zunächst vereinbarten wir eine kleine Pause.

Als Lena mit zwei dampfenden Teetassen hereinkam, erzählte ich ihr kurz von der Idee, die Schulerlebnisse Michels mit seiner Lehrerin auf die ‚virtuelle Schulbühne' zu übertragen.

Die Schule als Bühne des ‚wunderbaren Spiegelspiels'

Damit das erstaunliche Spiegelspiel überhaupt beginnen kann, benötigen die Kinder und Jugendlichen, wie Bauer es ausdrückt, „echte Mitspieler, die selbst spiegeln können". Würde man die Schule als Bühne verstehen, wären die Mitspieler die Lehrer, im günstigsten Fall Bezugspersonen, die emotional in der Lage sind, ermutigende, zugewandte Beziehungen zu ihren Schülern aufzubauen.

Doch die Wirklichkeit in den Schulen sah mitunter ganz anders aus. Oder gibt es sie schon, diese Gruppe ermutigender und einfühlsamer Lehrer, die oft intuitiv das Richtige tun – und gehörte Michels Klassenlehrerin auch dazu? Uns war klar geworden, dass Beziehungserfahrungen auf die Aktivitäten des Gehirns sowohl psychisch als auch physisch einwirken können. Die Untersuchungen zu den Spiegelgeschehnissen belegten das eindrucksvoll. Das Experiment mit den unterschiedlich eingestimmten Lehrern zeigte eindeutig messbare Lernblockaden, als der Junge die negative Haltung des zweiten Lehrers wahrnahm, spielerisch dagegen arbeitete sein Gehirn bei der positiven Erwartung des ersten Lehrers.

Ich bemerkte, wie Lena mich schon eine Weile beobachtete. „Und", fragte sie dann, „wie war es mit Michels Lehrerin?"

Ich erzählte Lena, dass ich mit dieser Lehrerin einige Überraschungen erlebt hätte, ja, dass ich wirklich von ihr beeindruckt sei. Als ich sie gemeinsam mit Michels Mutter das erste Mal in der Schule aufsuchte, begegnete ich einer sehr offenen, zugewandten Lehrerin, die den Eindruck machte, alle ihre Schüler ins Herz geschlossen zu haben. Mit Überraschung und Offenheit reagierte sie auf die Pygmalion-Studie, von der ich ihr schon telefonisch berichtet hatte; auch darauf, welchen Einfluss Einstellungen und Überzeugungen auf die Leistungsfähigkeit eines Kindes haben können. Ich nahm dies zum Anlass, ihr zu mitzuteilen, was Michel gesagt hatte: „Meine Lehrerin glaubt, ich kann nicht rechnen."

Sie war sehr interessiert, hatte aber Vorbehalte, sich auf so etwas Unsicheres und Aufwendiges wie ein Pygmalion-Experiment einzulassen. Schließlich war sie doch bereit, einen Versuch zu wagen, weil sie wissen wollte, was an der Sache dran ist. Hat sie wirklich einen negativen Einfluss auf Michels Leistungen? Natürlich wollte sie es auch um Michels willen, weil sie ihn wirklich gern hatte. Ihr war klar, dass Michel sie verehrte und hochsensibel wie ein Seismograf auf ihre Äußerungen reagierte. Umso bereitwilliger war sie, für Michel positive, ermutigende, innere Lernerwartungen aufzubauen.

Schon nach wenigen Minuten unseres Gespräches war mir damals klar geworden, dass diese Lehrerin mit ihrer Offenheit sicherlich schon selbst ahnte, welche Möglichkeiten sich hier für die Leistungsentwicklung ihrer Schüler auftaten, auch wenn zunächst bei ihr noch Skepsis im Spiel war. Ausführlich sprachen wir darüber, dass es nicht ausreicht, Einstellungen und Erwartungen bloß zu formulieren, vielmehr müssen sie echt, d. h. tatsächlich vorhanden sein, um einen positiven oder negativen Effekt auf die Leistungsfähigkeit von Schülern haben zu können. Nur innere Einstellungen und Überzeugungen können eine Resonanz auslösen.

Als es konkret um Michels Problematik ging, bestätigte sie, dass sie tatsächlich wenig Vertrauen in Michels mathematische Fähigkeiten habe. Wir diskutierten fast eine Stunde, wie sich unausgesprochene Erwartungen und Überzeugungen übertragen, wie der Schüler sie spürt – ihr wurde klar, dass der Gesichtsausdruck, die Art, wie man den Klassenraum betritt, aber auch die Tonlage und Stimme bei der Ansprache eines Schülers eine wichtige Rolle spielten. Als sie hörte, dass es für Neurobiologen ebenso klar sei, dass negative Einstellungen selbst mit professioneller Freundlichkeit, Korrektheit oder Neutralität nicht zu verbergen seien, stellte sie eindringliche Fragen, nach der Notwendigkeit der Selbstreflexion, aber auch der Supervision an den Schulen.

Sie interessierte sich besonders dafür, wie sich die vom Schüler intuitiv erfassten Informationen auf die neuronale Ebene übertrugen.

Sie wunderte sich darüber, dass für innere Einstellungen und Erwartungen, beispielsweise des Lehrers, neuronale Programme existieren und dass diese Programme sich auf die Wahrnehmung der Schüler übertrugen. Dann wiederum überraschte es sie, dass es ebenso beim Schüler intuitive korrespondierende Programme gibt. Das ist das Spiegelspiel mit seinen Möglichkeiten und Chancen. Die Lehrerin war beeindruckt. Du kannst dir sicherlich vorstellen, was sie dann tat."

„Nun sag schon", sagte Lena gespannt.

„Einen Tag später rief sie mich an. Sie sagte, dass unser Gespräch in der Schule sie nicht losgelassen habe. Deswegen habe sie noch am selben Tag über ihre Erwartungen an Michels Leistungsvermögen regelrecht Buch geführt. Lena, stell dir vor, ausgerüstet mit einem Blatt Papier und einem Stift, notierte sie alles, was ihr zu Michel einfiel und war sehr überrascht – um nicht zu sagen: betroffen –, wie negativ ihre Einschätzung ausfiel.

Sätze wie ‚Michel ist unaufmerksam und verträumt. Mathematik ist zu schwer für ihn. Additionen wird er so schnell nicht begreifen. Er kann die dritte Klasse nicht schaffen. Er ist chaotisch, vergisst täglich alle Sachen' veränderte sie in positiv formulierte Aussagen, die etwa folgendermaßen lauteten: ‚Michel ist konzentriert und aufmerksam. Mathematik fällt ihm täglich immer leichter und leichter. Im Addieren ist er sicher und schnell. Leicht bewältigt er den Wissensstoff der zweiten Klasse, wird immer organisierter und es fällt ihm immer leichter.'

Sie sprach darüber, dass es einige Zeit brauchte, bis sie diese positiven Sätze hätte schreiben können, dann habe sie jedoch eine überraschend positive Wirkung festgestellt. Als ich sie nach der Art dieser Wirkung fragte, zögerte sie erst, bevor sie das Wort Vertrauen aussprechen konnte. Es sei ein neues Gefühl von Vertrauen gewesen, Vertrauen gegenüber Michel und – ja, auch von Sympathie. Zu diesem Zeitpunkt sei ihr bewusst gewesen, dass bei der Konzentration auf den Jungen, allein durch das Niederlegen der Sätze, ihr neuronales Programm für ihn innerlich umgeschrieben worden sei.

Gespannt habe sie dann den nächsten Tag erwartet, vor allem die Mathematik-Stunde. Und schon beim Eintritt in das Klassenzimmer habe sie bemerkt, dass Michel anders als sonst wirkte, ruhiger und konzentrierter – und dann habe er sich doch tatsächlich das erste Mal ohne Aufforderung im Unterricht zu Wort gemeldet. Lena, als sie mir das erzählte, konnte ich immer noch ihre Rührung spüren."

Auch Lena war berührt. Wer konnte das wohl besser verstehen als sie?

Ich erzählte ihr, dass ich in diesem Telefonat Michels Lehrerin zur Verstärkung der Wirkung noch eine weitere Übung vorschlug, nämlich die Sätze zu visualisieren, sich dabei lebhaft Situationen vorzustellen, z. B. dass Michel mit allen Schulsachen in der Schule erscheint und mit Freude die gestellten Mathematik-Aufgaben richtig löst. Mit Entspannungsmusik und geschlossenen Augen würde auch das Visualisieren immer leichter werden. Schon ein paar Tage später erhielt ich von der Lehrerin einen erneuten Anruf. Sie berichtete mir, dass Michel schon viel ausgeglichener wirke und sich immer häufiger melde und schon ein paar Mal besonders gute Antworten in Mathematik gegeben habe.

Michels Lehrerin war von der Erfahrung so begeistert, dass sie nun für jedes Kind ihrer Klasse auf dessen Fähigkeiten bezogene positive Sätze schreiben wollte – doch zuvor nahm das Gespräch eine weitere interessante Wendung. Wir sprachen nochmals über die Schwierigkeit, verinnerlichte Einstellungen und Erwartungen zu verändern. Erst war mir nicht ganz klar, worauf sie noch hinaus wollte, doch dann gab sie mir ein Stichwort. Sie sprach mich auf den ‚heimlichen Lehrplan' der Schulen an und verriet mir, dass sie am Abend zuvor in ihren alten Curriculum-Büchern nachgeschaut habe, um über den Pygmalion-Effekt zu recherchieren, und sei dabei auf den ‚heimlichen Lehrplan' gestoßen."

„Ein heimlicher Lehrplan, so etwas gibt es?" Überrascht schaute Lena zu mir herüber.

„Ja, die Existenz eines heimlichen Lehrplans an Schulen ist schon seit vielen Jahrzehnten bekannt. Er beschreibt vielleicht sogar als erster unbewusste Einstellungen und Haltungen von Lehrern zum Unterricht und zu den Schülern, und die ‚Heimlichkeit' besteht darin, dass Einstellungen, Erwartungen und Ziele an den Unterricht und an die Schüler nicht ausgesprochen werden. Damals wurden vier Kategorien beschrieben. Einen Augenblick, Lena."

Wo hatte ich den Bücherband nur? Es handelte sich um einen Leitfaden zur Unterrichtsvorbereitung, der mich selber viele Jahre in der Ausbildung begleitet hatte. Meine Augen streiften die Bücherbände im Regal. Dort, das hellgrüne Cover – das musste es sein. Ich zog es aus der Buchreihe heraus und hielt ein mit Eselsohren versehenes Buch in der Hand. Beim Blättern der Seiten sprangen mir persönliche Notizen und zahlreiche Unterstreichungen entgegen. Ich fand die entscheidende Seite in dem Buch und las Lena daraus vor: „'Der heimliche Lehrplan fordert, dass sich die Schüler einem formalen System an Regeln unterordnen müssen, konformes Verhalten belohnt und abweichendes Verhalten bestraft wird; dass zu diesem System Ordnung, Fleiß und natürlich das Akzeptieren des Konkurrenzprinzips jeder gegen jeden und des Notenprinzips gehören."

„Und natürlich gilt immer noch die Gauß'sche Verteilungskurve bei den Klassenarbeiten", unterbrach Lena mich. „Niemand käme auf die Idee, Leistungen von Schülern in einer Gruppe zu bewerten. Dabei wären gemeinsame Erfolgserlebnisse so wichtig für den Erfahrungsschatz der Kinder."

Lena hatte recht. Auch darüber ging es noch an diesem Abend in dem Gespräch mit Michels Lehrerin. Ich schloss das Buch und nahm den Faden des Gesprächs wieder auf.

„Auch Michels Lehrerin sprach darüber, wie schwierig es nach wie vor in der Schule sei, andere Formen individueller Leistungsbewertung vorzunehmen, dass das System sie zwinge zu akzeptieren, dass Schüler mit dem eigenen Erfolg immer auch den Misserfolg anderer Schüler erlebten. Der Verlust der Teamarbeit, des individuellen Arbeitstempos – all das mache Probleme, das wisse sie. Noch nie zuvor sei ihr das Kraftvolle einer positiven Grundhaltung so bewusst geworden wie bei den positiven Sätzen für Michel. Sie wolle sie in den Unterricht tragen, Tag für Tag. Und so endete dieses letzte Gespräch mit ihr."

Daraufhin sagte Lena hoffungsvoll und skeptisch zugleich: „Das wünsche ich mir auch für Max und seine Französischlehrerin." Wir nahmen uns vor, es bei ihr zu versuchen. Auch Lena sah ein, dass sie an ihrer Haltung gegenüber Max würde arbeiten müssen, denn sie hatte sich immer wieder bei negativen Gedanken über Max ertappt.

Lena und ich hingen einen Augenblick unseren eigenen Gedanken nach. Ein Blick auf die Uhr zeigte mir, dass der Abend weit vorangeschritten war.

Welches erste Resümee könnten wir ziehen?

In das neurobiologische Thema des Spiegelgeschehens hatten sich Geschichten zweier Kinder eingewoben. Die positiven Intentionen von Lehrern hatten deutliche Auswirkungen auf die Intelligenz- und Leistungsentwicklung von Schülern. Michel und Max waren ermutigende Beispiele. Bei Max traf dies zumindest auf die Englischlehrerin zu.

Kinder stehen über die Spiegelzellen zu ihren Lehrern in einem intuitiven Resonanzgeschehen, haben unbewusst wahrgenommen, was die Lehrer über sie denken, und sich dann entsprechend verhalten. Dies tun sie umso mehr, je intuitiver sie wahrnehmen und je sensibler sie sind. Im Fall von Michel, der seine Lehrerin sehr liebt, reichte es aus, der Lehrerin ihre Haltung bewusst zu machen. Nachdem sie ihre Einstellung positiv verändern konnte, zeigte Michel dann auch in der Schule eindrucksvolle Leistungen in Mathematik.

Eröffnete die Vernetzung des Wissens aus der Neurobiologie neue Chancen für die Schule, vor allem für die anders denkenden und lernenden Kinder und Jugendlichen? Würden die Erkenntnisse über die immense Bedeutung der zwischenmenschlichen Beziehung für das Lernen langfristig im Schulsystem Fuß fassen können? Angesichts der starken Auswirkungen des Spiegelungsgeschehens auf die seelische und körperliche Gesundheit würden sich diese Fragen immer dringlicher stellen.

Die Gefahr, dass die anders lernenden Kinder und Jugendlichen aus der Lerngemeinschaft sozial ausgegrenzt werden, ist aktuell in unseren Schulen sehr groß. Erlebte ich doch immer wieder, dass Kinder, Jugendliche und ihre Eltern in der Schule verbalen, entmutigenden Äußerungen und Bemerkungen ausgesetzt sind, die das Kind mit den Diagnosen AD(H)S, LRS und „verhaltensauffällig" ausgrenzen. Diagnosen, entstanden aus Unkenntnis und durch negative Lehrer-Schüler-Resonanz.

Bauer stellte fest, dass allein in Deutschland über 50 Prozent der Kinder und Jugendlichen an psychosomatischen Störungen leiden. Die Spanne der Erkrankungen geht von Depressionen über Angststörungen bis zu psychosozialen Verhaltensauffälligkeiten. Aktuell zeigen neuere Statistiken großer Querschnittuntersuchungen an, dass knapp 20 Prozent deutscher Kinder das Störungsbild des Aufmerksamkeitsdefizit-Syndroms aufweisen.

Bauer sagt hierzu, dass die neurobiologische Aufdeckung des Spiegelgeschehens etwas bestätigt, was in der Philosophie schon vor Langem erkannt wurde: „Im Antlitz des anderen Menschen begegnet uns unser eigenes Menschsein." Was bedeutet das für den Lern- und Sozialraum Schule, vor allem aber für diese anders denkenden und lernenden Kinder und Jugendlichen, deren Fähigkeiten nur unzureichend oder gar nicht wahrgenommen und gesehen werden?

Lehrer stehen in der Verantwortung und vor der großen Aufgabe, diese Kinder und Jugendlichen in ihrem Anderssein sowie ihren anderen Arbeitsweisen und Lernstrukturen anzuerkennen und darüber hinaus in diesen Fähigkeiten zu stärken. Das ließe sich durchaus mit rationalen Lernstrukturen verbinden. Für intuitive Lernkonzepte bedarf es professioneller Weiter- und Fortbildung. Die Professionalität und die Rolle des Lehrers fordert jedoch Bewusstheit ein, eine Bewusstheit, die sich auf die Fähigkeiten und Begabungen dieser Kinder und Jugendlichen richtet und sich damit vertraut gemacht hat.

Doch von noch größerer Bedeutung würde es sein, den Kindern als Menschen zu begegnen. Erst indem wir uns gegenseitig als Menschen erkennen und anerkennen, werden wir zum Mitmenschen, postuliert Bauer und bekräftigt, dass die Teilhabe an der Welt intersubjektiver Erfahrungen nicht nur philosophisch sei, sondern auch neurobiologisch begründetes Menschenrecht. Das zwischenmenschliche Anerkennen von Bedürfnissen und Fähigkeiten systematisch oder nur teilweise zu verweigern, ist ein Akt der Unmenschlichkeit. Damit geht die Forderung nach neuen Denkweisen und Haltungen einher, die anerkennen müssen, dass es andere Möglichkeiten der Wissensvermittlung gibt: eine ermutigende Haltung, aber auch intuitive Lese- und Lernweisen.

Das Tor zum Wissen öffnet sich nach innen – Die alte Penduhr gibt ein Geheimnis preis

Es waren nur wenige Tage seit der letzten Begegnung mit Lena vergangen. Für heute hatten wir ein erneutes Treffen geplant.

Wie würde es heute weitergehen? Ich wusste von Lena, dass sie die Erkenntnisse über die Spiegelneurone nicht losgelassen hatten. Sie war genervt und versuchte, ihre Einstellung zu Max zu ändern und erlebte dabei im täglichen Umgang und in der Beziehung zu Max einige Überraschungen. Was Lena wohl erzählen würde? Ich war neugierig, welche Wirkung auch Lenas veränderte Haltung auf Max ausübte. In einem Telefonat gestern hatte sie kurz angedeutet, dass trotz ihrer Genervtheit die Beziehung zwischen Max und ihr entspannter geworden sei und sie gemeinsam wieder viel Spaß hätten, selbst in Fragen der Hausaufgaben. Die Notwendigkeit, negative Überzeugungen und einschränkende Denkweisen über die Leistungsfähigkeit von Kindern und Jugendlichen aufzulösen, war mit dem Wissen von den neurobiologischen Übertragungswegen über die Spiegelneurone nicht mehr von der Hand zu weisen, dachte ich. Für Eltern wie für Lehrer. Wertvolle Chancen für neue Lehrwege eröffneten sich hier. Wie das Gespräch mit Max' Französisch-Lehrerin wohl verlaufen würde? Leider hatte sie uns erst für die nächste Woche einen Gesprächstermin angeboten. Heute schrieb Max bei ihr die zweite Französisch-Arbeit des Halbjahres. Ob er sie wohl ... – die Türklingel unterbrach meine Gedanken und kurze Zeit darauf betrat Lena mit einem kurzen knappen „Hallo!" den Raum. Ich taxierte Lena. Sie wirkte niedergedrückt.

„Die Französisch-Arbeit hat er verhauen, es ist schiefgelaufen", platzte es aus ihr heraus. „Was nützt uns das Wissen über die Spiegelneurone oder den Pygmalion-Effekt, wenn ihm in der Arbeit nichts einfällt, wenn er nicht in der Lage ist, einen vernünftigen französischen Satz zu formulieren, und er keine Vokabel mehr parat hat."

Ich stutzte. Damit hatte ich jetzt nicht gerechnet. Mit tonloser Stimme fuhr Lena fort: „Als Max heute Mittag nach Hause kam, sah ich sofort, wie niedergeschlagen er war. Er lief gleich die Treppe hinauf, um sich an den Computer zu setzen. Ich rief ihm noch hinterher, fragte, wie es mit der Arbeit gewesen sei, obwohl ich es doch innerlich schon ahnte."

Lena schüttelte den Kopf. „Statt den Jungen einfach direkt in den Arm zu nehmen und zu trösten – aber auch ich stand wieder unter Druck", sagte sie entschuldigend. Max habe nur noch gegrummelt: „Hinterher ist mir alles wieder eingefallen."

Lena sah mich an. Dann strich sie sich mit beiden Händen über die Augen. Sie wirkte müde. „Er wollte über nichts mehr sprechen", fuhr sie fort. „Seitdem ist er auf seinem Zimmer. Es war nur noch das Gedaddel des Computerspiels zu hören. Und nun sind schon einige Stunden vergangen. Das kann es doch nicht sein – und ausgerechnet wieder in Französisch. Alles, was er zuhause gelernt hat, ist in den Arbeiten wie auf Knopfdruck nicht mehr vorhanden. In Deutsch und Englisch geht es mittlerweile, aber in Französisch …" Lena unterbrach sich.

Ich wusste: Für viele Kinder und Jugendliche ist das leider eine alltägliche Erfahrung. Wie oft berichteten sie mir von diesen Blackouts! Eine unerträgliche Situation in Klassenarbeiten und Prüfungen. Und wie von Zauberhand war das gesamte Wissen spätestens nach Abgabe der Arbeit dann wieder da. „Und", sagte Lena mit gepresster Stimme, „können wir etwas tun?" Ich hörte Zweifel und Verzweiflung.

„Lena, es sieht so aus, als ob bei Max Stress und Druck wichtige Erinnerungsspeicher im Gehirn regelrecht blockiert haben. Wenn die Situation sich dann wieder entspannt, zum Beispiel nach Abgabe der Arbeit, werden normalerweise die Zugänge zu den Bereichen des Gehirns, in denen das Wissen gespeichert ist, wieder geöffnet."

Wie zufällig hatte ich in meiner kurzen Erklärung die Worte Druck und Entspannung gebraucht. Druck und Entspannung – gedanklich spielte ich mit diesen Worten. Entspannung löst den Druck auf und umgekehrt löst Druck die Entspannung auf. Ein einfacher Schlüssel, dachte ich, als Lena meine Gedanken unterbrach.

„Und können wir etwas tun?", wiederholte sie ihre Frage. Diesmal schwang eine Spur Ungeduld in ihrer Stimme mit. Ich erzählte Lena mein kurzes Gedankenspiel. Sie saß mit gekreuzten Beinen leicht nach vorne gebeugt in ihrem Ohrensessel. Eine Hand stützte ihr Gesicht und ihre ganze Körperhaltung verriet Anspannung. Was war zu tun? Wissenschaftliche Erklärungen waren jetzt nicht der beste Einstieg, um dieses Thema zu bearbeiten. Dieses Treffen begann so ganz anders, als ich es mir vorgestellt und erwartet hatte.

Eigentlich wollten wir uns heute das erste Mal intensiv den fotografischen Lesefähigkeiten widmen. Aber Entspannung war dabei kein Umweg. Denn bei der Entwicklung dieser Fähigkeiten spielte das Thema Entspannung ebenfalls eine entscheidende Rolle. Wir würden die beiden Themen schon zusammenbringen, dachte ich.

Jedenfalls hatte Lena ihre alt, braune Ledertasche mitgebracht, und wie mir die Wölbung der eingelassenen Innentaschen verriet, steckte sie voller Bücher. Das beruhigte mich. Wie könnte Lena sich jetzt entspannen, einen Schritt heraustreten aus der belastenden Situation mit Max? Nur dann könnten wir Lösungen entwickeln. Ich überlegte hin und her, bis mir eine kleine Geschichte in den Sinn kam. Eigentlich passte sie gut zu den Themen, die sich hier präsentierten.

Gerne wollte Lena die Geschichte hören und so begann ich, sie ihr zu erzählen:

„Ein Zen-Kloster wurde von einem Erdbeben erschüttert. Alle rannten ins Freie, nur der alte Zen-Meister blieb, wo er war, und begann zu meditieren. Nach dem Erdbeben fanden die Schüler ihren Meister noch immer dort vor und fragten ihn, warum er nicht fortgerannt sei. Und der alte Weise antwortete: ‚Ich bin auch gerannt, aber nach innen!'"

Ich hob die Augen. Lena atmete tief durch und nickte. „Verstehe. Ich soll mich nicht auf die negative Schulsituation einlassen und verausgaben, sondern Kraft und Konzentration in mir suchen. Eigentlich weiß ich längst, was zu tun ist", sagte sie leise. Ein Lächeln huschte über ihr Gesicht. „Die Penduluhr." Sie atmete tief durch. „Mit ihr könnte ich mich entspannen."

Ja, dachte ich, die Pendeluhr. Mit ihr als Impulsgeber hatte Lena ihre fotografische Lesefähigkeit entdeckt. Noch hatte das beharrliche Ticken uns sein Geheimnis nicht preisgegeben. Von ihm ging eine Wirkung aus, eine angenehme, wohltuende, entspannende Wirkung, das war klar. Ich schlug Lena vor, die Erinnerung an die alte Pendeluhr mit einer kurzen Visualisierung nochmals zu aktivieren. Sie lehnte sich bequem in den Sessel zurück und schloss die Augen. Der Gedanke an die alte Uhr schien Lena zu entlasten. Nachdem sie einige Male tief ein und wieder ausgeatmet hatte, sagte ich mit leiser Stimme:

„Spüre, wie sich deine Wahrnehmung und Aufmerksamkeit ganz von alleine nach innen richten. Beobachte nun deinen Atem. Nimmst du Veränderungen wahr?"

„Ich werde wesentlich ruhiger", flüsterte Lena. „Gut, dann lasse jetzt vor deinem inneren Auge, in deiner Vorstellung das Bild der alten Uhr mit ihren goldfarbenen Pendel entstehen. Beobachte dabei die Bewegung des Pendels, höre das monotone Ticken." Ich wartete einige Augenblicke, bevor ich Lena fragte, ob sie eine weitere Veränderung wahrnehmen könne.

„Es wird leichter. Ich fühle mich sehr viel gelassener als noch vor wenigen Minuten. Auch die Ereignisse heute Mittag verändern sich. Sie bedrücken mich weniger."

Mit diesen Worten öffnete Lena langsam die Augen. Dabei heftete sich ihr Blick auf den kleinen Bücherberg, der sich mitten im Raum auftürmte. Der Ausdruck ihrer Augen verriet mir, dass sie immer noch innen bei sich selbst war. Es schien mir, als suche sie nach einer Erinnerung. Und richtig – wenige Augenblicke später begann Lena zu sprechen.

„Dieses Gefühl ist mir vertraut und ich erinnere mich noch lebhaft, wie ich damals als Schülerin zum ersten Mal in diesen Zustand gelangte und dabei die Textseiten aus dem Chemiebuch mit den Augen abfotografierte. Damals fühlte ich mich oftmals so wie Max heute, doch das wohltuende, ruhige Ticken der Uhr konnte diesen Zustand immer verändern. Es kommt mir gerade so vor, als würde die Entspannung den Bewusstseinszustand positiv verändern können. Damals habe ich darüber nicht nachgedacht, umso mehr wird mir das jetzt bewusst."

Lena blickte mich nun direkt an. Nun waren wir dort, wo wir beide hinwollten. Ich griff zu dem kleinen Bücherstapel, auf dem als oberster Band Paul Scheeles „PhotoReading" lag.

„Wir sind mitten im Thema", ermunterte ich uns beide und hielt das Buch hoch. „Auch Scheele schreibt, dass Entspannung die entscheidende Schaltstelle für den Abbau von Stress, aber auch für das fotografische Lesen ist."

Für visuell und intuitiv lernende Kinder und Jugendliche wie Max sind diese Hinweise von entscheidender Bedeutung. Ich hatte in den vorangegangenen Tagen Gelegenheit, Scheeles ganzheitliches System des „PhotoReading" eingehend zu studieren, und erzählte Lena, dass Scheele in einer kurzen Textpasssage auf die Notwendigkeit der Auflösung von Leistungsdruck und negativen Glaubensmustern hinwies – auch als eine unabdingbare Voraussetzung für das Erlernen seiner Hochgeschwindigkeitslesemethode. Dabei würden Entspannung und ein besonderer Konzentrationspunkt über und hinter dem Kopf eine bedeutende Rolle spielen.

„Das Ticktack der Uhr, Lena!"

Scheele erwähnte in diesem Zusammenhang auch einen idealen Lernzustand, in dem Wissen vom Gehirn optimal aufgenommen und verarbeitet werden kann. Gab es also eine neurobiologische Erklärung für die Blackouts der Schüler und betrafen diese vor allem die visuell und intuitiv lernenden Kinder und Jugendlichen? Auch Lena wurde neugierig.

Um Licht in diese Zusammenhänge zu bringen, lag es nahe, sich ein weiteres Mal der Neurobiologie zuzuwenden und dabei die unterschiedlichen Lernzustände des linken und des rechten Gehirns zu untersuchen. Wie beeinflussten Anspannung und Entspannung, wie negative, wie positive Gedanken und Überzeugungen, wie Leistungsdruck und Prüfungsangst die Arbeitsweise des Gehirns? Weshalb war der Alpha-Zustand, so wichtig für das fotografische Lesen? Was bedeutete dieser besondere Konzentrationspunkt über und hinter dem Kopf?

Lena hatte noch nie etwas von diesem besonderen Punkt gehört.

Viele interessante Fragen und Überlegungen standen im Raum, im Vordergrund abermals das Gehirn, zunächst mit seiner elektromagnetischen Grundausstattung.

Das Gehirn schlägt Wellen –Vier Arten von Hirnstromwellen. Mit Entspannung in den besten Lernzustand?

Lena und ich wussten, dass die für das Lesen und Lernen bedeutsamen Fähigkeiten sehr unterschiedlich auf die linke und rechte Hemisphäre verteilt waren. Über das Corpus callosum, ein hochkomplexes Informationsübertragungsnetz zwischen den beiden Hemisphären, wurde Wissen transportiert und gespeichert.

Wie aber wird die Vielfalt von Informationen verarbeitet? Scheele behauptet, Fotoleser seien in der Lage, 25 000 Wörter pro Minute mental aufzunehmen, und zwar dann, wenn sich das Gehirn in einem dafür entsprechenden aufnahmefähigen Zustand befindet. Er nennt ihn Alpha-Zustand. Forschungen aus der Neurobiologie und Quantenphysik beschreiben eine elektromagnetische Grundlage für die Arbeitsweise des Gehirns und unterscheiden dabei Frequenzbereiche. Einer dieser Frequenzbereiche steht für den Alpha-Zustand.

Natürlich war Lena und mir klar, dass die Frequenzen solcher Hirnströme über das EEG sichtbar gemacht und hirnphysiologisch gemessen werden können, dass ein Hirnwellenmuster in einem Zustand der Entspannung ganz anders aussieht als in einem Zustand von Anspannung und Stress. Was aber kennzeichnet den besten, den optimalen Zustand, um Wissen aufzunehmen, zu speichern und zu lernen? Was kennzeichnet diesen Alpha-Zustand?

Die letzten Überlegungen hatte ich laut ausgesprochen und in dem Augenblick fiel mir der Name eines Autors ein – John Assaraf. „John Assaraf", wiederholte ich laut den Namen, um mich darauf zu bringen, wieso dieser Mann für uns wichtig ist. Lenas Blick zeigte Unverständnis.

Langsam erinnerte ich mich. „Er verglich die Arbeitsweise des Gehirns mit der eines Senders", sagte ich zu Lena. „Für die Beantwortung unserer Fragen ist seine Beschreibung ganz interessant." Ich erzählte ihr, was Assaraf über die Funktionsweise des Gehirns sagt:

„Stelle dir vor, bei dir zuhause befindet sich ein Fernsehgerät. Du weißt, dass jedes Programm im Fernsehen unter einer bestimmten Frequenz zu sehen ist, welche über dein Gerät in Bilder umgewandelt wird. Jeder Kanal hat eine eigene Sendefrequenz. Wenn du die einstellst, bekommst du das Programm eines bestimmten Senders auf dem Bildschirm zu sehen. Willst du das Programm wechseln und statt eines Krimis lieber die Nachrichten anschauen, schaltest du einfach auf ein anderes Programm um. Indem du dies tust, wechselst du dabei auch die Frequenz des Senders und erhältst im Fernseher andere Bilder.

Und jetzt stelle dir weiter vor, dass jeder Gedanke, den du denkst, eine Frequenz hat, die man messen kann; dass jeder Gedanke, jedes Gefühl eine ganz eigene bestimmte Frequenz hat; negative Gefühle und Gedanken vollkommen andere Frequenzen als positive Gedanken oder Gefühle." Ich hielt inne und sah zu Lena, die beide Augenbrauen hochzog. „So in etwa drückte er es aus. Wie ich finde ein gutes Bild, um sich die elektromagnetische Arbeitsweise der beiden Hemisphären vorzustellen."

„Stimmt", entgegnete Lena, die mit wachem Interesse zugehört hatte. „Erst gerade eben, bei der kurzen Entspannung und der inneren Vorstellung der alten Uhr, konnte ich deutlich wahrnehmen, wie die negativen Gedanken und Ängste über Max und die Schule ein Stück in den Hintergrund traten. Doch was bedeutet das?"

Es schien mir, als fragte Lena sich selbst. Dann sprach sie weiter: „Während in einem Zustand von Anspannung und Stress kaum noch positive Gedanken vorzufinden sind, bedeutet dies im Umkehrschluss, dass in einem Zustand der Entspannung überproportional viele neutrale oder positive Gedanken da sind. Nichts anderes habe ich gerade in der kurzen Entspannung erlebt. Und natürlich müsste dies auch für das Lesen und für die Verarbeitung von Wissen gelten. Wenn ich die Texte abfotografierte, habe ich mich immer hellwach und gut gefühlt – und mein Bewusstsein und meine Aufmerksamkeit waren tief nach innen gerichtet. Wie bei dem alten Zen-Meister."

Lena war zufrieden und jetzt sichtbar bereit, sich auf die Spuren dieses nach innen gerichteten Bewusstseins- und Lernzustandes zu begeben.

Jetzt würde es interessant werden. Ich erzählte Lena, dass Lernpsychologen, aber auch Neurobiologen in diesem Zusammenhang vier unterschiedliche Kanäle beschrieben, die sie den Aktionskanal, Entspannungskanal, Lernkanal und Kreativitätskanal nannten. Außer in Scheeles „PhotoReading" hatte ich mich bei der Vorbereitung auf dieses Treffen in psychologischen Fachzeitschriften umgesehen und Besonderheiten dieser vier Arbeitskanäle des Gehirns herausgearbeitet.

„Hast du Lust auf einen kleinen Vortrag, Lena?"

„Nun ja", sie zögerte, „wird wahrscheinlich ziemlich theoretisch. Ist denn der Alpha-Zustand dabei?", fragte sie.

„Warte ab ..."

Ich begann nun, ihr von den vier Kanälen zu berichten; dass es für jeden der vier Lernkanäle charakteristische Merkmale gibt. Kennzeichnend für den Aktionskanal ist, dass das Bewusstsein hellwach, aufmerksam, konzentriert und nach außen gerichtet ist, eben der normale Wachzustand am Tag, bei dem Denkprozesse, Analysen von Situationen oder aktives, engagiertes Handeln am besten erfolgen können.

Lernpsychologisch finden wir in diesem sogenannten Beta-Bereich alle nach außen gerichteten Lese- und Lerntechniken. Die Fähigkeit, Wort für Wort zu lesen, auswendig zu lernen, aber auch der planvolle Aufbau eines Aufsatzes, eines Referates, einer Facharbeit oder Examensklausur, die darin enthaltenen logischen Strukturierungen werden über Aktivitäten dieses Lernkanals der linken Hemisphäre in dem Frequenzbereich ab 16 Hz aufwärts gesteuert. Hierbei wird angelesenes oder auswendig gelerntes Wissen weitgehend ohne Bindung an emotionale Intelligenzen verarbeitet und gespeichert.

„Wie kann ich ohne Gefühle motiviert lernen?", unterbrach Lena mich abrupt. „Das Auswendiglernen von Vokabeln macht doch den meisten Kindern und Jugendlichen keinen Spaß. Wie oft verweigerte Max hier schon das Lernen!"

„Natürlich! Erinnere dich! Schon wir und vor uns viele weitere Generationen haben englische und französische Vokabeln in Vokabelhefte geschrieben und diese dann auswendig gelernt, indem wir die eine Heftseite mit dem Löschblatt zudeckten und die Wörter solange wiederholten, bis wir sie einigermaßen auswendig aufsagen konnten. Doch Spaß und Freude blieben dabei auf der Strecke, heute noch genauso wie früher."

Lena nickte bestätigend. „Ja. Ich kann mich noch an meinen Englischunterricht in der Schule erinnern. Wie du ja weißt, wollte ich immer genauso wie die anderen lernen. Natürlich versuchte auch ich die Vokabeln auswendig zu lernen, doch das war immer langweilig und öde. So blieben mir selbst die Grundzüge der englischen Grammatik all die Jahre vollständig verborgen."

„Und wie hast du die französische Sprache erlernt, genauso?"

Lena überlegte einen Augenblick. „Nein. Mit Französisch war die Erfahrung ganz anders. Französisch habe ich intuitiv als Kind gelernt. Als Kleinkind und später als Schulkind hielt ich mich in den gesamten Sommerferien in Frankreich auf. Ich spielte in jeder freien Minute mit den französischen Kindern. Und natürlich sprachen wir ständig miteinander. Wie ich das damals gemacht habe, weiß ich nicht mehr. Ich habe jedoch immer alles verstanden. Auch später im Französisch-Unterricht in der Schule hatte ich keinerlei Probleme. Vermutlich hing das damit zusammen, dass mir die Sprache schon vertraut war. Im Unterricht hatte ich immer das Gefühl: Das kenne ich, das kenne ich! Ich würde so weit gehen, von einer Verbundenheit mit der Sprache zu sprechen."

„Zwei völlig unterschiedliche Lernweisen, nicht wahr, Lena? Die eine entspricht dem Frequenzbereich und der Arbeitsweise des linken Gehirns und die von dir zuletzt genannte dem Frequenzbereich und der Arbeitsweise des rechten Gehirns. Wir sollten uns jetzt damit befassen.

Beobachte einmal Kinder, die ganz im Spiel versunken sind. Man sieht ihnen den Entspannungszustand regelrecht an. In diesem Zustand ist ihre Aufmerksamkeit hoch konzentriert auf das Spiel gerichtet. Hirnphysiologisch kann auch hier das Hirnwellenmuster gemessen werden. Die Amplitude würde sich in einem Bereich zwischen 12 und 15 Hz bewegen. Ab diesen Frequenzen treten die Aktivitäten des rechten Gehirns in den Vordergrund und dann haben wir es mit dem zweiten Kanal, dem besonders wichtigen Entspannungskanal zu tun. Wenn sich die Frequenzen des Gehirns in diesem Bereich der Amplitude bewegen, liegt der von Scheele erwähnte besondere Lernzustand, der so genannte Alpha-Zustand vor, ein Zustand entspannter Wachheit und nach innen gerichteter Aufmerksamkeit und Konzentration. Lernpsychologen wiesen nach, dass hier die Aktivitäten des linken Gehirns immer mehr nachlassen und die ruhigen Alpha-Wellen des rechten Gehirns aktiv werden.

Wenn das passiert, Lena, genau in den Momenten öffnet sich ein ganz besonderes Tor. Es ist das Tor für den Zugang zu den visuellen, assoziativen und intuitiven Intelligenzen des rechten Gehirns. Das wird uns mit Blick auf das Verwandeln der Textseiten in innere Bilder noch sehr beschäftigen. Die Türen zum inneren Bewusstsein, zu den inneren Wahrnehmungsebenen öffnen sich nach innen."

Ich dachte an die kleine Geschichte mit dem Zen-Meister. „Und der Schlüssel zu diesem Tor hat einen Namen. Er heißt ‚Entspannung'."

Lena war mir aufmerksam und ungeduldig, ja sogar etwas unwillig gefolgt, als hätte sie nur auf den einen, den eigenen Ur-Alpha-Zustand gewartet. Jetzt fiel alle Anspannung von ihr ab.

„Dann habe ich den Zugang zu meinem fotografischen Gedächtnis der alten Pendeluhr zu verdanken", sagte sie. „Ohne es damals zu ahnen, veränderte das immer wiederkehrende monotone, aber für mich so vertraute Ticken der Uhr das Wellenmuster meines Gehirns, so dass ein Entspannungszustand eintreten konnte."

Sie nahm damit das, worauf ich hinauswollte, vorweg. So brauchte ich ihre Schlussfolgerung nur noch zu präzisieren.

„Die Entspannung öffnete den Zugang zu deinen inneren Wahrnehmungsfähigkeiten, vor allem dem inneren Sehen. Nur so war es dir möglich, gestochen scharfe Textmuster vor deinem inneren Auge abzulesen."

„So lange Zeit war mir das nicht bewusst", sagte Lena zu sich selbst. „Auch wenn ich Texte innerlich abfotografierte, habe ich mich sehr wohl und wach gefühlt."

„Dies ist eine gute Beschreibung des Entspannungszustandes", fuhr ich fort. „Entspannung heißt nichts anderes, als sich ausgeglichen und wohl zu fühlen. Nicht mehr und nicht weniger. Entspannung heißt nicht, in irgendwelche Zustände zu versinken oder nichts mehr um sich herum wahrzunehmen. Im Gegenteil, du bekommst alles mit, das Zwitschern von Samy, deinem Papagei, oder wenn Max die Treppe herunter stürmt, das Telefon klingelt oder ein Mähdrescher bei dir am Haus vorbeifährt. Der Unterschied ist, dass es dich in der Entspannung nicht mehr stört, weil du deine Aufmerksamkeit und dein Bewusstsein nach innen gerichtet hast. Immer wenn du dich entspannst, kannst du auf diese innere Bewusstseinsstufe gelangen.

Ist hingegen deine Aufmerksamkeit nach außen auf die Dinge gerichtet, befindest du dich auf einer äußeren Wahrnehmungs- und Bewusstseinsstufe. Auf dieser Stufe nimmst du über die äußeren Sinnesorgane – das Sehen, Hören, Fühlen, Schmecken und Riechen – viele Informationen auf. Dennoch ist diese Art der äußeren Informationsaufnahme begrenzt, denn du kannst nur die Dinge und Geschehnisse wahrnehmen, die im Feld deiner unmittelbaren Umgebung stattfinden; dies kann ein schöner Sonnenuntergang sein, ein Streitgespräch deiner Nachbarn oder ein extrem hoher Lernpegel in einem Klassenzimmer, vor dessen Tür du gerade stehst, oder wie heute Mittag die Szene mit Max. Wenn dich in solchen Momenten negative Emotionen wie Angst, Ohnmacht oder Zorn ergreifen, reagiert dein Gehirn mit einer erhöhten Gehirnaktivität. Erinnere dich, wie du dich noch zu Beginn unseres Treffens gefühlt hast."

Ich machte eine kurze Pause und berichtete dann, dass Forscher bei Probanden, die sie emotionsgeladenen Situationen aussetzten, Amplituden von bis zu 50 Hz feststellten. Diese Probanden waren im wahrsten Sinne des Wortes ‚außer sich'. Und in der Tat liefen hier alle Gehirnaktivitäten in der nach außen gerichteten linken Gehirnhälfte ab.

„Dem gegenüber steht der tief nach innen gerichtete Alpha-Zustand, ein Bewusstseins-Zustand, in den du automatisch gelangst, wenn du dich entspannst. Mit Hilfe einer Visualisierung oder Atemtechnik ist es möglich, diesen Zustand herzustellen, um dann wie durch eine Entspannungsschleuse in die faszinierenden Bereiche deiner inneren Welt hinüberwechseln. Hier befinden sich all inneren

Sinne – das innere Sehen, das innere Hören, das innere Fühlen, Schmecken und Riechen. Auf dieser inneren Ebene sind die Wahrnehmungsfähigkeiten unbegrenzt. Es ist möglich, innere Bilder, Szenen wahrzunehmen oder sogar ganze Filme zu ersinnen. Du kannst dir vorstellen, wie etwas schmeckt oder riecht oder sich anfühlt, obwohl sich all dies nicht in deiner unmittelbaren Umgebung befindet.

Kraft deiner Gedanken und Vorstellungen kannst du schönste Landschaften und Orte der Ruhe aufsuchen. Kraft deiner Fantasie durch die Wände deiner Wohnung hindurch, über Städte und Länder hinweg diese Orte besuchen."

Ich hielt einen Augenblick inne.

„Drei, vier tiefe Atemzüge vorhin reichten dir aus, um den Ärger über die Schule nicht mehr zu spüren, obwohl er noch da war. Die Atmung ermöglichte es dir, deinen Bewusstseinszustand nach innen zu richten, deine Belange wie aus einer wohltuenden Distanz zu betrachten. Emotional warst du nicht mehr in den Ärger verwickelt, den Gefühlen nicht mehr ausgeliefert. All dies wird möglich, wenn die ruhigen, ausgleichenden Alpha-Wellen vorherrschen, die du jederzeit durch deine Atmung absichtsvoll herstellen kannst."

„Fehlen da nicht noch zwei Kanäle?", fragte Lena.

„Ja, die Lernpsychologen und Neurobiologen sprechen von vier Kanälen. Dem Entspannungskanal folgen noch zwei weitere, der Lernkanal und der Kreativitätskanal. Diese unterscheiden sich lediglich im Grad der Entspannung. Der optimale Lernkanal arbeitet auf einer noch tieferen Frequenz, etwa in einem Bereich zwischen 8 und 12 Hz. Hier findet dauerhaftes neues Lernen statt. Bezeichnend für diesen Zustand ist, dass Lernprozesse auf allen Wahrnehmungsebenen entspannt, mühelos und leicht erlebt werden." Ich holte nochmals aus. „Auf noch tieferen Ebenen der Entspannung arbeitet der Kreativitätskanal auf einer Hirnwellenfrequenz von 5 bis 7 Hz. Dieser beherbergt höchste Ressourcen und Super-Fähigkeiten. Hier werden alle Lese- und Lernanforderungen mit den kreativen und intuitiven Anteilen des rechten Gehirns gelöst. Nun sind wir an einer wichtigen Schaltstelle angelangt, Lena."

„Ich höre." Lena sagte das leicht ironisch, weil mein Vortrag, dem sie nur unter Vorbehalt zugestimmt hatte, sich in die Länge zog.

Wir lachten uns an und ich erzählte, dass besonders die letzten drei Hirnwellenmuster einen immensen Einfluss auf unsere Denkvorgänge haben, besonders aber auf die fotografischen Lesefähigkeiten. Dies betrifft sowohl die Aufnahme und Verarbeitung von Informationen wie auch in besonderer Weise die Behaltensleistung und dauerhafte Erinnerbarkeit von Wissen.

Von den genannten Hirnstromwellen ist der Alpha-Zustand für den Lernprozess von außerordentlicher Bedeutung. Die Alpha-Wellen erzeugen einen Zustand entspannter Wachheit und Aufmerksamkeit. Wenn Wissen in diesem Zustand aufgenommen wird, kann man sich an Informationen in der Regel dauerhaft erinnern.

Was bedeuteten diese wichtigen Hinweise für unsere noch offenen Fragen? Welche Schlüsse könnten wir daraus ziehen?

Eines war sicher: Wenn die Alpha-Wellen und auch die Theta-Wellen dominant wurden, ließ die Aktivität der linken Gehirnhälfte nach und die emotionalen, kreativen und intuitiven Teile des rechten Gehirns gewannen einen immer größeren Einfluss. Dafür standen Lenas Erfahrungen, die in diesem Zustand ganze Textseiten fotografieren und vor ihrem inneren Auge abrufen konnte. Ich griff zu Scheeles Buch über das „PhotoReading". Scheele schreibt:

„Wenn Sie lernen eine Seite mental mit einer Geschwindigkeit von ungefähr 25 000 Wörtern pro Minute zu fotografieren, wählen Sie einen vollkommen neuen Zugang zur Informationsverarbeitung. Bei diesen Geschwindigkeiten kann die alte, von links nach rechts, Wort für Wort und Zeile für Zeile vorgegebene Methode des elementaren Lesens nicht funktionieren. Stattdessen verarbeiten Sie die Seiten mit Hilfe von Fähigkeiten, die der rechten Hemisphäre des Gehirns zugeschrieben werden."

Einige Seiten weiter heißt es sinngemäß, dass über den Alpha-Zustand die rechte Hemisphäre aktiviert wird und der oben beschriebene Input zur mentalen Datenbank über das Unterbewusstsein erfolgt. Ich legte das Buch zur Seite. Lena war meinen Worten mit großem Interesse gefolgt. Jetzt regte sich Widerspruch in ihr. Ich ahnte, womit Lena nicht einverstanden war. Und richtig.

„Der Moment des Fotografierens erfolgt bei mir vollkommen bewusst. Dafür stehen meine inneren Berater." In Lenas Stimme war ein Ton von Ungeduld nicht zu überhören. Die inneren Berater. Das war das Stichwort. Lena hatte sie bei einem unserer Treffen schon einmal kurz erwähnt. Jedoch waren wir nicht näher darauf eingegangen.

Ich war neugierig und bat Lena, sie einmal vorzustellen.

Lena zwinkerte mir zu und schlug einen familiären Ton an, als sie von den beiden zu sprechen begann:

„Meine beiden inneren Berater sind ein eingespieltes Team, mit ihnen macht das schnelle Lesen immensen Spaß! Der eine ist verspielt, fantasievoll, intuitiv und sehr, sehr neugierig. Er ist unglaublich wissensdurstig. Er stellt die Fragen. Er liebt es, die Geschichten zu erzählen. Auch Faktenwissen aus Sach- oder Fachbüchern verpackt er liebend gern in spannende Geschichten. Er stellt die inneren Bilder zur Verfügung. So konnte ich einmal bei einem Vortrag den trockenen Stoff sehr anregend und verständlich vortragen.

Der andere fotografiert die Texte, Bilder und Skizzen ab. Er ist sachlich und ernst, ich könnte auch sagen konservativ. Er erinnert mich an eine alte Kamera, er stanzt das Wissen systematisch auf alte Platten, die ordentlich in großen Schubladen verstaut werden. Die darf der andere, der die Geschichten erzählt, dann öffnen. Der, der abfotografiert, ordnet und strukturiert, ist wie ein guter großer Freund. Er hat die Übersicht in der großen Bibliothek mit den vielen Schubladen im Kopf. Manchmal übernimmt er auch die Rolle eines Souffleurs. In einem meiner Vorträge fiel mir plötzlich auf, dass ein Wort auf dem Flipchart falsch geschrieben war. Er ist der, der auf Fehler hinweist. Er weist die richtige Schreibweise an. Er ist derjenige, der dem anderen die Stichwörter gibt."

Lena hielt einen Moment inne. „Schreibt Scheele etwas von diesen Fähigkeiten?"

Was im Moment des Fotografierens der Druckseiten im Bewusstsein passierte, ließ Scheele meines Wissens völlig offen. Er schrieb lediglich, dass die rechte Hemisphäre hilft, die Daten „synthetisch zu verknüpfen, zu verstehen, innere Bilder zu schaffen und auf intuitive Weise zu reagieren".

„Für diese intuitive Weise hast du ein wunderbares Beispiel geliefert, Lena. Sicherlich werden auf den Spuren deiner beiden inneren Berater noch viele weitere faszinierende Details der fotografischen Leseweise sichtbar werden." Lena strahlte und nickte bestätigend.

„Eine Antwort steht noch offen", sagte ich.

„Warum Max bei der Klassenarbeit einen Blackout hatte und ihm nachher alles wieder einfiel?", fragte Lena zögernd. Ich nickte.

„Lass uns dazu noch einmal den Alpha-Zustand unter die Lupe nehmen", bat ich Lena.

Hier hatte sich gezeigt, dass der auf Entspannung beruhende Alpha-Zustand zusätzlich eine extrem Stress und Angst reduzierende Komponente hatte. Doch was wäre, wenn durch Aufregung oder Angst vor einer Klassenarbeit oder Prüfung die linke Gehirnhälfte und Hirnamplituden von über 50 Hz erneut die Oberhand gewännen? Würden die Zugänge zu den Wissensspeichern des rechten Gehirns dann mehr oder weniger blockiert? Stellten die visuellen und assoziativen Fähigkeiten des rechten Gehirns dann kurzfristig ihre Arbeit ein? War das die entscheidende Frage?

Die unterschiedlichen Hirnaktivitäten zeigten deutlich, dass dem rechten Gehirn im Vergleich zum linken Gehirn völlig unterschiedliche Verarbeitungsfähigkeiten für die Aufnahme von Wissen zur Verfügung standen. Denkbar wäre, dass ein durch Angst oder Stress ausgelöster Wechsel des Hirnwellenmusters in den höchsten Amplituden des linken Gehirns einen vorübergehenden Erinnerungs-Blackout zur Folge haben könnte.

Sicher müssten wir uns zur endgültigen Beantwortung dieser Fragen noch viel komplexeren Untersuchungen aus der Neurobiologie stellen. Eine These jedoch konnten wir schon jetzt mit großer Sicherheit vertreten: Über die Anwendung einfacher Techniken der Entspannung ist es möglich, den Zugang zu den Wissensspeichern des rechten Gehirns sehr schnell wieder zu öffnen und zu bahnen.

Lena stimmte mir zu. „Ja, im Raum mit der Pendeluhr hat sich die Angst, vor meinem Vater nicht zu bestehen, gänzlich aufgelöst. Bedeutet das nicht", sinnierte sie, „dass Kinder mit Hilfe von Entspannungstechniken Einfluss auf ihren Lernzustand nehmen können. Dies würde ihnen für die Schule ein Werkzeug an die Hand geben, mit Angst besetzte Situationen, wie Prüfungen oder Klassenarbeiten, direkt positiv zu beeinflussen."

„Das ist in der Tat möglich", erwiderte ich, „und dieser positive Einfluss kann sogar über einen ganz besonderen Konzentrationspunkt noch weiter verstärkt werden."

Lenas Blick auf die Uhr deutete mir an, dass noch genügend Zeit war, sich noch heute Abend diesem besonderen Punkt zu nähern.

 **Wissen kurzgefasst:**

Der Alpha-Zustand – Herstellen des idealen Lernzustands

Die Techniken

Entspannungstechniken versetzen uns in die Lage, den für das Lesen und Lernen idealen Zustand herzustellen. Gehirnphysiologisch bewirkt die Entspannung ein absichtsvolles Verändern der Frequenzen des Gehirns. Der so genannte Alpha-Zustand stellt sich ein. In diesem Entspannungszustand öffnest du den Zugang zu den Ressourcen und Wissensfeldern der rechten Hemisphäre.

In Klassenarbeiten, Klausuren, Facharbeiten, Examina und mündlichen Prüfungen bewirkt die Entspannung, dass Prüfungsangst, Erwartungsdruck und Stress sich reduzieren. Mit Entspannungstechniken versetzen wir uns in die Lage, das gelernte Wissen jederzeit adäquat abzurufen.

Über folgende Entspannungstechniken kannst du den Alpha-Zustand herstellen:

Übung: Entspannung

Um dich im Sitzen zu entspannen, gehe folgendermaßen vor:

Setze dich in bequemer Haltung auf einen Stuhl und schließe die Augen.

Stelle dir vor, dass sich mit jedem Ausatmen alle körperlichen Verspannungen lösen.

Spüre, wie dein Atem ganz von alleine immer tiefer und ruhiger wird.

Beginne langsam von 10 bis 1 abwärts zu zählen.

Sage zwischendurch z. B. „9 tiefer", „5 tiefer" Damit intensivierst du die Entspannung.

Mit der umgekehrten Zählweise kannst du die Entspannung wieder auflösen. Ideal ist es, die Entspannung mit einem positiven Lese-, Wissens oder anderem Ziel zu beenden.

Variation: Buch auf den Bauch

Stress und Anspannungen belasten oft die weichen Körperteile, gerade den Bauch. Zudem wird unter Stress der Atem flach und hoch. Er erreicht den Bauch nicht mehr. Dadurch sind wir von unserem Vitalitätszentrum abgeschnitten. Nachfolgend eine einfache Übung, um den Bauch wieder zu entkrampfen. Bei dieser Übung ist es hilfreich, die Aufmerksamkeit auf den Atem zu lenken.

Übung:

Lege dich auf den Rücken.

Platziere ein kleines, aber schweres Buch auf dem Bauch, beispielsweise von der Größe und dem Gewicht eines Lexikons.

Beobachte, wie das Buch auf dem Bauch sich mit dem Atem hebt und senkt.

Nimm wahr, wie sich die Bauchmuskeln entspannen.

Erlaube dem Atem, von selbst immer tiefer zu gehen.

Spüre den Augenblick, an dem die Einatmung in die Ausatmung übergeht.

Halte kurz inne und lasse dann den Atem weiter strömen.

Eine kurze Geschichte

Folgende kleine schon bekannte Geschichte zeigt, wie du in hektischen Situationen von Angst oder Stress reagieren kannst.

Ein Zen-Kloster wurde von einem Erdbeben erschüttert. Alle rannten ins Freie, nur der alte Zen-Meister blieb, wo er war, und begann zu meditieren. Nach dem Erdbeben fanden die Schüler ihren Meister noch immer dort vor und fragten ihn, warum er nicht fortgerannt sei. Und der alte Weise antwortete: "Ich bin auch gerannt - aber nach innen!"

Normalerweise sind wir es gewohnt, in den Trubel einzustimmen, wenn es hektisch wird. Dadurch verlieren wir die Übersicht und uns selbst. Versuche es einmal andersherum: Je hektischer es im Außen wird, umso mehr ziehe dich in deine innere Ruhe zurück. Stelle dir vor, dass es in dir selbst, tief in deinem Zentrum einen ruhigen, stillen Raum gibt, den du jederzeit aufsuchen kannst. Nimm einen tiefen Atemzug, lasse los und spüre dein inneres Zentrum, das unbelastet vom Lärm der Welt ist.

FotoLesen ein ganzheitliches Lesemodell? – Ein ungewöhnlicher Konzentrationspunkt gibt Fragen auf

Wir machten eine kurze Pause. Lena nutzte die Zeit, um die Entspannungstechniken in ihrem Notizbuch festzuhalten, und ich stöberte nochmals in Scheeles „PhotoReading", um die eine oder andere Aussage über den fotografischen Leseprozess und den Aufmerksamkeitspunkt zu überfliegen.

Scheele hatte zu den fotografischen Lesefähigkeiten ein ganzheitliches Lesemodell, das „Whole Mind System", entwickelt. Es basiert auf fünf Schritten: Einstimmen, Überblick, FotoLesen, Aktivieren und RapidLesen. Nach Scheeles Überzeugung kann über dieses System jeder Lesestoff aus jedem Fachgebiet flexibel den verschiedensten Zielen, Geschwindigkeiten und Verständnistiefen angepasst werden. Die tagtägliche Informationsflut und die Leseanforderungen an den Schulen, den Universitäten und in den unterschiedlichen Berufszweigen erfordern Lesefähigkeiten, die mit dem elementaren Wort-für-Wort-Lesen kaum zu bewältigen sind. Wie oft verzweifeln Studenten an der Menge des Lesestoffs! Scheele teilte unsere Auffassung, dass die Bewältigung der Stofffülle nur über die Nutzung der Lesefähigkeit beider Gehirnhälften befriedigend gelingen kann.

Doch weshalb war das fotografische Lesemodell kaum einem Lehrer bekannt? Diese Frage hatte sich uns schon bei der Vorstellung der Bücher gestellt. War die Dominanz rational kognitiver Unterrichtsmethoden und Lehrweisen der einzige Grund, weshalb das fotografische Lesen keinen Eingang in das Schulsystem und in die Universitäten fand? Oder gab es darüber hinaus noch weitere Gründe? Ich dachte an die Begabungen von Julius und all den anderen Kindern und Jugendlichen – und natürlich auch von Lena von damals zurück. Schon vor Wochen hatte ich voller Neugier über die einzelnen Schritte des „PhotoReadings" gelesen. Dabei hatten sich neben grundlegenden Übereinstimmungen allerdings auch kritische Fragen eingestellt – Fragen, die ich unbedingt mit Lena besprechen wollte. So hatte ich mich erneut in Scheeles Werk vertieft, um mir nochmals alles zu vergegenwärtigen. Vor der Beschäftigung mit dem Aufmerksamkeitspunkt wäre es sinnvoll, für Lena das System kurz zu skizzieren.

Ich drehte das Buch in meinen Händen hin und her, ließ den Titel „PhotoReading – Die neue Hochgeschwindigkeits-Lesemethode in der Praxis" auf mich wirken. Der Titel hatte mich neugierig gemacht, ebenfalls das Cover, mit zwei kleinen Abbildungen eines Textes, aus dem Buchstaben herausfallen. Ich schlug das Inhaltsverzeichnis auf. Deutlich hoben sich fünf Wörter von den anderen

Überschriften ab: Einstimmen, Überblick, FotoLesen, Aktivieren, RapidLesen. Hinter diesen einzelnen Wörtern sollte sich ein komplettes Lesesystem verbergen. Ich versuchte, mir die Grundideen der einzelnen Schritte wieder in Erinnerung zu rufen, ließ die Wörter auf mich wirken, die Assoziationen dazu spielen.

Einstimmen – Beginne jedes Lesen eines Buches mit Fragen an das Buch und einer Absicht, sagt Scheele. Ein guter Gedanke, sich der eigenen Beweggründe und Fragen an das Buch bewusst zu werden, bevor man las. Wer tat das schon? Das Formulieren einer Absicht, so Scheele weiter, wirke wie ein Radar, das es dem inneren Bewusstsein erlaube, die gewünschten Resultate hervorzubringen – eine weitere interessante Aussage Scheeles. Rannte er bei uns damit nicht offene Türen ein? Ich erinnerte mich gut, wie Lena vor noch nicht allzu langer Zeit in der Fragerunde zu den Büchern mit einer Sicherheit, die mich erstaunte, spontan gesagt hatte, dass sich über Fragestellungen ganze Bücher strukturieren lassen.

Und welche Bedeutung hatte der Aufmerksamkeitspunkt? Bei dem ersten Schritt Scheeles spielt auch dieser Punkt über und hinter dem Kopf eine besondere Rolle. Ich stellte den Gedanken zurück. Lena und ich würden uns ihm ja gleich zuwenden.

Und der zweite Schritt? Ich spielte mit den Seiten des Buches. „Vom Ganzen zu den Teilen", das vielleicht wichtigste Charakteristikum, eine eindeutige Arbeitsweise des rechten Gehirns. Durch Impulsworte können in wenigen Minuten das Gerüst oder die thematische Struktur eines Buches, ja ganze Textmuster erkannt werden, sagte Scheele. Impulswörter!

Ich dachte daran, wie bei Lena Wörter aus dem Text heraustachen, manchmal hatten sie eine besondere Tiefenschärfe oder leuchteten sogar auf, Julius und Sebastian nahmen diese Wörter unterstrichen wahr, Max sogar dreidimensional – und Scheele? Erklärt er, wie wichtige Wörter mit dem rechten Gehirn wahrgenommen werden können? Was sagt er dazu? Wie zufällig hatte ich die Seite mit dem ‚Überblick' aufgeschlagen. Nein, Scheele gibt die Frage einfach an den Leser weiter. „Haben Sie beim Lesen schon einmal den Eindruck gehabt, dass bestimmte Worte Ihnen geradezu entgegenspringen und besondere Aufmerksamkeit zu verlangen scheinen?", fragt er in seinem Buch. Natürlich war dem so, doch wie erkennt das rechte Gehirn Impulswörter? Wie kann es bedeutende von weniger wichtigen Wörtern unterscheiden und herausfiltern? Wie weiß es, welche Impulswörter den Text verständlich machen. Gab es eine Logik des rechten Gehirns? Scheele führt dies nicht näher aus.

Was wohl Lena sagen würde?

Und das eigentliche FotoLesen, der dritte Schritt? – Nach Scheele der provokativste Schritt des gesamten Systems. FotoLesen beruhe auf der natürlichen Fähigkeit des Gehirns, Informationen subliminal, also vorbewusst aufzunehmen und zu verarbeiten. Das geschehe, indem der Leser ein Buch mit einer Geschwindigkeit von etwa einer Seite pro Sekunde mental fotografiere. Ein Buch mit einem Umfang von 250 bis 300 Seiten sei so in etwa fünf Minuten komplett fotografiert. Ich stutzte. Etwas störte mich – war es Scheeles rationale Art der Beschreibung eines intuitiven Leseprozesses oder war es der Begriff subliminal? Ich dachte darüber nach, doch ich konnte das Gefühl noch nicht richtig greifen. So stellte ich es vorerst zurück. Lena jedenfalls fotografierte die Texte anders ab, ganz und gar nicht subliminal, sondern in einer fast synästhetisch anmutenden Art und Weise, mit Bildern Gefühlen und Assoziationen – und sofort war sie in der Lage, über den Text zu sprechen, ebenso die Schüler. Hierbei spielte dieser besondere Blick eine Rolle, der den Text dreidimensional erscheinen ließ.

Den besonderen Blick, den greift allerdings auch Scheele auf. Er nennt ihn den FotoFokus, „ein körperliches und mentales Fenster", durch das das Gehirn direkt visuellen Reizen ausgesetzt sei. Ein schönes Bild, fand ich. Doch wieso sagt Scheele, das Fotografieren sei ein nur vorbewusst ablaufender Lesevorgang? Die Frage ließ mich einfach nicht los. Darüber würde ich mit Lena zu reden haben.

Nach Scheele wäre es erst mit dem vierten und fünften Schritt der Aktivierung möglich, über den mental fotografierten Lesestoff zu reden, zu diskutieren, zu schreiben. Nochmals durchblätterte ich die Seiten seines Buches. Für diese Schritte führt er verschiedene Möglichkeiten an: das Überfliegen und Eintauchen, die innere Befragung sowie die schriftliche Aktivierung von Texten durch Mindmapping. Ich tauchte aus meinen Überlegungen und aus dem Werk auf. Soviel war klar – was Lena in einem ganzheitlichen Vorgang parallel verarbeitete, beschreibt Scheele in aufeinanderfolgenden Sequenzen.

Vielleicht hilfreich zur Beschreibung eines Lesesystems, dachte ich.

„Lena!" Nachdenklich schaute ich zu ihr herüber – Hatte sie die Texte zur Entspannung wörtlich genommen? Gemütlich in den breiten Sessel zurückgelehnt, blätterte sie im „Wellenläufer", einem Band der Fantasy-Trilogie von Kai Meyer. Mir war entgangen, dass sie es aus ihrer Ledertasche geholt hatte, ich bemerkte, dass von Lenas Gesicht alle Anspannung gewichen war. Lena bemerkte meinen forschenden Blick.

„Und? Was hat es auf sich mit dem Aufmerksamkeitspunkt? Können wir jetzt anfangen? Du schienst so vertieft in Scheeles Buch. Da wollte ich dich nicht unterbrechen."

Lena schaute zu mir herüber. Hatte in ihrer Stimme ein Unterton von Ungeduld mitgeklungen? Oder täuschte ich mich?

„Ist es tatsächlich möglich, sich über den Aufmerksamkeitspunkt noch tiefer zu entspannen?", fragte Lena weiter.

Ich zögerte einen Augenblick. Eigentlich hatte ich mich während meiner Überlegungen gerade entschieden, vor dem Aufmerksamkeitspunkt mit Lena erst einmal über die einzelnen Schritte des Lesesystems zu sprechen. Doch als ich es ihr andeutete, wehrte sie vehement ab.

„Das ist mir jetzt zu theoretisch, beim nächsten Mal, nicht mehr heute Abend", sagte sie.

Jetzt war die Ungeduld in ihrer Stimme deutlich zu spüren. „Nun sag' schon, was ist mit dem Aufmerksamkeitspunkt?" Ich gab mich geschlagen. Fast geschlagen. Einen kleinen Vortrag wollte ich ihr doch noch zumuten – über die ersten beiden Schritte von Scheeles System. Lena wurde bei längeren Vorträgen von mir schnell ungeduldig – doch jetzt war sie einverstanden. Mit untergeschlagenen Beinen in ihren Sessel sitzend, wirkte sie gespannt und entspannt zugleich. Ich berichtete knapp die wichtigsten Fakten über diese beiden Schritte, auch dass die Fixierung des Aufmerksamkeitspunktes nach Scheele zum ersten Schritt, dem Einstimmen, gehöre.

Dann lehnte auch ich mich zurück. Ich atmete tief in die angenehme Stille des Raumes hinein. Lena wartete. Deutlich bedeutete mir der Ausdruck ihrer Augen, nun endlich zu beginnen.

„Die physische Stelle des Konzentrationspunktes liegt über und hinter dem Kopf", begann ich. Ich griff mit meiner Hand an die Stelle des Kopfes, wo sich dieser Punkt in etwa befinden soll.

Lena blinzelte zu mir herüber und tastete ebenfalls die Stelle ihres Kopfes ab. „Und", fragte sie, „was bedeutet er? Ich habe noch nie etwas von einem Aufmerksamkeitspunkt gehört."

Ich nickte Lena zu. „Scheele sagt, dass die Fokussierung der Aufmerksamkeit den besten Lesezustand herstellen und er es möglichen könne, einen Zustand des ‚Flow-State' zu erreichen – damit meint er einen Zustand der vollkommenen Vertiefung in den Lesestoff."

„Kenne ich. Von mir selbst. Aber Scheele – wie kam Scheele darauf?" Lenas Stimme klang nun unverhohlen neugierig. Ich überlegte einen Moment.

„Scheele selbst", setzte ich an, „erfuhr erstmalig von Davis, einem Spezialisten für Lesetechniken, von diesem Aufmerksamkeitspunkt. Davis war Legastheniker und forschte in diesem Bereich."

„Ah", entfuhr es Lena, „vielleicht ein wichtiger Hinweis für die Schüler mit der Lese-Rechtschreib-Schwäche, vielleicht auch dem AD(H)S?"

Ich nickte. „Ja, das wird noch wichtig werden. In diesen Forschungen entdeckte er, dass die Ursache der Lesestörung bei Legasthenikern u. a. in einem hin und her wandernden Punkt der Aufmerksamkeit begründet liegt. Davis entwickelte Übungen zur Fokussierung der Konzentration und nannte die Stelle über und hinter dem Kopf ‚das visuelle Epizentrum der Aufmerksamkeit'. Scheele nun, ehemals auch ein eher langsamer Leser, fand Davis' Forschungen so interessant, dass er die Übungen selbst ausprobierte. Dabei stellte er zu seiner Überraschung fest, dass die Entspannung sich über die Fokussierung der Aufmerksamkeit auf diesen Punkt vertiefte und außerdem stellte er eine sofortige Verbesserung der Lesefähigkeit fest. Angespornt recherchierte er weiter zu diesem Punkt und erfuhr, dass er schon in illustren Formen vorgekommen ist, zum Beispiel als chinesische Denkkappe und Hut des Zauberers – taktile und visuelle Hilfen zur Konzentration auf diesen Punkt."

Ich hielt einen Moment inne. Ein Fetzen einer Erinnerung hatte meine Konzentration unterbrochen. Hatte ich nicht irgendwann etwas über die Existenz dieses Konzentrations- oder Aufmerksamkeitspunktes gelesen, in einem Werk, das nachwies, dass diese Technik schon über 2000 Jahre bekannt sei? Gab es nicht sogar Berichte, dass alte Schriftrollen vedischer Herkunft seine Existenz bestätigten? Beruhten die Kenntnisse über diesen Punkt tatsächlich auf altem überliefertem Wissen?

Eine vage Erinnerung an einen Artikel, den ich vor vielen Jahren einmal gelesen hatte, stieg in mir auf. Würde ich diesen Artikel wiederfinden? Ich schob meine Gedanken beiseite und sagte zu Lena:

„Wir können annehmen, dass die Kenntnisse über den Aufmerksamkeitspunkt auf der Grundlage alten überlieferten Wissens beruhen." Ich zögerte einen Moment und schaute sie an. Doch Lena fragte nicht weiter nach, und so behielt ich meine Gedanken für mich und konzentrierte ich mich wieder auf Scheeles Erkenntnisse.

„Scheeles positive Erfahrungen in der Anwendung dieses Konzentrationspunktes veranlassten ihn, eine einfache Technik zur Fixierung dieses Punktes zu entwickeln, über eine Visualisierung, er nannte sie dann ganz einfach ‚Mandarinentechnik'."

„Mandarinentechnik", wiederholte Lena.

„Ja. Über die Visualisierung eines imaginären Gegenstandes, sagt Scheele, sei es sehr leicht, jederzeit die Aufmerksamkeit zu bündeln. Wie beiläufig erwähnt er dabei, dass dieser Punkt nicht nur für das Lesen interessant sei."

„Können wir das nicht direkt mal ausprobieren?" Lena drängte ein wenig und zeigte auf den Wellenläufer.

„Mit diesem Buch? O. K."

Wir vereinbarten, dass sie nach Beendigung der Visualisierung versuchen sollte, das Buch als Ganzes zu erfassen, Inhaltsverzeichnis, Klappentext und so weiter, um dann ein paar Seiten aus der Position des Aufmerksamkeitspunktes heraus zu lesen. Dabei solle sie die Wirkung erspüren.

Lena war noch tiefer in den großen Sessel gerutscht. Die Dinge erwartend, hatte sie die Augen schon geschlossen. Auch ich entspannte mich mit ein, zwei tiefen Atemzügen, bevor ich mit leiser Stimme Scheeles Anweisungen sinngemäß wiedergab:

„Spüre, wie sich nur durch Schließen der Augen deine Aufmerksamkeit ganz von alleine nach innen richtet. Atme jetzt tief ein und wieder aus. Stelle dir vor, wie du eine imaginäre Mandarine in deiner Hand hältst."

Ich ließ Lena ein wenig Zeit, bevor ich weiter sprach.

„Lenke nun deine ganze Aufmerksamkeit auf die Mandarine. Wie fühlt sie sich an? Nimm ihr Gewicht, die Beschaffenheit der Schale, die Farbe und auch die Temperatur wahr."

Wieder pausierte ich eine Weile, dabei versuchte ich ebenfalls, die Mandarine zu imaginieren. Durch viele eigene Visualisierungen war ich geschult, mir die Dinge auch mit geöffneten Augen vorzustellen. Als ich selber soweit war, sprach ich leise weiter:

„Lasse die Mandarine kraft deiner Vorstellung auf den höchsten Punkt über deinem Kopf schweben. Nimm wahr, wie du sie dort kraft deiner Vorstellung fest positionieren kannst. Spüre, wie sie dann ganz von alleine dort liegen bleibt. Und nun stelle dir vor, wie sich dein inneres Sehfeld öffnet und erweitert."

Wieder machte ich eine kurze Pause, und als sich bei mir das Gefühl einer erhöhten Perspektive einstellte, sprach ich leise weiter: „Wenn du so weit bist, öffne die Augen, nimm die Themen deines Buch wahr und beginne dann, ein paar Seiten aus der Position des Aufmerksamkeitspunktes zu lesen."

Lena zögerte noch mit geschlossenen Augen, bis sie die erste Seite des Fantasybuches aufschlug. Dann jedoch glitt sie mit weichem Blick über die Zeilen des Textes. Ihre Gesichtszüge waren hoch konzentriert, dabei völlig entspannt. Wieder überraschte mich die hohe Lesegeschwindigkeit, mit der sie die einzelnen Seiten des Buches bewältigte. Die Augenbewegung von oben nach unten verriet mir, dass sie einzelne Textabschnitte und Seiten fast senkrecht herunter las. Doch einen einheitlichen Leserhythmus konnte ich dabei nicht erkennen. Es gab Seiten, auf denen sie verharrte, vielleicht fünfzehn, zwanzig Sekunden, ohne jegliche Augenbewegung, um dann direkt zur nächsten Seite weiterzugehen. Was bedeutete das? Das hatte ich bei ihr noch nicht beobachtet. Das war neu. Dann gab es andere Seiten, allerdings nur einige wenige, wo ich eine schnelle Seitwärtsbewegung ihrer Augen von links und rechts bemerkte. Die Augenbewegung wirkte auf mich wie die Bewegung eines Skiläufers, der einen Riesenslalom fährt. Als Lena etwa zwanzig Seiten so gelesen hatte, legte sie ihren Zeigefinger zwischen die Seiten und schloss das Buch – und die Augen. Dann atmete sie tief durch und lächelte kaum merklich.

Einige Zeit verstrich, ehe Lena leise sagte: „Das war eine sehr beeindruckende tiefe Erfahrung. Ich fühle mich entspannt und hoch konzentriert. Ich hatte das Gefühl eines veränderten Blicks. Es ist schwer in Worte zu fassen, aber es war etwa so, als könne ich von einer erhöhten Position die Ereignisse betrachten. So eindrücklich habe ich das noch nicht erlebt."

Sie sah mich kurz an. „Durch die Konzentration auf diesen Punkt wird die Wahrnehmung sehr klar, intensiv und ..." Sie zögerte, als suche sie nach dem richtigen Wort. „Ja, das ist es, alles wirkt neutral, das hat mich überrascht: diese Neutralität und Sachlichkeit, in der Beobachterperspektive, besser noch Vogelperspektive. Ja, es war Neutralität und Sachlichkeit", bekräftigte Lena nochmals. „Und", sie zögerte, „es geschah aber noch mehr."

„Was denn?" Meine Spannung stieg, als würde Lena mir gleich von einem Abenteuer erzählen.

„Hm, ja also, als ich die erste Seite des Buches aufschlug, hatte ich das Gefühl, die Seiten wesentlich größer und intensiver wahrzunehmen. Das Sehfeld hatte sich irgendwie verändert. Dabei machte ich mit dem Schriftbild interessante Erfahrungen."

„Was denn für Erfahrungen?" Ich platzte fast vor Neugier. Lena schaute mich an.

„Ich konnte das Schriftbild um einige Schriftstärken vergrößern."

„Um einige Schriftstärken?" Jetzt machte ich große Augen.

„Ja", wiederholte Lena mit fester Stimme. „Ich konnte das Schriftbild des Romans vergrößern, und nicht nur das, ich konnte auch die Zeilenlänge verändern. Das war für die Augen sehr entspannend." Sie hielt einen Moment inne. „... oder ich machte sie dreidimensional."

„Dreidimensional? Wie das?" Ich hielt Lenas Blick fest.

„Kraft meiner Vorstellung, indem ich es mir vorstellte. Ich konnte den Text mit einem Blick als Ganzes wahrnehmen." Lena sah mich mit großen Augen an.

„Lena, das ist eine beindruckende und wichtige Erfahrung." Ich fand kaum die richtigen Worte dafür.

Hatte die Intention eine derartige Kraft? Ich hatte beobachtet, wie Lena einige Textseiten ohne jegliche Augenbewegung nur fixierte, bevor sie zur nächsten Seite weiterblätterte. Ich erzählte ihr von meiner Beobachtung.

Sie war noch abwesend.

„Und dann? Was geschah dann, Lena?"

„Nach kurzer Zeit, ohne dass ich es zunächst bemerkte, verwandelten sich die Textmuster in Bilder. Und wieder begann ich die Geschehnisse und die Ereignisse der Geschichte zu fühlen. Ich vergaß Zeit und Raum – trat selber ein, in die Handlungen – und ...", Lena sah zu mir herüber, „... und aus diesem Punkt dort oben, fühlte sich alles noch viel intensiver an – ich kenne das schon, du weißt ja, aber so intensiv..." Lena vergewisserte sich mit Blick zu mir. „Die Bilder sind von diesem Punkt da oben noch viel bunter." Lena strahlte. „Soll ich erzählen?"

„Klar, unbedingt." Ich freute mich, weil ich wusste, wie wichtig das jetzt für Lena war. Sie wendete den Kopf etwas zur Seite. Wieder tauchte sie nach innen. Der konzentrierte Ausdruck ihrer Augen zeigte, dass sie nach etwas suchte – dem ersten Bild zum Text? Ich vermutete es, und dann dieses Schmunzeln, wenn sie das erste Bild hatte. Wie jetzt? – und richtig, Lena begann leise zu erzählen:

„Am Anfang, beginne ich immer relativ langsam. Zunächst verharre ich ein wenig, um mich in das Buch einzufühlen. Dann beginnt sich alles aufzublättern. Alles geschieht fast gleichzeitig. Die Themen stellen sich vor, ebenso die Figuren. Gerade eben waren es Munk und Jolly. Mit ihnen beschäftigte ich mich einige Augenblicke. Außerdem kannte ich die beiden ja schon, vom Wellenläufer. Zu ihnen mache ich eine Art inneren Steckbrief, heute musste ich ihn nur noch ergänzen. Das ist wichtig, damit ich weiß, wo und wie sie leben, wie sie aussehen, welche Eigenschaften und welchen Charakter sie haben, wie sie fühlen und denken und welchen Stellenwert sie im Buch haben."

Ich unterbrach sie. „Wie bekommst du die Informationen?"

„Hm", räusperte sich Lena. „Es begann schon mit dem Klappentext und dem Inhaltsverzeichnis. Hier leuchteten die ersten Wörter auf; einige veränderten sich sogar dreidimensional. Da wusste ich, die sind wichtig. Beim Blättern und kurzen Reinlesen leuchteten weitere Wörter auf. Das ging sehr schnell. Sie fügten sich automatisch zu den anderen Wörtern – in das große Bild hinein."

Sie lächelte fast kindlich. „Die wissen immer ganz genau, wo sie hingehören. Manchmal richte ich meine Aufmerksamkeit auf eines der Wörter – dann verwandelt sich das Wort in ein Bild oder in eine kleine Szene. Das ist unterschiedlich. So bekomme ich ein Gefühl für die Handlung der Personen, weiß schon grob, worum es in dem Buch geht und was passieren wird. Eigentlich erfasse ich da schon die komplette Handlung, allerdings weiß ich dann noch nicht jedes Detail."

Das war das Gerüst, von dem Scheele spricht, na klar. Doch es gab einen großen Unterschied. Lena beschrieb dieses Gerüst, die Grundstruktur eines Buches, über die innere Wahrnehmungsfähigkeit. Scheele hingegen beschränkt seine Darstellung auf die äußeren Ebenen der Wahrnehmung.

„Fällt dir ein Beispiel eines solchen Bildes ein? Vielleicht zu Jolly?", fragte ich.

Sofort veränderte sich der Ausdruck in Lenas Augen, als würden sie träumen. Das war mir jetzt schon vertraut, und einen kurzen Moment später begann sie zu sprechen:

„Jolly zum Beispiel kann seit ihrer Geburt über Wasser gehen. Dabei hat sie gelernt, sich mühelos über der schwankenden Wasseroberfläche zu bewegen. Für sie fühlt es sich an, als liefe sie durch eine Pfütze. Sie kann dabei von einer Wellenwoge zur nächsten springen, immer den schaumigen Wellenkämmen ausweichend."

„Und das Bild, Lena?"

„Ich sah Jolly auf dem Kamm einer Welle in einem Meer – und das war die Szene dazu."

So einfach? Ich beobachtete Lena. Lena nutzte die Fragen, um auf ein inneres Bild zuzugreifen. Ich schaute auf die Seiten des „Wellenläufers", die Lena aufgeschlagen hatte. Sie hatte doch tatsächlich die Beschreibung Jollys fast wörtlich so wie im Buch beschrieben, wiedergegeben. Ich sagte es ihr. Sie nickte. Für sie war das selbstverständlich. Erneut dachte ich an die Geschichte mit der alten Pendeluhr.

Erstaunliche und ganz neue Fähigkeiten taten sich auf, und der Aufmerksamkeitspunkt, über den sich das innere Sehfeld erweitern ließ, schien die inneren Wahrnehmungsfähigkeiten extrem zu stärken und zu unterstützen. Die Vergrößerung der Textzeilen kraft der Intention, die Bedeutung der Intention – hierüber musste ich mit Lena unbedingt noch sprechen. Richteten sich diese eindrucksvollen Fähigkeiten nach der Absicht? Waren dies erste Hinweise einer ganzheitlichen Arbeitsweise des rechten und des linken Gehirns? Eben, als sie die Intention fast wie nebensächlich erwähnte, wollte ich Lena nicht unterbrechen. Schon jetzt war mir klar, dass die Intention bei der Beschreibung eines fotografischen Lesesystems –

besser: Lese- und Lernsystems – für die Schule eine bedeutende Rolle spielen würde. Intentionen ermöglichten persönlich bedeutsames Lernen.

Und die Leseerlebnisse aus der Position des Konzentrationspunktes? Lieferten sie uns bedeutsame Hinweise für neue, meines Wissens noch nie beschriebene Denkweisen und Strukturen des rechten Gehirns. Innerlich ließ ich Lenas Erzählung noch einmal Revue passieren. Ihre Leseerfahrungen aus dem Konzentrationspunkt heraus verwiesen auf ganz neue interessante Möglichkeiten des vernetzten Denkens, aber auch auf ganz besondere neue Wahlmöglichkeiten und Zugangsweisen sowie auf Sachlichkeit basierende logische Komponenten des rechten Gehirns. Leider verweist in Scheeles Buch keine einzige Textstelle auf derlei Hinweise.

Aus der alles umfassenden Perspektive, die Lena als Erweiterung des inneren Sehfeldes erlebte, sprach sie von einer ganzheitlichen Wahrnehmung der Themen des Buches. Spannend auch hier: die von ihr beschriebenen Wahrnehmungsqualitäten von Neutralität und Sachlichkeit.

Noch nie zuvor hatte ich in der Literatur etwas über eine dem rechten Gehirn angehörende Logik und Strukturierungsfähigkeit gehört. Und diese schienen mit den inneren Wahrnehmungsfähigkeiten in eindrucksvoller kooperativer Verbindung zu stehen. Nur so wäre es überhaupt möglich, emotional und mit allen Sinnen wahlweise in das eine oder andere Thema einzusteigen, dachte ich.

Wäre es möglich, mit Lena jetzt in diesen späten Stunden des Abends noch über das Thema ‚Intention' zu sprechen?

„Wahrscheinlich ist alles eine Frage der Intention, der Absicht." Eine ungeheure Aussage, wie ich fand. Lena hatte den Satz wie in Zeitlupe gesprochen, jedes Wort bekam dadurch eine besondere Betonung und Bedeutung. Hier wollte ich noch einmal einhaken. Vorhin war Lena über ihre eignen Worte einfach so hinweg gewischt, hinein in die Welt der Bilder und Emotionen. Nach Scheele wäre sie da schon beim Aktivieren der Bücher, seinem vierten und fünften Schritt. Wieder staunte ich über dieses Phänomen der parallelen Verarbeitung, das Lena beherrschte.

Ich dachte an die Übertragung der fotografischen Lesefähigkeiten auf die Schule. Wir benötigten eine eigene Systematisierung. Außerdem verlangte dieses Vorhaben explizit eine Theoriebildung. Anders als mit einer ‚Theorie' hätten diese faszinierenden Fähigkeiten kaum eine Chance, auch nur ansatzweise in das Schulsystem zu gelangen.

Und Lena? Ihr versuchte ich schon die ganze Zeit, rationale Erklärungen abzuringen. Das langweilte sie, das war ihr zu langsam und zu umständlich. Lena erfasste alles schnell, intuitiv und parallel, auf Anhieb, ganzheitlich. Ich dachte an die Entwicklung der Theorie zurück. Scheele Systematisierung bot uns zumindest dabei einen Orientierungsrahmen.

Dies alles teilte ich Lena mit. „Du denkst zu viel", sagte sie. „Aber gut, versuchen wir`s." Lena wollte kooperieren, doch der Widerwille gegen die verordnete Langsamkeit war nicht zu überhören. Lena wollte sich zwar noch einmal mit mir über den Begriff der Intention austauschen, doch nicht mehr heute Abend. Vielleicht noch ein kurzes Brainstorming – mehr sei nicht mehr drin. Wie könnte ich sie dazu überreden?

Alles eine Frage der Intention? Ein Gedanke, den es sich, wie ich fand, lohnte zu entwickeln.

„Lass uns versuchen, was uns zum Begriff Intention einfällt"

Lena lächelte. Sie begriff. Das ist ein Spiel, ein Spiel der Assoziationen. Es war auch ein schöner Abschluss dieses Abends. Ich stand auf und holte aus einem Korb, in dem auch viele bunte Jongliertücher steckten, einen Ball hervor und warf ihn Lena zu – mit einem Wort dazu. Lachend warfen wir uns den Ball mit den Begriffen zu, pro Wurf ein Begriff:

Etwas beeinflussen, Vorstellungskraft, etwas zielgerecht bewirken, Gedankenkraft, Absichten, Ziele, Verwirklichung, Vorstellungskraft ... alles eine Frage der Intention?

So schlossen wir den Abend ab. Lena packte ihre Sachen zusammen und wir vereinbarten für das nächste Treffen, erste theoretische Erkenntnisse und Übungen zum Erlernen des fotografischen Lesens aufzuschreiben. Lena verabschiedete sich und als sie die ersten Treppenstufen herunterging, drehte sie sich zu mir um: „Wie schon gesagt, denke nicht so viel nach. Ich tue es auch nicht." Dann war sie verschwunden.

Es war sehr spät geworden. Ich setzte mich noch einmal kurz hin, ein paar Minuten nur, um ein wenig abzuschalten. Ein Ziel, eine persönlich wichtige Intention, Strukturierungsmöglichkeiten des rechten Gehirns? – nicht so viel nachdenken ... Diese Gedanken mit in die Nacht nehmend, noch an Lenas Worte denkend, die in einem inneren Vorstellungsbild Kapitel eines Buches auf verschiedene Türen schrieb, um sich in einem Buch zu orientieren, schlief ich ein.

Ein besonderer Traum – Ein Blick in die Möglichkeiten

... als ich zu träumen begann. Wo war ich? Ich schaue mich nach allen Seiten um. Vor mir tut sich ein großer Saal mit einem mächtigen Gewölbe auf, ist es ein Vortragssaal? Graue Treppenstufen führen hinab zu einer Art Podium. Dort bemerke ich eine Gestalt. Ist das etwa Lena? Tatsächlich. Erst jetzt beginne ich, sie deutlich wahrzunehmen. Sie hält ein viele Seiten starkes Buch in ihren Händen. Voller Überraschung sehe ich sie einen Vortrag halten, vor einem Auditorium, das unsichtbar, aber doch anwesend ist. Lena, einen Vortrag? Worüber sie wohl spricht? Jetzt höre ich genauer hin.

„Beginne relativ langsam, damit die Personen der Handlung einen Charakter, ein Gesicht bekommen. Dann stelle die Rahmenhandlung deines Buches in ein großes Bild. Statte dieses Bild mit verschiedene Türen aus, notiere auf ihnen die gesamten Themen deines Buches."

Spricht Lena etwa über das fotografische Lesen?

„Willst du in einzelne Themen oder Kapitel des Buches eintauchen, orientiere dich jederzeit an diesem Bild. Es hat eine Funktion. Es sollte für dich auf einer sachlichen, objektiven Ebene parallel zum Lesen immer präsent sein. Es dient der Orientierung, bietet eine Struktur. Willst du mit dem Lesen beginnen, sei ständiger Beobachter in diesem großen Bild. Triff hier die Entscheidungen darüber, ob du das erste, zweite oder zehnte Kapitel eines Buches öffnen und verarbeiten möchtest. Hast du eine solche Entscheidung getroffen, sieh zunächst den Text. Nimm wahr, wie direkt innere Bilder entstehen. Verknüpfe sie zu kleinen Szenen, lass innere Filme ablaufen."

Diese Aussagen kannte ich doch. Neugierig beobachtete ich Lena. Würde sie jetzt eines der Kapitel öffnen? Tatsächlich, da tauchten wie auf einer großen zartgelben Karte im Hintergrund die Themen auf. Ich versuchte genauer hinzuschauen, bemerkte, wie eine zunächst verschwommen wirkende, goldene Schrift immer deutlicher wurde. Zu meiner Überraschung kannte ich die Themen. Auf verschiedenfarbigen Türen standen sie: „Muschelmagie", „Das große Beben", „Meer der Dunkelheit", „Prinzessin Soledat", „Feuersturm", „Die Goldmacher" und noch viele mehr. Das war doch das Buch „Die Wellenläufer".

Über dieses Buch hatten Lena und ich doch schon gesprochen – die Erfahrungen mit dem Aufmerksamkeitspunkt, Jolly ... Meine Aufregung stieg. Mein Blick ließ Lena nicht mehr los. Würde sie jetzt eine der Türen öffnen? Noch im Gedanken darüber, sehe ich, wie auch sie, gleichzeitig alle Themen wahrnehmend, ihre Aufmerksamkeit veränderte und diese tatsächlich auf eine der Türen mit der Aufschrift ‚Muschelmagie' fokussiert.

Ich schaue mich um. Wie selbstverständlich verlieren die anderen Türen an Glanz, so als würden sie wie von allein in den Hintergrund treten. Die Tür mit der Aufschrift ‚Muschelmagie' hingegen tritt in den Vordergrund, beginnt dabei regelrecht zu leuchten. Die gerichtete Aufmerksamkeit Lenas scheint zu bewirken, dass die Tür sich nun ganz langsam öffnet und hinter ihr eine Szene beginnt.

Ich staune. Ich nehme von Sonnenlicht durchtränkte Pflanzen wahr, die auf einer Art Plantage stehen, darüber Nebelschwaden. Menschen arbeiten hier, vertieft in die Pflege der Pflanzen. Und dort, mittendrin stehen Jolly und Munk, beide in ein intensives Gespräch versunken. Worüber sie wohl sprechen, denke ich. Was hat das hier mit Muschelmagie zu tun?

… als sich im Augenblick dieser Gedanken die Szene zu verändern beginnt. Hintereinandergeschaltete bunte Bilder schwirren in schneller Abfolge, etwa so, als hätte ich auf die Schnellsuchlauftaste eines Videorekorders gedrückt. Einige Augenblicke später verlangsamt sich der Bilderreigen – eine neue Szene beginnt.

In einer Vertiefung des Sandes liegen nach einem Muster angeordnete bunt schillernde Muscheln, über denen, wie von Zauberhand geführt, eine Perle schwebt. Munk scheint einen imaginären Dialog mit den Muscheln zu führen. Jolly dagegen beobachtet die Szene. Gleichzeitig zu diesem Moment nehme ich wahr, wie Lena sich auf die Gedanken Jollys konzentriert. Was wird passieren? Im Augenblick dieses Gedankens bemerke ich, wie mich das auf einer Schriftrolle geschriebene Wort ‚Windböe' erreicht und im Augenblick des Lesens Jolly, tatsächlich von einer Windböe erfasst, ein Stück weiter hinten im Sand landet.

Fassungslos beobachte ich die Szene, und in die Gedanken über Muschelmagie schiebt sich das Bild einer von einer Krankheit geheilten Ziege. Ich amüsiere mich köstlich. War damit das Schulsystem gemeint? Dann schließt sich die Tür. Was bedeutet das alles?

Erneut sehe ich Lena. Lächelnd steht sie vor mir, und ich sehe völlig neutral im Hintergrund mit goldfarbenen Buchstaben die Themen des Fantasybuches. „Dies war für dich", spricht sie mich an, „ein kurzer Blick in die Möglichkeiten. So kannst du einzelne Figuren aber auch die Handlungen eines Buches wahrnehmen. Es ist alles eine Frage der Absicht, deiner Absicht."

Was hatte Lena da gerade gesagt?

„Doch wolltest du nicht noch etwas über die logischen Fähigkeiten des rechten Gehirns erfahren?" In sprachlosem Erstaunen nicke ich stumm. „Dann bleibe in dieser Perspektive", ermuntert sie mich und weist nochmals auf die Themen.

„Hier triffst du die Entscheidungen darüber, was du erreichen willst. Erinnere dich. Noch vor kurzer Zeit dachtest du intensiv an die Bedeutung von Zielen und der Intention nach. Kannst du die Zusammenhänge spüren? Ich zum Beispiel lese extrem gerne Fantasy-Romane, verschlinge sie geradezu. Eben hast du Jolly kennen gelernt. Ich tue nichts lieber, als mich mit solchen Romanfiguren zu identifizieren. Du hast ja bemerkt, wie fantastisch es ist, in ihre Fantasiewelten einzutauchen. Doch dazu später mehr", holt sich Lena schnell, viel zu schnell aus der inneren Geschichte zurück.

„In der Realität sind Fantasy-Romane ein lebhafter Gesprächsgegenstand zwischen Max und mir. Da haben wir ein großes gemeinsames Interesse. Vor allem haben diese Themen in der Regel mal nichts mit Schule zu tun. In all diesen Gesprächen, zum Beispiel über die Harry-Potter-Bücher, haben wir viel Spaß. Das ist eines meiner wichtigsten Ziele und Wünsche, mit Max Spaß und Freude zu erleben.

Fantasybücher wie ‚Der Wellenläufer' oder ‚Der Muschelmagier' liest er nicht. Die findet er, wie er sagen würde, ‚albern'. Nun ja, die lese ich dann alleine, aber auch da verfolge ich immer ein Ziel, eine mich motivierende Absicht. Meine Intention beim Lesen von Fantasy-Romanen ist es, meine innere Wahrnehmungsfähigkeit und emotionale Intelligenz weiter zu stärken und zu entwickeln. Das bringt nämlich eine Menge Spaß."

Lena schmunzelte. „Hielt ich nicht noch gerade einen Vortrag? Immer diese Ablenkungen!" Lena scheint sich köstlich zu amüsieren.

„Doch nun weiter mit meinem Vortrag. Bevor du in das Kapitel eines Buches eintauchst, ist es von großer Bedeutung, zunächst die Rahmenhandlung zu betrachten." Dabei zeigt sie auf die goldenen Aufschriften der Buchthemen. „Schnell und einfach gewinnst du so einen Überblick über die Themen des Buches. Dies ist eine besondere Fähigkeit oder besser Arbeitsweise des rechten Gehirns."

Ich höre Lenas Worten zu, die jetzt auf eine mir irgendwie bekannte Art sehr ernst wirken. Weiter erzählt sie, dass diese ganzheitliche Sicht immer mit Möglichkeiten des Wechsels der Perspektive einhergehen könne. „Du schaust von oben wie ein Adler auf die Themen des Buches. Aus dieser Perspektive nimmst du die gesamten Inhalte eines Buches ganzheitlich wahr. Das ist von besonderer Bedeutung. Der Blick aus einer situativen, ganzheitlichen Perspektive ist ebenfalls eine besondere Fähigkeit des rechten Gehirns."

Jetzt taucht doch tatsächlich auf einer weiteren Bildkarte eine überdimensionale Abbildung der rechten und der linken Hemisphäre im Hintergrund auf. Erstaunt betrachte ich die verschlungenen Gebilde. Es scheint mir so, als hätte Lena sie regelrecht erwartet. Wie selbstverständlich weist sie nun mit einem ebenfalls goldenen Zeigestock auf die rechte Gehirnhälfte, dabei in ihrem Vortrag fortfahrend:

„Die rechte Hemisphäre verfügt im Vergleich mit der linken Hemisphäre über 96 Prozent aller Möglichkeiten für das Lesen und Lernen. Hierbei gehen die Kapazitäten des rechten Gehirns mit seinen Speicherkapazitäten Richtung unendlich, ähnlich wie das World Wide Web."

Ich staune. Nach dieser Rechnung dürfte die linke Hemisphäre nur vier Prozent Speicherkapazität haben. Und genau darauf stützen sich alle Lese- und Lerntechniken der Schule! Schon höre ich Lena weiter sprechen:

„Für die Erinnerbarkeit von Wissen ist es unerlässlich, das rechte Gehirn zu strukturieren, damit Wissensstoff nicht in den unendlichen, holografischen Feldern der rechten Gehirnhälfte verloren geht."

Holografische Felder! – Den Begriff kennt man bei uns doch nur aus der Quantenphysik. Doch Lena ist schon weiter, lässt mir keine Zeit zum Überlegen.

„Eine gute Strukturierungsmöglichkeit für das rechte Gehirn wäre es, den Titel eines Buches mit Fragen, Zielen und einer Absicht zu verbinden. Das wäre dann so, als würdest du, wie beim Computer, einen übergeordneten Ordner für das Buch anlegen."

Eine Art Registratur für das rechte Gehirn!

„Zwei Faktoren sind hier von besonderer Bedeutung. Doch schaue zunächst einmal auf die Welt der Bücher."

Gerade als Lena diesen Satz ausgesprochen hat, eröffnet sich im Hintergrund eine gigantische universelle Bibliothek. Eine Anzahl unterschiedlich farbiger Räume gibt den Blick auf unendliche Reihen säuberlich geordneter Bücher frei. Und wieder schwebt, einer Mindmap gleich, im Hintergrund eine überdimensionale, goldumrandete Karte; es scheint, als beinhalte sie die übergeordneten Themen aller hier vorhandenen Bücher.

Ich richtete meine Aufmerksamkeit genauer darauf. Tatsächlich, hinter den Themen verbergen sich weitere Türen, dahinter, fast dreidimensional, mit unterschiedlichen Farben hinterlegt, die Titel aller sich hier befindlichen Bücher. Hier würde ich am liebsten eintauchen, denke ich, als ich Lenas Blick spüre, der streng auf mich gerichtet ist, der mir ohne Worte bedeutet, mich sofort wieder auf ihren Vortrag zu konzentrieren. Wie damals in der Schule, denke ich, als Lena auch schon fortfährt.

Ein weiteres Mal riskiere ich einen wehmütigen Blick in die faszinierende Bibliothek. Ich zwinge mich zuzuhören. Lena scheint gerade in einer Aufzählung begriffen zu sein:

„Ob es nun die neuesten Kochrezepte in Kochbüchern sind, ob Krimis, Reiseberichte, Romane, Fantasy-, Science-Fiction-, Sach- oder Fachbücher – die Auswahl der Literatur, die Auswahl der Themen ist unermesslich. Hinzu kommt das gesamte Wissen aus Schulbüchern, das Repertoire der Sach- und Fachgebiete aus den einzelnen Studiengängen der Universitäten, ein unermesslicher Reichtum, aber auch eine Vielfalt an Literatur – Wissensstoff, der es notwendig macht, Leitlinien für die Auswahl zu treffen."

Weiter spricht sie, mich mit einem klaren Blick fixierend:

„Leitlinien helfen, Bücher auszuwählen, schaffen auch Organisationsstrukturen, zum Beispiel, wenn man selber Bücher schreibt."

Diesen Hinweis habe ich verstanden.

„Eine Leitlinie könnte sein, Klarheit darüber zu gewinnen, weshalb du eine bestimmte Literatur lesen möchtest, welche Motive du hast, welche Absicht und welche Ziele dich veranlassen, dich auf die Suche nach einem bestimmten Buch zu machen. Für einen Studenten der alten Abteilung im Fachbereich Germanistik könnte die Absicht darin bestehen, ein mittelhochdeutsches Seminar am Ende erfolgreich abzuschließen.

Für einen Schüler könnte die Lektüre eines Jugendbuches mit der Absicht verbunden sein, die Deutsch-Klassenarbeit zu diesem Thema mit einer guten Note zu bestehen. Bücher über Pilgerreisen auf dem Jakobsweg könnten mit der Absicht verbunden sein herauszufinden, welche Route für die eigene Reise wohl die passendste ist. So unterschiedlich und vielfältig der Wissensstoff ist, so unterschiedlich und vielfältig sind die Absichten und Ziele der Leser, die sich entschließen, Texte und Bücher zu lesen."

„Doch was macht das rechte Gehirn, wenn ich für ein Buch ein persönlich bedeutsames Ziel gesetzt habe?" Ich habe die Frage nur gedacht. Doch in Lenas Gesicht zeichnet sich ein Lächeln ab. Was würde jetzt wohl folgen?

„Es besteht die Möglichkeit, das rechte Gehirn mit der Erfüllung eines Ziels zu beauftragen!"

Jetzt hat Lena meine Aufmerksamkeit endgültig eingefangen. Hat sie das etwa bemerkt? Es scheint mir, als würde sie sich mir jetzt ganz persönlich zuwenden, als sie weiterspricht:

„Im Vergleich zum linken Gehirn arbeitet das rechte mit ungleich mehr Intelligenzformen. Neben den Fähigkeiten der Assoziation und der Visualisierung spielen die intuitiven Fähigkeiten für das Ausführen von Arbeitsaufträgen eine bedeutsame Rolle. Jeder kennt die Erfahrung, morgens ohne Wecker zu einer festgelegten Uhrzeit spontan aufzuwachen. Wenn du am Vorabend kraft deiner Vorstellung die Weckzeit festgelegt hast, erfüllt die Intuition über das intuitive Erfassen der Zeit punktgenau diesen Auftrag. Aufträge, Ziele oder Absichten müssen für die rechte Hemisphäre klar und eindeutig formuliert werden", sagt Lena bestimmend.

„In aufregender und faszinierender Art und Weise arbeitet das rechte Gehirn dann auf die Erfüllung dieses Auftrages hin. Das geschieht zu einem wesentlichen Anteil unbewusst, etwa im Schlaf oder auch im Traum. Hier erfolgt die Verarbeitung im tiefsten Bereich der Entspannung. Wie ich weiß, haben wir über dieses Thema schon ganz ausführlich gesprochen", dabei lächelt Lena mir zu.

„Die schon erwähnten Entspannungskanäle beherbergen gesteigerte Fähigkeiten, wenn es um Innovation, Kreativität, Erfindung oder neue Lösungswege geht. Intuitive Einfälle, aber auch Ideen haben ihren Ursprung auf den tiefsten Entspannungsebenen des rechten Gehirns und können besonders wirksam werden, wenn vorher klare Ziele, Absichten und Intentionen festgelegt wurden. Dann werden sie schneller bewusst.

Aber auch für alle anderen Lese- und Lernprozesse haben individuell festgelegte Arbeitsziele diesen strukturierenden Effekt. Mit Blick auf die Lese- und Lernprozesse in der Schule wäre das Formulieren von Arbeitszielen ein wichtiger Faktor für selbstbestimmtes und persönlich bedeutsames Lernen und Arbeiten; besonders dann, wenn Lehrer und Schüler diese Ziele, Fragestellungen und Absichten an einen Unterrichtsgegenstand gemeinsam festlegen und daraus interessengebundene Arbeitsaufträge ableiten. Bei den Schülern würde dies eine hohe Lernmotivation auslösen."

Mit großem Ernst in der Stimme macht Lena diese Mitteilungen.

„In den Schulen sind die Schüler in den meisten Fällen lediglich das Wissen-schluckende Wesen, ohne dass ihre Lehrer sie ermutigen, eigene Absichten und Ziele für ihr Lesen und für ihr Lernen zu formulieren. Wenn Neugier, Interesse und Verantwortung für eigenes Lernen fehlen, verwundert es nicht, wenn Schüler abschalten, stören und nicht mehr anwesend sind. Sie müssen lernen, das Wissen zu fühlen."

Ich will Lenas Worte nicht hören. Wieder ergreift mich das Gefühl einer immer stärker werdenden Wehmut. Ich versuche, den Blick ein weiteres Mal in diese mich so unendlich anziehende Bibliothek zu werfen, nehme die helle Ausstrahlung und das intensive Leuchten einzelner Bücher in ihr wahr, als Lena leise spricht:

„Du hast das Wissen und trägst Verantwortung, trage es hinein in die Welt."

Mit diesen Worten entfernt sie sich schwebend, und ein Gefühl tiefster Traurigkeit überkommt mich. Mit der immer leiser werdenden Stimme Lenas schließen sich die Türen, eine nach der anderen. Der Schmerz darüber scheint mich zu überwältigen, als ich in meiner Hand etwas Vertrautes fühle. Dort liegt eine leuchtende, in tiefblauen Farben schimmernde Kugel. Sie scheint die Traurigkeit zu heilen, bis sie nur noch ein Stück Erinnerung ist. Die Kugel beginnt zu leuchten und mit einem leisen Gefühl der Freude tauchte ich in einen traumlosen Schlaf.

Erst die Bilder, dann folgt die Erkenntnis

Fetzen eines Traumes geisterten durch meine Erinnerung. Gedanken purzelten durcheinander. Intentionen, der Aufmerksamkeitspunkt, der Vortrag, die Entspannung, das visuelle Fenster der Aufmerksamkeit, der Traum in der Nacht und die blaue Kugel meiner Kindheit, die mich seit meiner Kindheit begleitete und die ich fast vergessen hatte. Dieses leise Gefühl der Wehmut, an das ich mich jetzt beim Aufwachen kaum noch erinnern konnte. – Was war da passiert, in dem Traum, in der Nacht?

Die Intention. Immer wieder schob sich das Wort in meine Gedanken. Noch am Abend zuvor hatten Lena und ich ein kleines Gedankenspiel zu diesem Wort gemacht. Ihr Widerwille gegen die ‚Theorien', ihr Vortrag im Traum, ich schüttelte den Kopf. Der Rollentausch, dass sie nun einmal die Vortragende ist – das Eintauchen in die Wirklichkeit von Munk und Jolly, das Fantasybuch, das visuelle Fenster der Aufmerksamkeit, das Öffnen eines Kapitels im Fantasybuch, das Erleben der Welten von Munk und Jolly.

Der Rollentausch mit Lena hatte mir gut getan. Lena hatte recht, die Schüler hatten recht. Das Wissen musste gefühlt werden – und trotz Lenas Widerständen gegen die ‚Theorie' brauchten wir diese. Die Theorie bot eine Struktur, damit die Fähigkeiten des rechten Gehirns begreifbar oder begriffen wurden, in einem Schulsystem, dass diese Begabungen brach liegen ließ, missachtete und Schüler nur allzu schnell mit Etiketten wie LRS und AD(H)S abstempelte. Die Schule – ich hielt einen Augenblick inne, den Gedanken folgend …

Um grundlegende Veränderungen in der schulischen Bildung zu bewirken, müsste das Wissen über die enormen Lese- und Lernfähigkeiten des rechten Gehirns wirklich erlebt und vor allem gefühlt werden. Das war mir in meinem Traum sehr deutlich vor Augen geführt worden. Hier könnten die Lehrer sehr viel von ihren Schülern lernen. Doch wie können sie die versperrten Zugänge des rechten Gehirns wieder öffnen – sie, die Lehrer? Die neuronalen Zugänge müssten regelrecht neu gebahnt werden. Aber wie? Vielleicht, in rechtshemisphärischen Schulen für Lehrer? Dann würden auf dem Stundenplan heute noch völlig undenkbare, ganz neue Unterrichtsfächer stehen. Wie die wohl lauten könnten?

Eines war sicher, hinter den Namen der Fächer würden sich interessante Inhalte verstecken: Visualisieren und Assoziieren; Entspannung und Träumen; Aufmerksamkeitsschulung; Experimentieren und Fantasieren; Wahrnehmung und die Schulung der Intuition und allem voran natürlich das fotografische Lesen. Diese Zukunftsvision machte wirklich Spaß.

Damit wären allerdings erst die Grundlagenfächer geschaffen. Parallel dazu müssten verpflichtende Kurse zur Veränderung fragwürdiger unterrichtlicher Einstellungen und negativer Überzeugungen eingerichtet werden. Und zum Pflichtprogramm für Lehrer würden interessante Theorieschwerpunkte gehören. Mein Gedankenstrom ging weiter. Wie von selbst kamen mir die Themen in den Sinn:

- „Fehlerfeindlichkeit und ihre schädigenden Auswirkungen auf die Persönlichkeitsentwicklung und den Wissenserwerb von Schülern"

- „Zusammenhänge zwischen gängigen linkshemisphärischen Lehrmethoden in Rechtschreibung und Grammatik und der Zunahme von AD(H)S, LRS und Legasthenie"

- „Auswirkungen einseitiger Einstellungen und Überzeugungen über kognitive und sozial-affektive Entwicklungsverläufe bei Kindern und Jugendlichen"

Und im Umkehrschluss, positiv ausgedrückt, könnten die Themen etwa folgendermaßen lauten:

- „Die Bedeutung der Neugier und des Experimentierens für Wissensaufbau und Exploration"
- „Zusammenhänge zwischen ganzheitlich orientierten rechtshemisphärischen Lehrmethoden und der Abnahme der AD(H)S, LRS und Legasthenie"
- „Neue Sicht auf die Entwicklungsverläufe und Lese- und Lernweisen rechtshemisphärischer Kinder und Jugendlicher"

Und die Bücher zu den Themen Lernschwierigkeiten, Verhaltensauffälligkeiten, AD(H)S und der Legasthenie? Was würde mit ihnen geschehen? Ganz einfach. Sie würden nacheinander in dem Maße vom Büchermarkt verschwinden wie Kinder und Jugendliche mit Konzentrationsstörungen und Lernproblemen immer seltener werden. Dabei würde die Pharmaindustrie extreme Einbrüche beim Verkauf des Psychopharmakons Ritalin und ähnlicher Substanzen zu beklagen haben. Wie ich kürzlich bei Bauer nachgelesen hatte, zeigten neuere Statistiken großer Querschnittuntersuchungen, dass knapp 20 Prozent der deutschen Kinder und Jugendlichen das Störungsbild des Aufmerksamkeitsdefizitsyndroms aufwiesen. Welch ein Wahnsinn!

Welch eine Chance für Schüler wie Max, Julius, Sebastian und all die anderen, wenn diese Veränderungen in das Bildungssystem einzögen. Schon jetzt konnte ich mir vorstellen, welche Wissensfülle in unsere schulischen und universitären Systeme einkehren würde. Und würden die Schüler und Lehrer einander nicht automatisch ganz anders begegnen? War der Zeitpunkt endlich da, ganzheitliche Lese- und Lernweisen in das Schulsystem zu integrieren?

So wie Blakeslee es schon vor vielen Jahren gefordert hatte. „Wenn es gelänge, das ganze Gehirn zu benutzen, stünde die Evolution schlechthin vor einer Wende. Dort liegt anthropologisch, psychologisch und pädagogisch die Chance, einen kapitalen Erziehungsfehler wiedergutzumachen und einem Erziehungssystem das unmenschliche Handwerk zu legen, auf dessen Geheiß sich eine andere Art der Dummheit etablierte. Bei schöpferischen Menschen ist das ganze Gehirn im Einsatz."

Diese Sätze hatten sich in mein Gedächtnis eingebrannt. Blakeslee war ein Pionier seiner Zeit. Schon damals wies er den richtigen Weg. Weiter ließ ich meine Gedanken spielen, Assoziationen sich entfalten. Ich liebte es, solchen Gedankenströmen zu folgen. Über sie begriff ich die Vernetzungen der Themen.

Der Traum. Die Bilder des Traums. Was bedeuteten sie? Wiesen sie den Weg für die Theorie. „Denke nicht so viel nach." Lenas intuitiv gesprochener Satz: Erst die Bilder, dann folgt die Erkenntnis. Daraus würde sich wie von selbst die Theorie formulieren lassen. Ich hielt einen Moment inne. Noch nie war mir das so deutlich klar geworden. Obwohl ich doch eigentlich wusste, dass vor dem Gewinnen von Erkenntnissen immer schöpferische, intuitive, bildhafte Prozesse liegen. Hatte ich nicht schon in Blakeslees Buch ähnliche Äußerungen gelesen? Ich dachte einen Augenblick nach, Blakeslees Äußerungen bezogen sich auf bekannte Persönlichkeiten wie Planck, Mozart und andere.

Max Planck etwa, der Vater der Quantentheorie, machte folgende Aussage: „Der schöpferische Wissenschaftler müsse eine lebhafte intuitive Vorstellungsgabe für neue Ideen haben, die nicht durch Deduktion hervorgebracht werden, sondern durch künstlerische kreative Vorstellungskraft." Oder Mozart. Der schuf seine Kompositionen nach musikalischen Bildern in seinem Kopf. Es gibt einen berühmten Brief Mozarts, der das ausführlich dokumentiert. Aber auch aus der organischen Chemie sind derlei brillante Beispiele bekannt. Etwa August Kekulés berühmte Entdeckung: „[...] dass Benzol und andere organische Moleküle tatsächlich geschlossene Ketten oder Ringe sind, war das Ergebnis eines Traums, in dem er Schlangen sah, die ihre Schwänze fraßen."

Erneut griff ich die Bilder des Traums auf: Entwicklung einer Theorie über fotografische und intuitive Lese- und Lernweisen. Weiter folgte ich den Assoziationen – zu Julius, der Einstein mochte. Einstein? ‚Theorieentwicklung', ging es mir weiter durch den Sinn. Was hatte Einstein mit der Theorie fotografischer Leseweisen zu tun? Im Moment des Gedankens fiel es mir ein.

Ich war erstaunt, wie sich auch mein eigenes Wissen immer wieder neu zu vernetzten begann – doch zurück zu Einstein. Der hatte sich knapp vor Beginn des 20. Jahrhunderts einmal in folgender Weise geäußert: „Die Worte oder die Sprache, wie sie geschrieben oder gesprochen werden, scheinen in meinem Gedankenmechanismus keine Rolle zu spielen. Die psychischen Gebilde, die als Elemente des Denkens zu dienen scheinen, sind gewisse Zeichen und mehr oder weniger klare Bilder, die willentlich reproduziert und kombiniert werden können."

Natürlich, jetzt wurde es mir klar. Einsteins gesamten wissenschaftlichen Forschungen, seine bahnbrechende Entwicklung der Relativitätstheorie waren das Ergebnis innerer Bilder und Bilderströme. Lediglich das Ausdrücken der Formel $E = mc^2$ stellte den logisch sprachlichen Repräsentanten, also den linkshemisphärischen Teil dieser Theorie dar. Am Anfang seiner schöpferischen Forschungen standen immer komplexe Bilder, die er visuell, aber auch muskulär verändern konnte. Erst dann übersetzte er sie in die logisch verbale Form der Sprache. Die verbale und mathematische Repräsentation seiner Gedanken folgte also erst, nachdem das wichtige kreative Denken abgeschlossen war. Einstein schien zum Bewusstsein und Ausdrucksvermögen beider Hemisphären freien Zugang gehabt zu haben, dachte ich. Er leitete sein Wissen aus intuitiven inneren Bildern ab.

Fotografisch lesen und die Bedeutung der Intention

Das Vergrößern des Schriftbildes eines Romans, das Verändern der Zeilenstärke – alles eine Frage der zielgerichteten Vorstellung und der Intention? So jedenfalls hatte Lena es mir gegenüber ausgedrückt. Welche Bedeutung hatte das Formulieren eines Ziels, einer Absicht oder Intention für die Ausbildung der fotografischen und intuitiven Fähigkeiten? Gab es wissenschaftliche Untersuchungen über die Wirksamkeit der Intention?

Bücher, Texte, Zeitschriften, wie schnell griff man danach und begann einfach zu lesen, ohne vorher eine Absicht gefasst zu haben.

Scheele schreibt, wenn dem Lesen eine Intention vorangehe, verbesserten sich Konzentration sowie Verständnis und Erinnerbarkeit des Gelesenen. Alles Lesen diene, ob bewusst oder unbewusst, einer Absicht, käme in der Bedeutung noch vor Verständnis und Geschwindigkeit. Eine interessante Aussage, die Lena bestätigte, obwohl Lena Intentionen auf einer inneren Ebene ausrichtete, parallel zum Lesen und immer mit direkten Ergebnissen. Über diese inneren Vorgänge schrieb Scheele nichts. Meine Neugier war geweckt. Dem Thema der Wirksamkeit von Intentionen wollte ich nachgehen. Ich schaute mich in meinem Arbeitsraum um. Ich wusste, ich besaß dazu ein Buch. Es hieß sogar „Intention". Scheeles Äußerungen über diesen Begriff erschienen mir zu dürftig.

Ich machte mich auf die Suche nach diesem Werk und fand es einige Minuten später, versteckt in einem Bücherberg. Das Wort Intention sprang mir entgegen: „Intention – Mit Gedankenkraft die Welt verändern" so der vollständige Titel.

Ich blätterte in dem Werk, auf das ich wie zufällig vor zwei Jahren bei einem Kurzurlaub in einer kleinen Buchhandlung in Hall in

Tirol gestoßen war. Die britische Journalistin Lynne McTaggart hatte es verfasst, eine Autorin, die mir schon durch ein anderes Buch, „Das Nullpunkt-Feld", bekannt war. Warum ich das hier noch nicht gelesen hatte? Es hätte die wissenschaftliche Runde um ein wichtiges Thema bereichert. Ich drehte es in meinen Händen hin und her. Der Klappentext versprach Interessantes: Kreativ denkende Forscher entdecken, was Menschen bewirken können, wenn sie ihre Intentionen zielgerichtet einsetzen.

Ich dachte an den Pygmalion-Effekt, die Spiegelnervenzellen als Ort der Übertragungen von Einstellungen und Haltungen. Jeder Einstellung, jeder Überzeugung liege eine Absicht zugrunde, so die Aussage auch dieses Buches. Was bewusst oder auch unbewusst ablaufende Überzeugungen bewirken konnten, hatte der Pygmalion-Effekt gezeigt. Welche Wirkung zielgerichtete Intentionen für Lese- und Lernprozesse haben, galt es jetzt zu untersuchen.

Neugierig vertiefte ich mich in einige Seiten und stieß auf Erkenntnisreiches. Lynne McTaggarts Buch beruht auf der Vorannahme, dass Gedanken die materielle Welt beeinflussen und dass zielgerichtete Gedanken beim Erschaffen der Wirklichkeit eine zentrale Rolle spielen.

Sie schreibt: „Die Gedanken auf ein Ziel auszurichten – Wissenschaftler nennen das tiefsinnig und hochfliegend ‚Intention' oder ‚Intentionalität' – schien eine Energie zu erzeugen, die schöpferisch und stark genug ist, die äußere Realität zu verändern." Wenn dem so wäre, fragte sich die Autorin, könnte ich Ärzte aus der Liste meiner wichtigen Kontakte streichen, da ich mich ja jetzt selbst „gesund denken" würde? Könnte ich meinen Kindern helfen, ihre Mathematikprüfungen zu bestehen, einfach indem ich daran denke? Um Antworten auf diese Fragen zu erhalten, wandte sie sich Untersuchungen aus der Quantenphysik zu.

Aha, McTaggart versuchte also dem Thema physikalisch auf die Spur zu kommen. Kannte sie die Ergebnisse der Neurobiologie zu diesem Thema? Meine Neugier stieg. McTaggarts Intentionsforschung orientierte sich an der Grundthese, „... dass alle Materie im Universum auf subatomarer Ebene in einem immerwährenden Tanz des Quantenenergieaustauschs verbunden ist". Was bedeutet das? Würde ich dieses Buch auch als Nichtphysikerin verstehen?

Ich schloss das Buch auf und legte es zur Seite. Ich hatte einen ersten Eindruck von dem Werk erhalten, es fesselte mich. Ich war sehr neugierig und interessiert, doch jetzt dieses ganze 360 Seiten starke Werk zu lesen, ging auf keinen Fall. Schon am Abend würde Lena wiederkommen und vor mir lag ein freier Tag, ich wollte sie mit den ersten Schritten, vielleicht sogar ersten Übungen zur Ausbildung der fotografischen Lesefähigkeiten überraschen. Scheele hält es für notwendig, sich auf das fotografische Lesen einzustimmen und wirksame Absichten zu formulieren. Weshalb diese beiden Schritte der Vorbereitung? Wie begründet er die Notwendigkeit – wegen der besonderen Arbeitsweise des rechten Gehirns? Wieso stellt Scheele das Formulieren einer Absicht so stark in den Vordergrund?

Wie könnte ich die wichtigsten Aussagen dieses Buches jetzt schnell zeiteffizient und sicher erfassen? Spielt nicht bei Scheeles erstem Schritt zum FotoLesen auch die Zeiteffizienz eine wichtige Rolle? Nochmals überflog ich die Seiten über das Einstimmen und richtig: Absicht und Zeitmanagement seien nicht voneinander zu trennen, schreibt er, auch um zu entscheiden, wie viele Themen und Details nötig seien, um zu einem guten Arbeitsergebnis zu gelangen. Ich blickte vom Buch hoch. Ich hatte eine Idee, nämlich die ersten Schritte ‚Einstimmen' und ‚Überblick' gleich praktisch an McTaggarts Buch anzuwenden.

Reichte nicht zunächst tatsächlich nur ein Überblick zur Beantwortung meiner Fragen aus? Die Themen dieses Buches hatte ich ja schon erfasst, auch, welche mich davon besonders interessierten. Vor allem das Kapitel „Höchste Aufmerksamkeit und Konzentration" sowie die Übungen und die wissenschaftliche Basis dieses

Themas. Ich vertiefte mich nur in wenige für mich im Augenblick wichtige Seiten. Anderen Themen oder auch spezifischen Untersuchungen könnte ich mich wenn nötig auch noch zu einem anderen Zeitpunkt zuwenden.

Warum nicht schon jetzt eine zielgerichtete Absicht hierzu formulieren? Gesagt getan. Ich schloss das Buch und die Augen. Ein paar tiefe Atemzüge reichten aus, um die wohltuende Ruhe um mich herum zu verspüren. Ganz bewusst nahm ich meinen Atem wahr. Ich fühlte mich gut, hellwach und konzentriert. Dann richtete ich meine Aufmerksamkeit auf den Punkt über und hinter dem Kopf und stellte mir die Mandarine vor, positionierte sie auf die Stelle des Kopfes, wo nach Davis das „Epizentrum der visuellen Aufmerksamkeit" lag. Still formulierte ich meine Absicht, nämlich die Bedeutung zielgerichteter Intentionen in etwa dreißig Minuten zu erfassen. Wie von selbst stellte sich eine erhöhte Perspektive ein; überrascht nahm ich wahr, wie sich vor meinem geistigen Auge ein Raum öffnete. War es der Raum aus dem Traum? Tatsächlich, doch diesmal befand sich oberhalb des Podiums eine Leinwand, ähnlich der Größe einer Kinoleinwand.

„Stelle die Rahmenhandlung des Buches in ein großes Bild!", hatte Lena gesagt. Die Leinwand böte eine gute Möglichkeit! Kraft meiner Vorstellung projizierte ich McTaggarts Buch mit dem Titel und all seinen Farben in die rechte obere Ecke der imaginären Leinwand. Ebenso öffnete ich dann das Inhaltsverzeichnis, wie von selbst blätterte es sich vor meinem inneren Auge auf, doch nur zwei Themen traten heraus. Ich staunte. Es waren die Themen, die ich festgelegt und für wichtig erachtet hatte. Wie von selbst, so erschien es mir, hatten die intuitiven Intelligenzen die Absicht aufgenommen und mit ihr zu arbeiten begonnen.

Und die anderen, im Moment für mich nicht so bedeutsamen Themen des Buches? Ich bemerkte, wie sie kaum sichtbar, auf dem Hintergrund der Leinwand hinterlegt standen. Nicht linear, wie in einem Inhaltsverzeichnis angeordnet, sondern vernetzt, einer Mindmap gleich. Im Vordergrund, deutlich hervorgehoben, die Themen „Übungen", „Konzentration und Aufmerksamkeit" sowie „wissenschaftliche Aspekte der Intention".

Ich erinnerte mich an Lenas Sätze aus dem Traum: „Wenn du die einzelnen Themen bearbeitest, orientiere dich an diesem Bild, halte es auf einer objektiven Ebene immer präsent, es bietet eine Struktur."

Ich staunte über diesen inneren Prozess der Verarbeitung und hatte das Gefühl, dass die Fixierung des Aufmerksamkeitspunktes über und hinter dem Kopf, Davis' „Epizentrum der visuellen Aufmerksamkeit", die Fähigkeit des inneren Sehens deutlich verstärkte. Wie ein Leitfaden erschienen mir jetzt Lenas Äußerungen aus dem Traum: „Willst du mit dem Lesen beginnen, sei ständiger Beobachter in diesem großen visuellen Bild. Triff hier die Entscheidungen darüber, ob du das erste, zweite oder zehnte Kapitel eines Buches öffnen und verarbeiten möchtest."

Ich vergegenwärtigte mir nochmals die Themen und meine Fragen: Was sagt die Wissenschaft über die Wirksamkeit von Intentionen? Gibt es wissenschaftliche Beweise? Welche Übungen stärken die Intention? Gibt es Bezüge zum rechtem und linken Gehirn?

Mit der Konzentration auf diese Fragen öffnete ich die Augen. Weiterhin blieb die innere Mindmap vollständig präsent. Ich öffnete McTaggarts Buch. Viele Zeilen und Seiten überfliegend, tauchte ich das eine oder andere Mal in den Text ein, immer dann, wenn ein Wort aufleuchtete oder eine dreidimensional wirkende Struktur annahm oder eine Überschrift meine Aufmerksamkeit auf sich zog. Zu einem späteren Zeitpunkt würden Lena und ich auf diese Phänomene noch intensiv eingehen, doch jetzt stand die Beantwortung der Fragen im Vordergrund.

Nach gut zwanzig Minuten stellte sich das Gefühl ein, die wichtigsten Aspekte meiner Fragen erfasst zu haben. Ich schloss das

Buch, lehnte mich entspannt zurück und ließ die wichtigsten Erkenntnisse noch einmal vor meinem inneren Auge ablaufen.

McTaggarts Forschungen basieren auf wissenschaftlichen Erkenntnissen der Quantenphysik. Ausgangspunkt ihrer Untersuchungen zur Wirkung der Intention bildet die „Nullpunktfeld-Theorie". In Kurzfassung beschreibt die Theorie, dass das Universum ein großes schwingendes Energiefeld ist, in dem subatomare Energieteilchen, ähnlich kleinen vibrierenden Bällen, Energie wie „in einem endlosen Basketballspiel" hin und her spielten. Das Feld wird deshalb „Nullpunkt" genannt, weil selbst am Temperaturnullpunkt, wenn theoretisch alle Materie ihre Bewegung einstellt, doch noch winzigste Fluktuationen nachweisbar sind. Forscher stellten fest, dass selbst an der kältesten Stelle des Universums subatomare Materie niemals zur Ruhe kommt, sondern ihren kleinen „Energietango" fortsetzt. Schöne bildhafte Beschreibung eines physikalischen Vorgangs. Doch wie begründen die Wissenschaftler diese These? Erstaunt stellte ich fest, wie die innere Mindmap mit dieser Frage an Leuchtkraft zunahm. Dabei trat die Frage nach den Beweisen am stärksten in den Vordergrund.

Nachdem ich dies bemerkt hatte, begann ein neuer Gedankengang, den ich gespannt verfolgte. Die Theorie des Nullpunktfeldes geht davon aus, dass die gesamte Materie im Universum über Quantenwellen miteinander in Verbindung steht. Diese identifizierten Forscher als elektromagnetische Felder, in denen sich elektromagnetische Teilchen in einer kohärenten Anordnung bewegten. Waren diese elektromagnetischen Teilchen geordnet, schwangen sie in einem geordneten Photonenstrom auf der gleichen Frequenz.

In Untersuchungen zeigte sich nun, dass zielgerichtete Intentionen auf der Basis solch geordneter Photonenströme wirksam wurden. Sie stellten ganz einfach fest, dass Gedanken sowohl über elektrische, als auch über magnetische Energie verfügen, und fähig sind, einen geordneten Photonenstrom zu erzeugen.

Die Studie, die dieses Phänomen bewies, heißt Bastyr-Studie. Sie war es, die den Durchbruch in der Erforschung zielgerichteter Intentionen ermöglichte. Sie beweist, dass sich die Gehirnwellen eines Senders auch im Empfänger widerspiegeln und dass der Reiz beim Empfänger an genau der gleichen Stelle im Gehirn auftritt wie beim Sender. Die Forscher schlussfolgern daraus, dass das Gehirn des Empfängers so reagiert, als ob er (oder sie) das gleiche Bild zur gleichen Zeit sähe, was bedeutet, dass die Empfänger in Echtzeit sehen und fühlen, was ihre aussendenden Partner ebenfalls sehen und fühlen.

Ich war erstaunt und überrascht, gelangten doch die Physiker zu dem gleichen Ergebnis wie die Neurobiologen; frappierende Erkenntnisse über das menschliche Bewusstsein – Erkenntnisse, die jetzt den Pygmalion-Effekt sogar physikalisch erklärbar machten. Was die Physiker vermutlich nicht wussten: dass die Spiegelnervenzellen der neurobiologische Ort dieses Geschehens waren. Ich schaute auf das Erscheinungsjahr des Buches. Danach musste die Untersuchungsperiode fast zeitgleich mit Untersuchungen der Neurobiologie erfolgt sein.

Mit dieser Feststellung konzentrierte ich mich auf die letzte meiner Fragen, jetzt erneut einen Gedankenstrom erwartend. Wie sahen die Bedingungen aus, die es ermöglichen, die Kraft der Intention wirksam werden zu lassen. Jetzt rückten die Fähigkeiten des menschlichen Bewusstseins in den Vordergrund. McTaggart war überzeugt davon, dass Bewusstsein eine Substanz jenseits unserer Körpergrenzen ist, eine hochstrukturierte Energie, die Materie verändern kann. Ihre These „Geist ist stärker als Materie" schien die Grenzen der Vorstellung von Zeit und Raum zu überschreiten, und, so die Forscherin, über die Kraft hierzu verfügt die zielgerichtete Intention. Ein Gedanke löse die gleichen mentalen Befehle aus wie die Handlung.

Forscher stellten in Untersuchgen mit dem EEG fest, dass die elektrische Aktivität immer die gleiche ist, ob wir nun denken etwas zu tun oder es tatsächlich tun. Am Beispiel von Gewichthebern bewiesen sie, dass EEG-Muster im Gehirn, die bei einer motorischen Fertigkeit aktiviert wurden, auch dann aktiv wurden, wenn der Proband sich den Bewegungsablauf lediglich vorstellt. Nachdenklich schaute ich über das Buch hinweg. Zahlreiche Mentaltechniken im Sport berichten darüber, wie motorische Fähigkeiten gestärkt, aber auch das Bewegungsgefühl verbessert werden können. Vielleicht entscheidet in letzter Konsequenz nicht der Trainingszustand darüber, wer erste Plätze einnimmt, sondern der mentale Zustand bzw. wer dazu in der Lage ist, sich auf Erfolg und auf ein Ziel auszurichten.

Welche Übungen stärkten nun die Intention und welche Bedingungen mussten vorliegen, damit sich die Gedanken auf ein Ziel ausrichteten? McTaggart geht davon aus, dass jegliche Form von konzentriertem Willen irgendwie wirkt. Die wirksamsten Ergebnisse zeigten sich jedoch, wenn sich die Person in einem kohärenten Zustand befindet. Dazu gehören:

- ein Ort der Ruhe
- ein Konzentrationszustand
- Fokussierung auf das Objekt der Intention
- Visualisierung

Ich hielt meine Gedanken an – zufrieden damit, mit relativ geringem Zeitaufwand die wichtigsten Aspekte der Wirksamkeit von Intentionen erfasst zu haben. Die Erkenntnisse der Neurobiologie und die wissenschaftlichen Grundlagen der Physik bieten einen Rahmen, der die Fähigkeiten des menschlichen Bewusstseins zumindest im Ansatz erklärbar macht. Den würden wir auch brauchen, wenn wir den Fähigkeiten des fotografischen Lesens weiter folgen. Mein Ausflug in die Quantenphysik hatte sich gelohnt, fand ich; auch hier erhielten wir Hinweise auf die Wichtigkeit der Entspannung sowie der Konzentration und Aufmerksamkeit. Noch einmal dachte ich zurück, an die Idee, ein fotografisches Lese- und intuitives Lernsystems für die Schule zu entwickeln.

Wie könnten wir erste Schritte, erste Übungen zur Entwicklung dieser Fähigkeiten darstellen? Lenas Leseerfahrungen mit dem Aufmerksamkeitspunkt verweisen neben den logischen Komponenten auf wichtige Fähigkeiten des vernetzten Denkens, aber auch auf ganz besondere neue Wahlmöglichkeiten und Zugangsweisen zum rechten Gehirn beim Erfassen von Texten. Über die Fixierung des Aufmerksamkeitspunktes eröffnen sich ganzheitliche Wahrnehmungsmöglichkeiten, die Themen von Büchern parallel und komplex mit Hilfe wichtiger persönlicher Fragen zu erfassen. Spannend auch hier die Qualität von Neutralität und Sachlichkeit, vielleicht als erste sehr bedeutsame Hinweise auf eine der rechten Gehirnhälfte angehörende Logik, aber auch auf Strukturierungsfähigkeit, die immer eine ganzheitliche Betrachtungsweise der Themen einzuschließen schien.

Noch nie zuvor hatte ich in der Literatur Ausführungen über eine dem rechten Gehirn angehörenden Logik und Strukturierungsfähigkeit gefunden. Und diese schienen mit der inneren Wahrnehmungsfähigkeit in eindrucksvoller kooperativer Verbindung zu stehen. Nur so schien es überhaupt möglich zu sein, emotional und mit allen Sinnen wahlweise in das eine oder andere Thema einzusteigen.

Zufrieden mit meiner Zusammenfassung will ich nun erste Techniken und Übungen für ein fotografisches Lesesystem beschreiben.

 **Wissen kurzgefasst:**

Lesen in der Welt der Bilder

In der Welt der Bilder ist die Arbeitsweise des Gehirns eine ungleich schnellere, ungleich effektivere. Paul Scheele spricht hier nicht nur von einem ganzheitlichen Leseansatz, sondern vor allem auch von fortgeschrittenen Lesestrategien. Zur Erinnerung: Beim Wort-für-Wort-Lesen eines Textes (linkes Gehirn) erfolgt das Lesen in der Regel einmalig, beginnend von der ersten Seite bis zur abschließenden letzten Seite. Hier wird der Lesestoff passiv aufgenommen und während des Lesens verstanden und erinnert. Dabei wird von links nach rechts, oft sehr langsam, immer linear und sequenziell gelesen. In der Regel wird ein und dieselbe Lesegeschwindigkeit für alle Arten von Texten und Büchern verwandt. Durch inneres Mitsprechen des Lesestoffs (vokalisieren) erfolgt Textverständnis und Sinnverstehen über die akustische Wahrnehmung. Es ist eine Arbeitsweise in der Welt der Wörter. Untersuchungen zeigen, dass die durchschnittliche Lesegeschwindigkeit hier bei etwa 220 Wörtern pro Minute liegt. Das Lesen erfolgt induktiv, Schritt für Schritt, linear, Seite für Seite, Lesedetail für Lesedetail.

Im Gegensatz dazu vollzieht sich das Lesen in der Welt der Bilder (Fotolesen) ganzheitlich und unter Einsatz vielfacher Intelligenzen des rechten Gehirns. Der Leseprozess ist deduktiv, vom Ganzen zu den Teilen, vom Erfassen komplexer Themen zum Detail. Die Lesegeschwindigkeit kann je nach Text variiert werden. Bei dem visuellen Leseansatz können verschiedene Lesegeschwindigkeiten erreicht werden. Beim „normalen" visuellen Lesen erfolgt eine Verarbeitung von 300 - 3000 Wörter pro Minute (WpM), beim RapidLesen von 600 -

25000 WpM und beim FotoLesen 25 000 und mehr WpM. Immer ist der Lesevorgang aktiv und von einer konkreten Absicht oder Intention des Leser geleitet. Neben den zu erreichenden Lesezielen, stellt der Leser immer auch persönlich bedeutsame Fragen an den Text. Er liest nur, was für das Leseziel wichtig erscheint. Entspannung und die Fokussierung des Aufmerksamkeitspunktes ermöglichen diese ganzheitlich orientierte Leseweise.

Mit Hilfe dieser beiden Techniken kann der Leser schnell und sicher herausfinden, welche Themen ein Buch präsentiert. Der Klappentext, das Inhaltsverzeichnis, die Aufmachung des Buches, kurze Lesestippvisiten oder auch Abbildungen reichen aus, um das Muster oder die Themen eines Buches in wenigen Minuten ganzheitlich und komplex zu erfassen. Dieser Leseansatz berücksichtigt die Zeit effizient, persönlich bedeutsame Intentionen und Leseziele stehen im Vordergrund und steuern diesen Vorgang. Dabei werden spezifische Fähigkeiten des rechten Gehirns genutzt. Visuelles Lesen zielt auf das Erkennen von Wortmustern und Textideen ab. Ganzheitliche aber auch logisch strukturierende Fähigkeiten des rechten Gehirns scheinen hier eine nicht unerhebliche Rolle zu spielen.

Folgende Techniken spielen bei der Entwicklung fotografischer Lesefähigkeiten eine Rolle:

-

Schritt 1: Mit der Mandarinentechnik die beste Aufmerksamkeit und Konzentration herstellen

Ein Zustand der entspannten Aufmerksamkeit ist der beste Zustand, um zu lesen oder zu lernen. Wenn du, während du liest, entspannt und gleichzeitig konzentriert bist, wird das Lesen schnell und flüssig. Mit einer Entspannungstechnik und mit Hilfe der von Paul Scheele entwickelten Mandarinentechnik kannst du mit Leichtigkeit in solch einen Zustand gelangen. Dazu ist es wichtig, die Aufmerksamkeit auf eine bestimmte Stelle am Kopf zu fixieren. Forscher fanden heraus, dass der ideale Aufmerksamkeitspunkt oberhalb oder hinter dem Kopf liegt. Die **Mandarinen-Technik** hilft diesen besonderen Punkt der Aufmerksamkeit zu finden und beizubehalten.

Anleitung

- Halte eine imaginäre Mandarine in deiner Hand. Nimm die Farbe, das Gewicht, die Oberflächenbeschaffenheit und den Geruch der Mandarine wahr.

- Schließe deine Augen. Positioniere und setze die Mandarine kraft deiner Vorstellung auf einen Bereich über und hinter dem Kopf. Nimm das Gefühl deutlich wahr.

- Stelle dir vor, wie sich dein Sehfeld öffnet und erweitert.

- Öffne deine Augen, während du weiter das Gefühl der Mandarine auf deinem Hinterkopf wahrnimmst. Beginne zu lesen.

Wenn du mit dieser Technik spielst, wirst du bemerken, dass du damit schneller und flüssiger lesen kannst. Deine Fähigkeit, sich auf die Informationen zu konzentrieren, steigt und Lesen wird deutlich entspannter. Darüber hinaus ist es möglich, dass du Zeilen und die Struktur der Buchstaben und Wörter vergrößerst oder mit einer besonderen Tiefenschärfe, vielleicht als dreidimensionales Bild wahrnimmst.

In den ersten Wochen wirst du die Mandarine bewusst auf oder über deinem Hinterkopf platzieren müssen. Wenn sich dieser Vorgang automatisiert hat, sobald du zu lesen beginnst, schwebt die imaginäre Mandarine von selbst an ihren Platz.

Schritt 2: Mit der Fähigkeit der Intention wirksame und Erfolg versprechende Lese- und Lernziele bestimmen

Lege für alle Texte und Bücher, die du liest, zuvor Leseziele fest. Formuliere eine Intention für das, was du mit dem Lese- oder Lernstoff erreichen willst. Das Bestimmen einer Absicht oder eines Leseziels ist jeweils ein rascher Vorgang, um deine Erwartungen an den Lesestoff, den du gerade lesen willst, zum Ausdruck zu bringen.

Für das Formulieren einer Intention oder Absicht könnten folgende Fragen hilfreich sein.

- Weshalb lese ich den Text?
- Welchen Nutzen erwarte ich von dem Lesestoff?
- Wie viele konkrete Details und Fakten will ich wissen?
- Wie viel Zeit bin ich bereit aufzuwenden, um mein Ziel zu erreichen?

Bestimme deine Absicht jedes Mal, wenn du liest. Mache es zu deiner Gewohnheit, auf diese Weise dein Gehirn zu aktivieren und deinen geistigen Fokus zu schärfen. Durch das Bestimmen einer klaren Absicht verstärkst du auch deine Fähigkeit, zu bestimmen, wann und wie dein Geist für dich arbeitet.

Schritt 3: Der Überblick über Texte und Bücher auf der Ebene der äußeren Wahrnehmung

Mit dem Überblick über Texte und Bücher nutzt du eine bedeutende, fortgeschrittene Lesetechnik. Mit Hilfe des Überblicks erfährst du schnell und gezielt, welche Aspekte und Themen eines Buches für dein Ziel und deine Absicht relevant sind, bevor du mit dem Lesen überhaupt beginnst.

Beim Überblick sind die rechte und linke Gehirnhälfte gleichermaßen aktiviert.

Die linke Gehirnhälfte nimmt die für die Absicht und Ziele relevanten Themen eher auf einer nach außen gerichteten Ebene der Wahrnehmung wahr. Auf dieser Ebene stelle dir folgende Frage: Welche Kerngedanken des Buches entsprechen meiner übergeordneten Absicht und meinen Zielen? Nimm dir für etwa 5 - 7 Minuten Zeit, dein Buch auf folgende Bereiche hin zu überprüfen:

- die Titel und Untertitel
- Text auf der vorderen und hinteren Umschlagseite
- Inhaltsverzeichnis
- Erscheinungsdatum
- Stichwortverzeichnis
- Erste und letzte Seite des Buches, bzw. in anderen Texten den ersten und letzten Absatz jedes Abschnitts
- Fett oder kursiv Gedrucktes sowie Kapitelüberschriften und Zwischenüberschriften
- Informationen in Kästen, Abbildungen oder Schaubildern

- Zusammenfassungen, Übersichten oder Verständnisfragen am Ende

- Danach überfliege die Seiten des Textes. Nimm dir Zeit für kurze Lesestippvisiten.

- Fasse die Informationen, die du durch den Überblick gewonnen hast, mental zusammen.

- Für deine Absicht relevante Informationen kannst du auch in Form einer Mindmap möglichst mit farbigen Stiften notieren.

Diese Form des Überblicks erfolgt in der Hauptsache auf der Ebene der äußeren Erfassung eines Textes oder eines Buches. Bei diesem Vorgang sind immer auch logisch strukturierende Anteile des linken Gehirns im Spiel. Die Sprache und der thematische Schwerpunkt des Buches verweisen schnell und sicher darauf, welche Inhalte wichtig und welche eher bedeutungslos sind. Diese Methode ist zeiteffizient und kann auch als wissenschaftliche Technik genutzt werden. Du entscheidest bei diesem Schritt darüber, ob das Buch deiner Intention entspricht und wie hoch der prozentuale Anteil dessen, was dich interessiert, ist.

Schritt 4: Der Überblick auf der Ebene der inneren Wahrnehmung – Die Arbeit der inneren Berater

Parallel kannst du den Überblick auch auf der Ebene der inneren Wahrnehmung durchführen. Dies geschieht in der Hauptsache über die visuellen und intuitiven Fähigkeiten der rechten Gehirnhälfte. Dabei spielen auch emotionale Anteile eine Rolle. Du kannst dich zum Beispiel fragen:

- Spricht mich die Aufmachung des Buches an?

- Steigt die Motivation beim Durchblättern des Buches sowie beim Lesen kurzer Textpassagen?
- Werden meine Neugier und Motivation bei diesem Vorgang weiter entfacht?
- Gefällt mir die Sprache des Buches?

Auf dieser Ebene des inneren Erfassens von Büchern beginnt die Arbeit der „inneren Berater". Du kannst den Begriff „innere Berater" als Metapher nutzen. Es handelt sich hier um intuitive, aber logisch strukturierende und vernetzende Fähigkeiten des rechten Gehirns, die über eine besondere Form der inneren Kommunikation bewusstseinsfähig werden.

Lena drückte solch einen kommunikativen Vorgang einmal folgendermaßen aus:

„Wenn ich mir einen Überblick über ein Buch verschaffe, ist es der konservative Berater, der mit der Arbeit beginnt. Er webt ein großes Muster von den Themen des Buches, die dann wie Perlen oder Tautropfen auf einem Spinnennetz glitzern. Wie in einer großen Mindmap verbindet er zunächst alle Themen zu einem Gesamtbild. Wenn der konservative Berater die Arbeit erledigt hat, tritt er zur Seite und holt den anderen, den intuitiven dazu, damit der sich äußert. Entweder ist er begeistert oder er findet das Buch langweilig. Dies teilt er dem anderen auch gleich unmissverständlich mit. Der intuitive Berater ist sehr ungeduldig. Wenn er keinen Spaß empfindet, lässt er den konservativen Berater alleine zurück. Der muss dann sehen, wie er mit der Situation fertig wird. Wenn der intuitive Berater jedoch fasziniert und voller Begeisterung ist, weil er zum Bespiel eine Romanfigur spannend findet, ist er nicht mehr zu halten. Neugierig und ungeduldig wie ein Kind kann er dann sein und will direkt in das Buch eintauchen. Der intuitive Berater trifft die Entscheidung über die Lesegeschwindigkeit, und ehe der konservative Berater noch was sagen kann, ist er schon in das Buch eingetaucht."

Der innere Beratungsort – Der Wohnsitz der inneren Berater

Unser inneres Bewusstsein oder die rechte Hemisphäre denkt in Bildern und ist über Bilder erreichbar. Die rechte Gehirnhälfte nimmt die für die Absicht und Ziele relevanten Themen immer auf einer nach innen gerichteten Ebene der Wahrnehmung auf. Für die Fixierung der Aufmerksamkeit und Entspannung erhältst du den Zugang zu den nach innen gerichteten Wahrnehmungsfähigkeiten.

Dieser Raum in deinem Inneren kann ein Ort oder auch ein schöner Platz sein, den nur du kennst. Schließe einfach die Augen und lass Bilder kommen über diesen Ort in dir. Über z. B. klassische Musik, kannst du diese Erfahrung noch intensivieren. Wenn du dich tief in den inneren Beratungsort hinein entspannst, beginnt die Arbeit der inneren Berater.

Stelle dir hierzu zwei Berater vor, die die Aufgabe haben, dich bei allen Lese- und Lernprozessen zu unterstützen. Bitte dein inneres Bewusstsein, dass die beiden Berater mit ganz unterschiedlichen Fähigkeiten und Verhaltensweisen ausgestattet werden sollen.

Es könnte ein konservativer und ein intuitiver Berater sein. Denkbar wäre aber auch ein spielerischer und ein geistiger Berater. Stelle dir die inneren Berater vor. Welche Ideen und Bilder bekommst du zu deinen inneren Beratern?

Begib dich dann Kraft deiner Vorstellung mit deinen inneren Beratern zu deinem inneren Beratungsort. Teile dort deinen Beratern deine Leseziele, aber auch deine Fragen zum Buch oder den Büchern mit.

Gehe in einem nächsten Schritt in Kontakt zu deinem Buch:

- Lass die Augen über die Seiten fliegen.
- Achte auf Wörter oder Satzteile, die spontan auffallen und wichtig erscheinen, schreibe sie auf.

Achte bei diesem Schritt auch auf innere Bilder und Farben. Notiere sie ebenfalls, mental oder auf einer Gedankenkarte. Im Training deiner Intuition wird sich die äußere Verarbeitungsebene immer mehr in Richtung einer inneren Wahrnehmung- und Verarbeitungsebene verschieben.

Um schrittweise die Arbeit mit den inneren Beratern aufzubauen und zu integrieren, führe folgende Übungen durch.

Übungen zur Stärkung der inneren Fähigkeiten

Den inneren Kritiker bewusst wahrnehmen

Jeder von uns verfügt über einen "inneren Kritiker". Er ist derjenige, der immer wieder deine Träume mit der Realität abgleicht. Manchmal kommt es vor, dass der innere Kritiker überstark und mächtig wird.

Vorzugsweise kann dies in anstrengenden Klausur- und Prüfungsphasen passieren. Den destruktiven inneren Kritiker erkennst du an negativen Gedanken. „Das funktioniert nicht, das kann ich nicht, das schaffe ich nicht." So oder ähnlich könnte er sich anhören.

Wenn dein innerer Kritiker so spricht, setze dich mit ihm auseinander. Er soll sachliche Argumente liefern. Gegebenenfalls verändere deine Ziele. Situativ kannst du aber auch die negativen Bedenken anerkennen und sie dann in positiv formulierte Gedanken verändern. Nimm dabei auch die Gefühle wahr, die beim Aussprechen und Formulieren positiver Sätze entstehen.

Den inneren Träumer kennen lernen

Von William Shakespeare stammt der Ausspruch: "Unsere Zweifel sind Verräter am Guten, das wir oft erringen könnten, wenn wir den Versuch nicht fürchten würden!" Jeder von uns verfügt auch über einen inneren Träumer. Er ist genauso wichtig wie unser innerer Kritiker, denn ohne den Mut, das Unvorstellbare zu träumen, lassen sich keine großen Ziele verwirklichen.

Träume von Fähigkeiten und Eigenschaften, die dich glücklich machen, träume von Zielen und Projekten. - Das Träumen verleiht dir Kraft und stärkt deinen Mut.

Mit dem inneren Realisten bewusst zusammenarbeiten

Der Realist in uns ist der Teil, der einen Sinn fürs Praktische hat. Er weiß, was machbar ist und was nicht. In unserem inneren Bewusstsein sind viele Bilder für das Realistische gespeichert:

Situationen, die wir absolut korrekt eingeschätzt haben. Aber auch Erfahrungen, bei denen wir etwas ganz konkret "machbar gemacht" haben. Mit deinem inneren Realisten nimm Kontakt auf, indem du dir einige dieser Erfahrungen vergegenwärtigst und dich gedanklich noch einmal in diese Situationen begibst. Von deinem inneren Realisten kannst du immer wieder erfahren, wie realistisch deine Träume sind und wie zutreffend oder unzutreffend deine Selbstkritik ist.

Die Walt-Disney-Strategie

Mit guten Strategien wie der folgenden begründete Walt Disney sein Imperium:

1. Erinnere dich an eine Zeit, in der du voller Träume und Hoffnungen warst. So kommst du in Kontakt mit deinem inneren Träumer. Bitte dann dein inneres Bewusstsein, ein Sinnbild für einen Wunschtraum aufsteigen zu lassen.

2. Erinnere dich an eine Zeit, in der du sehr kritisch warst und zu Recht Luftschlösser angegriffen hast. So kommst du in Kontakt mit deinem inneren Kritiker. Bitte ihn, die drei wichtigsten Gegenargumente für deinen Wunschtraum zu präsentieren.

3. Vergegenwärtige dir eine Zeit, in der du sehr realistisch warst. Betrachte aus dieser Perspektive deinen Wunschtraum und die Gegenargumente. Verändere den Wunschtraum eventuell und gib ihn wieder zurück an den inneren Träumer.

4. Lasse deinen Wunschtraum so lange durch die drei inneren Instanzen kreisen, bis du eine realistische Vision und Wege gefunden hast, ihn zu realisieren.

Eröffnung ungeahnter Möglichkeiten – Bücher, ein Regisseur und die inneren Wahrnehmungsfähigkeiten

Zögernd schloss ich Blakeslees Buch über das rechte Gehirn. Blakeslees Forschungen bewiesen eine eigene, völlig unterschiedliche Denkweise der beiden Hemisphären. In der Fortsetzung seines Buches widerlegte er die Theorie des rechten Gehirns als ‚unbewussten Geist' und sagte in diesem Zusammenhang, dass jede Hemisphäre auf ihre Art und Weise denken, fühlen und sich erinnern könne, jedoch nur die linke in der Lage sei, das Bewusstsein ihrer eigenen Gedanken in Worten auszudrücken.

Meine Gedanken schweiften ab. Wie also gab die rechte Hemisphäre ihr Wissen preis? Gleich würde Lena kommen. Zum Glück hatte ich es geschafft, die Theorie zum Fotolesen zu entwickeln. Lena würde sich freuen. Damit sollte es gleich weitergehen. Kamera an - das Abfotografieren von Büchern, dieser schon oftmals von Lena durchgeführte Vorgang würde das Hauptthema unseres heutigen Treffens sein. Nachdenklich schaute ich auf das Cover von Blakeslees Buch, das die beiden Gehirnhälften in einem Schema abbildete.

Natürlich wussten wir, dass dem rechten Gehirn im Wesentlichen kreative, vor allem visuelle und intuitive Fähigkeiten zugeordnet wurden – hatten wir doch die Unterschiede zwischen linkem und rechtem Gehirn für den fotografischen Leseprozess deutlich herausgearbeitet. Doch wie arbeiteten die visuellen und intuitiven Intelligenzen beim Fotografieren der Textseiten? Wie funktionierte das automatisch wirkende Verwandeln von Textmustern in innere Bilder beziehungsweise innere Filme? Welche Rolle spielten bei diesem Vorgang die inneren Berater? Gaben sie weitere neue Erkenntnisse über die Arbeitsweise des rechten Gehirns preis? Stand dem rechten Gehirn etwa eine automatische Textübersetzungsfunktion zur Verfügung? Leider fanden sich in Blakeslees Buch hierzu keinerlei Textaussagen.

Mein Blick wanderte durch den Raum, zu Scheeles Werk über das PhotoReading. Eigentlich hatte ich erwartet, dass zumindest dieser Autor über den Verarbeitungsprozess des Fotografierens von Textseiten aufschlussreiche Aussagen machen würde. Schließlich behauptete Scheele, dass beim Fotografieren von Büchern 25 000 Wörter pro Minute mental aufgenommen und verarbeitet werden können. Doch etwas enttäuscht stellte ich fest, dass selbst Scheele diesen Vorgang nicht näher beschrieb. Er ging lediglich auf die Technik ein. Als Voraussetzung führte er den für das Fotografieren so bedeutsamen hellwachen Entspannungszustand und den FotoFokus, diesen besonderen Blick, an, von dem auch Lena schon so begeistert erzählt hatte.

Begann hier unsere eigene Forschung? Zunächst durch Beobachtung und Beschreibung? Das mentale Fotografieren von 25 000 Wörtern pro Minute, eine ungeheure Aussage einen mentalen Verarbeitungsvorgang – doch warum subliminal, also vorbewusst, wie Scheele es ausdrückte? Ich dachte an Lena, aber auch an die Kinder und Jugendlichen, die hierher ins Institut kamen. Vor einigen Tagen hatte ich Moritz, zehn Jahre alt, kennengelernt. Auch Moritz konnte fotografisch lesen. Für den Lesetest hatte er einen Fantasieroman mitgebracht und mich mit seiner Lesegeschwindigkeit und der nachfolgenden Detailgenauigkeit bei der Textwiedergabe ebenfalls (wie bei den anderen Schülern auch) sehr erstaunt. Auch Moritz dachte in farbigen bunten Bildern und als ich ihn fragte, ob er erzählen könne, was da beim Fotografieren im Gehirn passiert, erhielt ich folgende prompte Antwort:

„Es gibt zwei Kammern, die mit einer Tür in der Mitte verbunden sind. In der linken Kammer wird beim Lesen eine Klappe geöffnet. Hier fragt eine Stimme: Gibt es Informationen? No, No, No! Anschließend öffnet sich die Tür zur rechten Kammer und die Stimme fragt: Gibt es hier Informationen? Yes, yes, yes! Dann wird ein Karton in diese Kammer geschickt; der Karton wird gefüllt, zugeklebt und ab geht die Post, also abgeschickt. Dieser wird zu kleinen Männchen geschickt; die die Aufgabe haben, alle Informationen einzusammeln, um damit später noch was anzufangen. Das war die Aufnahme. Danach wandeln die kleinen Männchen all die wichtigen Wörter von einer Buchseite in Filme um. Ich weiß sehr schnell, was dann auf dieser Seite steht. Das ganze macht ziemlich viel Spaß."

Die klare einfache Antwort eines Zehnjährigen, der intuitiv und völlig selbstverständlich fotografisch las. Doch was bedeutete sie? Warum fand sich in der Literatur keinerlei systematische Beschreibung dieses Vorgangs?

Natürlich hatte ich in der Frage recherchiert und war auf eine interessante Quelle aus den 70er Jahren gestoßen. Sie stammte aus dem Institut für Dynamisches Lesen in Frankfurt am Main. Evelyn Wood, eine frühere Lehrerin aus Utah in den USA, arbeitete in diesem Institut. Dem war eine Geschichte vorausgegangen. Jahre vorher hatte sie hier eine beeindruckende Erfahrung mit den Lesefähigkeiten des Gehirns und den Verarbeitungsmöglichkeiten des menschlichen Bewusstseins gemacht. Damals ging es um ihre Diplomarbeit; diese legte sie Professor Lowell, ihrem damaligen Lehrer vor. Das Skript von etwa 80 Seiten hatte dieser zu ihrem Erstaunen in wenigen Minuten gelesen. Anschließend begann er sofort mit der Diskussion. Fasziniert von dieser Fähigkeit, beschäftigte sich Evelyn Wood fortan mit diesem Thema. Innerhalb eines Zeitraumes von zwölf Jahren erarbeitete sie eine Methode, die sie dynamisches Lesen nannte, nach der die Techniken regelrecht erlernt werden konnten. Jahre später verließ sie das Institut, um zurück in die USA zu gehen. Seltsam ist, dass es heute in allen Recherchen über Evelyn Wood keinerlei Hinweise mehr zu den Techniken des Dynamischen Lesens gibt. Das gesamte Technik- und Methodenrepertoire, von einem Tag auf den anderen verschwunden?

Das Läuten der Klingel riss mich aus meinen Gedanken. Kurze Zeit später betrat Lena mit einem sicherlich 400 Seiten starken Buch unseren Arbeitsraum.

„Endlich habe ich ihn – den zweiten Band der Fantasytrilogie", sagte sie und hielt mir das Cover des Buches entgegen.

Lena wirkte fröhlich, fast ein wenig gelöst. Mit Max wurde es in der Schule immer besser. Das Gespräch mit seiner Französischlehrerin war erfolgreich verlaufen. Außerdem beteiligte er sich in ihrem Unterricht besser und hatte sogar im Vokabeltest eine Drei geschrieben. Das machte sich auch bei Lena bemerkbar. Sie ließ sich geräuschvoll in den großen, breiten Ohrensessel fallen.

„Ich habe es noch nicht geschafft, darin zu lesen, aber was ist los mit dir?" Lena hatte meinen Blick eingefangen. „Dir steht die Nachdenklichkeit ja ins Gesicht geschrieben."

Ich erzählte Lena von Evelyn Wood und dem verloren gegangenen Technik- und Methodenrepertoire zum dynamischen Lesen.

„Und?" Lena wirkte etwas verunsichert, „ist tatsächlich zu keinem Zeitpunkt mehr darüber berichtet worden?"

Ich zuckte die Schultern. „Soweit ich es weiß, nicht, jedenfalls nicht über die Forschungen von Evelyn Wood – doch über die Gründe dazu, lässt sich sicherlich nur spekulieren", entgegnete ich.

„Weißt du denn, ob jemand über Vergleichbares berichtet hat", fragte Lena forschend.

„Doch! 1987 schrieb Margret Schilling im Magazin Stern über eine vergleichbare Methode des Schnelllesens. Es handelte sich um eine Studie aus Japan. Eine junge Japanerin hatte dort ein etwa 200 Seiten umfassendes Buch in 60 Sekunden gelesen. Kurz danach begann sie, den Inhalt des Buches vorzutragen. Allerdings sei die Methode nicht in Japan entwickelt worden, berichtete Schilling weiter. Sie soll aus Korea stammen. Ein ehemaliger japanischer Journalist lernte sie dort und übertrug sie anschließend ins Japanische."

„Schrieb die Journalistin etwas darüber, wie die Japanerin zu solch einem Ergebnis kam?"

„Ja, doch nur eine kurze Passage verwies darauf. In dem Beitrag hieß es, dass die Japaner Meditationstechniken nutzten, um völlig abzuschalten und sich in tiefe Entspannung zu versetzen. Das machte sie für die Verarbeitung von Wissen extrem aufnahme- und leistungsfähig."

Lena nickte bestätigend. „Das zeigen ja auch unsere Ergebnisse und ich selber weiß aus meinen vielen Leseerlebnissen, dass die Entspannung sicherlich mit die bedeutsamste Voraussetzung ist, um zu diesen Ergebnissen im Lesen zu kommen. Mit Entspannung und diesem besonderen Blick, komme ich außerdem in Kontakt zu meinen beiden inneren Beratern und los geht's mit dem fotografischen Lesen."

Die inneren Berater. Das war das Stichwort. Ich erzählte Lena kurz von Moritz' Darstellung über die Informationsverarbeitung beim Lesen. Ich hielt einen Moment inne und deutete auf Scheeles Buch zum PhotoReading.

„Er sagt, das Gehirn könne 25000 Wörter pro Minute vorbewusst verarbeiten. Nirgendwo nutzt er die Metapher der ‚inneren Berater' bei der beschleunigten Aufnahme von Informationen – entsprechend geht er auch nicht auf die intuitiven und emotionalen Intelligenzen ein, geschweige denn darauf, wie es möglich ist, beim Lesen eines Fantasyromans das Salzwasser zu schmecken und die Temperatur zu spüren.

Lena lächelte stillvergnügt. Hatte sie meine Fragen überhaupt gehört? Es schien mir, als sei sie in eine andere Welt abgetaucht.

Ich schaute auf das Buch in Lenas Händen: „Der Muschelmagier". Dass Lena beim Lesen sogar die Temperatur des Wassers wahrnahm und das Salz schmeckte, die Gedanken und Gefühle der Figuren erlebte, das alles gleichzeitig – erstaunlich – wie erklärten sich diese Fähigkeiten? Ich wusste, ich hatte schon einmal etwas über derartige Fähigkeiten gehört, allerdings nicht im Zusammenhang mit dem Lesen. Mir schwebte ein längerer Text vor, in dem es um menschliche Wahrnehmungsphänomene ging. Stück für Stück schob sich der Text in meine Erinnerung. Der Autor war auf den Begriff des ‚Sensus communis' gestoßen, menschliche Wahrnehmungsphänomene, die er bis in die Antike zurückverfolgte.

Hierbei handelt es sich um eine dem Menschen innewohnende, ganzheitliche Sinneswahrnehmung, die in der Lage ist, alle von den fünf Sinnen gewonnenen Daten zu sammeln und zueinander in Beziehung zu setzen.

Später wurde daraus die Fähigkeit zur Synästhesie hergeleitet – die Fähigkeit der gleichzeitigen Wahrnehmung verschiedener Phänomene. Ein synästhetisch wahrnehmender Mensch kann beim Sehen von Farben gleichzeitig auch den Klang der Farben spüren. Synästhesie ist eine alle Sinne verbindende Wahrnehmung, und das Erfassen der Dinge geschieht hierbei auf einer tieferen Ebene der Wirklichkeit. Diese Wahrnehmungsfähigkeit entspringt einer allen Menschen zur Verfügung stehenden ganzheitlichen Wahrnehmungsebene. Wie bei Lena, dachte ich – auch ist die magische Phase bei Kindern geprägt von einer sehr ganzheitlichen Wahrnehmung der Wirklichkeit. Ihnen bleiben die Sterne der Nacht auch tagsüber nicht verborgen. Erst kürzlich erzählten mir Eltern, wie eines ihrer Kinder beim Abendessen sagte: „Mama, nimm bitte einen anderen Stuhl, hier sitzt ein Geist." Äußerungen, die bei Kindern etwa bis zum sechsten Lebensjahr keine Seltenheit darstellen. Erst mit Beginn des Schulalters nehmen diese Fähigkeiten in der Regel rapide ab.

„Ich nehme beim Lesen alles parallel wahr. Ich war gerade in einer kurzen Szene mit Jolly, – ich besuchte mit ihr den Heshermetischen Holzwurm. Du musst wissen, um den steht es nicht so gut. Er bewohnt ein Haus im Dichterviertel in der Seesternstadt. Dort gab es wunderbares elfenbeinanmutendes Material, eine Bausubstanz, die ich noch nie gesehen habe, sie fühlte sich wunderbar an….."

„Lena", unterbrach ich sie. Sie war schon wieder in der Geschichte verschwunden. „Ja?"

Sie schaute mich jetzt direkt an. In ihrem Gesicht lag wieder dieses hintergründige Lächeln. Ich wusste, wie sehr Lena es genoss, wenn sie in die Fantasiewelt ihrer Romanfiguren eintauchen konnte.

„Es ist nicht ganz einfach zu erklären", sagte sie. Ich nickte. „Die Beispiele aus der Geschichte sind gut, aber bleibe hier, in der Beobachterperspektive – wegen der ‚Theorie'."

Lena nickte etwas gequält, aber ich wusste, sie wollte mir helfen.

„Es sind sehr vielschichtige Vorgänge, die vollständig synchron, also parallel ablaufen. Ich bin beim Lesen in die gesamte Handlung involviert. Wenn ich emotional so stark berührt werde, dass ich aus dem Buch auftauchen muss – zum Beispiel, wenn die Spannung zu intensiv wird – dann ..."

Lena überlegte einen Augenblick, „... trete ich auch sehr gern aus der gesamten Handlung zurück – das ist dann so, als wäre ich in der Position eines Regisseurs, der das Spiel der Figuren beobachtet – also, wenn die Spannung zu intensiv wird, nutze ich die Position des Regisseurs, um mich wieder von den Gefühlen zu lösen. So habe ich die Wahl, die handelnden Figuren eines Buches wie ein Zuschauer nur zu beobachten – wie es jetzt ja auch tue ..." Lena warf mir einen heiteren Blick zu „... oder eben empathisch durch emotionales Eintauchen, um ihre Welt zu in allen Facetten zu erleben."

Wieder huschte dieser sehnsuchtsvolle Blick über Lenas Gesicht.

„Je nachdem wie die Handlung verläuft, wechseln sich hier Beobachtung und Wahrnehmung ab. Ich bin sogar in der Lage, beide Positionen gleichzeitig einzunehmen. Manchmal nehme ich sie tatsächlich gleichzeitig wahr."

Sie hob ihren Kopf und schaute mich jetzt forschend an, als wolle sie sich vergewissern, wie ich diese Informationen aufnehme.

„Ich weiß, dass es möglich ist, Lena."

„Ja." Auch Lena nickte noch einmal bestätigend.

„Viel schwieriger ist es" sagte ich, „dieses Wissen zu vermitteln und zu beschreiben und in eine Theorie einzubinden, aus der sich dann auch Methoden und Techniken hervorgehen können. Schau mal her." Ich griff zu Blättern Papier, auf denen ich gestern die ersten kurzen Texte und Erläuterungen sowie Übungen zum Erlernen der fotografischen Lesefähigkeiten notiert hatte.

„Hast du etwa ...?" Ich nickte schmunzelnd.

„Es ist ein erster Versuch. Als du gestern Abend weg warst, ließ mich der Gedanke an die Theorie einfach nicht los. Da habe ich die Ideen dazu noch schnell aufgeschrieben."

„Das hätte ich mir wohl denken können – du bist unverbesserlich. Darf ich?", fragte Lena, und da ihr klar war, dass ich nur auf diese Frage gewartet hatte, tauchte sie direkt in die Texte ein. Was sie wohl zu ihnen sagen würde?

„Das ist eine gute Idee, die äußeren und inneren Wahrnehmungsebenen getrennt zu beschreiben. Damit wird klar, wie unterschiedlich die beiden Gehirnhälften arbeiten." Lena schaute zu mir herüber. „... und die Arbeit der inneren Berater – die hast du sehr treffend beschrieben – vielleicht verstehen die Lehrer jetzt endlich, wie Bücher ‚anders' verarbeitet werden können." „Ich denke auch, dass das eine gute Systematisierungsmöglichkeit ist."

Ich dachte an das Schulsystem – würden wir es schaffen, das Thema in den Brennpunkt zu rücken? Schnell stellte ich den Gedanken wieder zur Seite. Jetzt war es noch zu früh, darüber nachzudenken.

„Beim nächsten Schritt, beim FotoLesen nimmt die Arbeit der inneren Berater weiter zu, ihre Fähigkeiten treten noch stärker in den Vordergrund."

Lena strahlte. Ich spürte, dass sie mit dieser Art der Theoriebildung einverstanden war. Das Beschreiben dieser besonderen Lesefähigkeiten, dass Lena sie schwarz auf weiß nachlesen konnte, hatte ihre Wirkung auf sie nicht verfehlt.

„Lena, ich bin sehr neugierig auf die weiteren Fähigkeiten der ‚inneren Berater'."

Ich überlegte einen Augenblick.

„Nach dem System von Scheele wären wir jetzt beim dritten Schritt, dem eigentlichen FotoLesen, angelangt. Scheele unterteilt diesen Schritt nochmals in sechs Einzelschritte:

1. Vorbereitung zum PhotoReading,
2. in den Alpha-Zustand gelangen,
3. Affirmieren von Konzentration, Wirkung und Absicht,
4. in den FotoFokus gehen,
5. Bewahren eines gleichmäßigen Zustandes während des FotoLesens,
6. Abschluss.

„Hm, ich weiß nicht, sagt Scheele überhaupt etwas zu den inneren Prozessen, die beim fotografischen Lesen ablaufen?"

„Einen Augenblick", unterbrach ich sie. „Warte noch ein paar Informationen ab, bevor wir darüber sprechen."

Gerade hatte ich die Seite zum dritten Schritt, dem ‚PhotoReading', in Scheeles Buch aufgeschlagen.

„Ich versuche, mich kurz zu fassen."

Lena lachte und winkte ab. Das deutete ich als Einverständnis, mir noch etwas zuzuhören.

„Also", legte ich los, „nach Scheele ist der ‚PhotoReading' Schritt – worunter er das mentale Fotografieren von Büchern mit einer Geschwindigkeit von etwa einer Seite pro Sekunde versteht – der bedeutendste und kraftvollste Schritt im PhotoReading-System. Er aktiviert am stärksten das rechte Gehirn und muss angewandt werden. FotoLesen nutzt die natürliche Fähigkeit des Gehirns, Informationen auf einer vorbewussten Ebene umzusetzen. Denjenigen, die loslassen und ihrem inneren Bewusstsein vertrauen, verschafft dieser Schritt eine phänomenale Gelegenheit, das wahre Potenzial des Gehirns, Informationen zu verarbeiten, zu entdecken. Die größten Sprünge bei der Entwicklung von Informationsverarbeitungsfertigkeiten schreibt Scheele diesem Schritt zu. Dabei soll die Technik nicht geübt, sondern ganz einfach angewandt werden."

Lena und ich schauten uns an.

„Er schreibt so gut wie nichts, über den inneren Prozess, der beim Fotografieren der Textseiten abläuft", sagte Lena streng.

„Genau, das ist auch mir aufgefallen. Darum geht es. Mein Eindruck ist, dass Scheele den Leser bei diesem Schritt etwas ratlos zurücklässt. Diese sechs Schritte beschreiben lediglich die Technik des Fotografierens von Texten."

„Fangen wir jetzt an", drängte Lena etwas ungeduldig.

„Gut. Wir brauchen zunächst ein paar Leitfragen, nämlich, wie es möglich ist, ganze Bücher in wenigen Minuten mental zu fotografieren, und natürlich bin ich sehr neugierig auf die weiteren Fähigkeiten der inneren Berater. Ich bin gespannt, wie sie den Prozess des Fotografierens von Textseiten steuern."

Lena war zufrieden. Sie hatte schon wieder nach dem neuen Band der Fantasytrilogie, die Muschelmagier, gegriffen.

Kamera an – Das Fotografieren der Bücher

Lena begann in den Seiten zu blättern. Ich wurde Zeugin eines Vorgangs, den ich als kognitive Entspannung bezeichnen würde. Das schöne deutsche Verb ‚sinnen' fiel mir ein. Nachdem sie an die siebzig Seiten im ruhigen Rhythmus so durchgegangen war, setzte sie an, den Vorgang zu beschreiben:

„Der konservative Berater, der mit der großen Kamera, macht die Fotos von den einzelnen Textseiten. Das geht sehr schnell. Ich spüre intuitiv, wann er fertig ist. Es ist, als würde er dann zur Seite treten. Er fordert den anderen auf, dazuzukommen. In dem Moment schauen sie gemeinsam auf die Seite. Dies ist ein großer Moment von Zusammenarbeit und ein Gefühl, dass die Themen sich vernetzen. Hier ist der Moment, in dem das Gesamtbild entsteht. Die Textseite ist wie eine Blaupause abfotografiert.

Dann kommt der andere Berater und stellt Fragen: ‚Wo sind die Absätze? Ist hier etwas Besonderes drin?' Bei diesen Fragen leuchten wichtige Wörter auf, die die Wissensinformation tragen. Dann entstehen die Bilder; erst einfache, dann bunte. Das ist ein Zusammenspiel der beiden Berater.

Wenn die leuchtenden Wörter zu Bildern oder Szenen werden, entsteht wieder ein intensives Gefühl von Harmonie. Das ist die Aufforderung, zur nächsten Seite zu gehen. Bei emotional anregenden Texten, wie hier beim Muschelmagier, fege ich mit den Derwischen durch die tiefblaue See, reite mit den Seepferdreitern durch die Seesternstadt, spreche mit den Wächtern des Mahlstroms – das Erleben der Gedanken, der Gefühle und aller inneren Wahrnehmungsfähigkeiten gehören dazu.

Ich muss sagen, der eine, der intuitive Berater, ist ein richtiger Genussmensch, ein Redner, ein Entertainer, er ist der Emotionale. Der andere hat den Überblick, ist wie ein guter Freund. Er steht im Hintergrund und beobachtet die Szenen."

Gebannt hatte ich Lena zugehört.

„Das ist sehr beeindruckend und aufregend, Lena. Es sieht so aus, als verfüge das rechte Gehirn über eine automatische Textübersetzungsfähigkeit, die von den beiden inneren Beratern gesteuert wird und die es ermöglicht, blitzschnell große Textmengen zu inneren Bildern und Filmen zu verarbeiten. Täusche ich mich, dass die entstehenden inneren Filme von einer hochemotionalen Qualität sind?"

„Sie entstehen unter meiner Regie."

Lena sagte das mit lächelndem Ernst. Unsere Blicke hielten sich fest.

„Weil du es beabsichtigst – ist es so, Lena? Ist es eine Frage der Absicht, der Intention? Steuert sie diesen Prozess?"

Lena erfasste mit Daumen und Zeigefinger die Nasenwurzel und schloss die Augen.

„Ja. Allerdings ...", sie suchte nach dem richtigen Wort, „nicht so klar bewusst, sondern mehr, wie soll ich sagen, ganzheitlich-überschauend-aktiv. Ich fühle mich bei diesem schnellen Lesen wie ein Regisseur, der entweder das gesamte Geschehen beobachtet oder emotional, mit allen Sinnen in die Handlung einsteigt. Über die Identifikation mit den Protagonisten, ob Fabelwesen oder Muschelmagier, ist alles möglich. Der Vorhang öffnet sich und ich tauche mit allen Sinnen ein, in ihre Zauberwelten."

„Das ist wiederum der Zustand des ‚Flow-State', der vollkommenen Verschmelzung mit dem Lesestoff." Wie von selbst kamen diese Worte über meine Lippen, dabei wollte ich Lenas Redefluss keinesfalls unterbrechen. „Wir haben im Zusammenhang mit dem Aufmerksamkeitspunkt schon einmal darüber gesprochen. Erinnerst du dich?"

„Über den Aufmerksamkeitspunkt kann ich die Erfahrungen noch intensivieren." Fast flüsterte Lena die Worte, und wieder, wie schon ein oder zweimal zuvor, strahlte ihr Gesicht eine große Klarheit und Offenheit aus.

Lenas Muschelmagier, ihre Verarbeitungsfähigkeiten. Ich suchte nach einem Bild, besser nach einem Vergleich für Lenas innere Wahrnehmung – die Stilmerkmale literarischer Werke fielen mir ein.

„Lena, was hältst du davon ... Die Fähigkeiten des konservativen und des intuitiven Beraters erinnern mich an ein Stilelement epischer Texte, in denen der Erzähler eine vom Autor erfundene Figur ist, die zur Welt der erzählten Geschichten gehört. Dabei kann der Erzähler eine allwissende, also auktoriale, personale oder neutrale Rolle einnehmen. Ist das nicht ein guter Vergleich?"

„Wunderbar. Dann bin ich der Schöpfer des inneren Autors einer äußeren gelesenen Geschichte, die sich innerlich abspielt." Diese etwas sarkastische Bemerkung zeigte mir ihre Ungeduld damit, ihre inneren Gewissheiten so umständlich analysiert zu finden. Ich konnte dieser Logik nicht so schnell folgen, wertete es aber als Zustimmung und fuhr unbeirrt fort.

„Und das verdankst du einem Beraterstab mit erstaunlichen Fähigkeiten. Wenn ich die beiden inneren Berater jetzt auf epische Texte übertrage, nimmt der konservative Berater die allwissende Position ein. Aus dieser Position kannst du als Leserin den Erzählvorgang und die Handlung beobachten. Gleichzeitig erschließen sich dir der Gegenstand der Erzählung, die Handlungsweisen einzelner Figuren, ihre Dialoge, inneren Monologe und die Kommentare des Erzählers. Dies alles geschieht in Verbindung und im Austausch mit dem konservativen inneren Berater, der die Themen des gesamten Buches vollständig im Blick hat. Er ist immer distanziert, er fotografiert, sortiert, speichert und vernetzt das Wissen – ist das nicht eine fantastische rechtshemisphärische Registratur?"

Lena schluckte. „Formulierst du gerade die Theorie?"

„Moment. Ich habe den intuitiven Berater noch nicht ins Spiel gebracht: subjektiv, emotional, sich identifizierend, über alle inneren

Sinne wahrnehmend, der Künstler, der Ungeduldige, der Synästhesist und der personale Erzähler.

Über die innere Kommunikation mit ihm kannst du als Leserin in die fantastischen Welten, in die Gefühle und Gedanken der handelnden Figuren eintauchen, mit allen nur denkbaren Verschiebungen der Perspektive. Die Perspektive des Überblicks über ein Buch – konservativer Berater – lässt sich verschieben auf die Sicht einer handelnden Figur – über den intuitiver Berater. Unendliche Wahlmöglichkeiten der Aufnahme von Wissen und Informationen tun sich hier auf."

Ich atmete tief durch und schaute zu Lena. „Und du bist der Regisseur des Ganzen. Es ist alles eine Frage der Intention, ist es so?"

„Schön, dass ich auch mal gefragt werde. Aber ja, so ist es."

Sie lächelte zustimmend und versöhnt mit meinen theoretischen Ausschweifungen. Ich dachte an Scheeles dritten Einzelschritt, das Affirmieren von Konzentration, Wirkung und Absicht. Kannte Scheele diese inneren Zusammenhänge bei der fotografischen Aufnahme von Texten? Kannte er die wirkliche Bedeutung der Intention? Sein Buch ließ diese Frage leider offen.

„… und die neutrale Erzählperspektive?" Lena zeigte mit ausgestrecktem Arm auf die Fachbücher unserer wissenschaftlichen Runde. Zu jedem Treffen hatten wir diese Ideenträger erneut auf ihre Plätze gestellt, hochkant positioniert auf Stühle, die in Kreisform um uns herum standen – ein sich selbst erklärendes Ritual, sie gehörten zu diesen Treffen einfach dazu.

„Die neutrale Erzählperspektive spielt beim Lesen von Sach- und Fachtexten oder Fachbüchern eine besondere Rolle. Hier ist die Kooperation und Arbeitsweise der beiden inneren Berater eine andere. Sie variieren ihre Techniken. Es ist ganz einfach."

Lena lachte vergnügt. „Einfach? Ich höre."

„Auf diese Perspektive kommen wir noch zu sprechen, beim vierten und fünften Schritt, wenn es um die Aktivierung der fotogelesenen Bücher geht. Doch zunächst sollten wir noch einmal auf die weiteren Einzelschritte des ‚PhotoReading' schauen. Welche Rolle spielt dieser besondere Blick, der ‚FotoFokus'?", fragte ich.

„Mal sehen, was Scheele hierzu schreibt." Lena öffnete das Buch. „Hier, er schreibt, der ‚FotoFokus' verwende den Sehsinn, um visuelle Informationen direkt ins Unterbewusstsein zu übertragen. Über diese Aussage werden wir wohl noch sprechen müssen", murmelte Lena.

Sie überflog weitere Textpassagen.

„Hier: Über den FotoFokus sei es möglich, nicht mehr nur einzelne Wörter, Zeilen oder Wortgruppen beim Lesen aufzunehmen, sondern die Buchseite als Ganzes. Das ermöglicht der sogenannte ‚weiche Blick', eine neue Weise zu schauen."

Lena schaute auf. „Dieser besondere Blick ... ist mir sehr vertraut. Das Erlebnis mit der alten Penduluhr, damals, im Studierzimmer meines Vaters. Ich kann mich noch gut daran erinnern, als es das erste Mal passierte. Mein Chemiebuch lag aufgeschlagen auf dem Schreibtisch, ich wartete darauf, dass mein Vater die Tür öffnen würde, um mich in Chemie abzufragen. Ich war wohl schon etwas müde, und so träumte ich wohl in das Buch hinein, als auf einmal einzelne chemische Formel aus dem Text herauszutreten begannen – heute ist mir klar: Je tiefer ich mich entspanne, umso intensiver nehme ich die dreidimensionale Struktur solcher Wörter auf den Buchseiten wahr und umso stärker beginnen darin einzelne Wörter zu leuchten. Von da an experimentierte ich mit den Büchern, vor allem mit dieser Art von Literatur."

Sie zeigte mit ausladender Gebärde auf den „Muschelmagier".

„Wie zufällig", fuhr Lena fort, „überflog ich einmal mit hoher Geschwindigkeit die Seiten eines solchen Jugendbuches. Ich weiß noch, wie in dem Text einzelne Wörter besonders hell hervortraten. Da merkte ich das erste Mal, dass es sich um eine besondere Gruppe von Wörtern, nämlich um Nomen handelte. Viele von ihnen enthielten wie Schlüsselbegriffe komplexe Informationen, oft sogar die gesamte Information der Textseite. Nachdem ich sie ‚gesehen' hatte, verwandelten sie sich zu inneren Bildern. Aus ihnen wurden kleine Szenen, je nach Text aber auch ganze Filme. In dieser Zeit des Experimentierens entdeckte ich immer mehr dieser Fähigkeiten. Einmal hatte ich es mit einem Buch, ganz ohne Überschriften zu tun, die einzelnen Kapitel waren nur an Zahlen zu erkennen. Zu meiner Überraschung leuchteten die einzelnen Wörter diesmal mit ganz unterschiedlicher Leuchtkraft aus dem Text heraus – normalerweise leuchteten sie gleichstark. Dabei machte ich eine interessante Entdeckung. Die Wörter mit der stärksten Leuchtkraft eigneten sich immer für eine Kapitelüberschrift. Über diese Wörter erfasste ich augenblicklich, welches Thema in den jeweiligen Kapiteln die bedeutsamste Rolle spielte. So erhielt jedes Kapitel direkt eine ganz eigene Überschrift; sie formulierte sich ganz von selbst.

Später, mit Beginn der Ausbildung, als ich von zuhause ausgezogen war, war es das erste Mal, dass ich woanders lernte. Die alte Pendeluhr fehlte mir sehr. Doch schnell machte ich eine neue Erfahrung, ein ganz normaler Wecker reichte auch aus, um die Entspannung und diesen besonderen Blick herzustellen. Heute brauche ich selbst das nicht mehr."

Auch ich hatte gestern bemerkt, wie sich Lenas Blick beim schnellen Blättern der Buchseiten veränderte. Ihre Augen, weich geöffnet, schienen zu träumen, als sie über die Seiten flogen.

„Heute stelle ich die Augen einfach um, ich kann es kaum erklären, aber augenblicklich bekommen die Textseiten eine dreidimensionale Struktur. Nur wenn ich nervös bin oder Max Ärger in der Schule hat, brauche ich immer noch das beruhigende Ticken eines ganz normalen Weckers – aber eigentlich reichen einige tiefe, ruhige Atemzüge aus, um die Leuchtkraft der Wörter wahrzunehmen. Damals in meiner Studienzeit saß ich in diesem winzigen Zimmer; der Schreibtisch nahm den ganzen Raum ein und hinter mir tickte im sanften, beruhigenden Takt dieser überdimensional große Wecker."

„Die dreidimensionale Struktur, das Aufleuchten der Wörter – kannst du beschreiben, wie du die Texte aufnimmst? Beim Wort-für-Wort-Lesen ist der Fokus des Auges scharf auf das zu lesende Wort gerichtet. Doch der Ausdruck deiner Augen wirkte anders, als du beschleunigt last. Wie nimmst du dabei die einzelnen Textseiten wahr?"

Mit dem ‚weichen Blick' fotografisch lesen

„Beim Blick auf eine Textseite nehme ich nicht einzelne Wörter, sondern die Seite als Ganzes wahr. Das ist so, wie auch Scheele es beschreibt. Mein Blick ist wie bei einem Weitwinkelobjektiv auf weit gestellt, quasi defokussiert. Das habe ich früher als Kind schon sehr gerne getan. Bei der Umstellung der Augen scheinen die Wörter zunächst zu verschwimmen; sie werden fast vollständig unscharf. Doch Sekunden später löst sich die Verschwommenheit auf und die Wörter bekommen eine Art Tiefenwirkung, vergleichbar mit dieser dreidimensionalen Struktur, von der ich sprach. Wörter stechen dann leicht aus dem Text hervor, manchmal haben sie einen besonderen Glanz, doch meistens leuchten sie, und gleichzeitig ist der Inhalt der ganzen Seite vollständig präsent."

„Ganz anders, als Scheele es ausdrückt", bemerkte ich zögernd. „Auch in anderen mir bekannten Ausführungen und Berichten zum beschleunigten Lesen heißt es über die Fähigkeit des Abfotografierens von Texten, dass es zunächst nur möglich sei, diese Texte subliminal, also vorbewusst zu erfassen. Dabei spiele der so genannte divergierende Blick, der ‚weiche Blick' oder ‚FotoFokus', eine bedeutsame Rolle. Den physiologischen Vorgang dazu erklärt Scheele nun folgendermaßen."

Lena schaute zu mir herüber, gähnte und streckte sich.

„Unsere Augen verfügen durch ihren besonderen Aufbau über zwei Fähigkeiten, Informationen aufzunehmen. Auf der Netzhaut, der Retina, befinden sich zwei Arten von Sinneszellen, die unterschiedlich arbeiten und für den Lesevorgang eine große Bedeutung haben. Diese Sehzellen heißen ‚Stäbchen' und ‚Zapfen'. Beim Wort-für-Wort-Lesen werden in der Hauptsache die sogenannten Zäpfchen-Zellen innerviert. Sie befinden sich in der Fovea, einem stecknadelgroßen Bereich direkt auf der Netzhaut. Über die Zapfen erhalten wir so die Fähigkeit, scharf zu sehen. Das Bewusstsein kann die über die Zäpfchen aufgenommen Bilder direkt in Information umwandeln und verstehen. Dieser Vorgang ist beim Wort-für-Wort-Lesen sehr vertraut. Du denkst darüber nicht nach. Sinnverstehen von Texten erfolgt Stück für Stück über das Aneinanderreihen von Details, bis der Sinn erschlossen ist.

Über die zweite Art von Sehzellen, die Stäbchen, können wir defokussiert sehen. Auch bei Tagträumen sind genau diese Sehzellen aktiv. Stäbchenzellen sind äußerst lichtempfindlich und gleichmäßig über die ganze Netzhaut verteilt. Sie sind von großer Bedeutung für das periphere Sehen, also auch für die von dir beschriebene Fähigkeit, ganze Textseiten auf einmal wahrzunehmen und zu ‚sehen'. Scheele sagt, dass diese Zellen das Licht einer Kerze in zehn Kilometer Entfernung wahrnehmen können. Interessant ist, dass von den 260 Millionen lichtempfindlichen Zellen unseres Auges wiederum etwa 80 Prozent auf die Stäbchenzellen fallen, also dem peripheren Sehen dienen. Dem fokussierten Lesen dagegen stehen etwa nur 20 Prozent der anderen Zellen zur Verfügung.

Aber genau darauf bauen unsere tradierten Lesetechniken auf. Physiologisch würde alles dafür sprechen, die gut 260 Millionen Stäbchenzellen für das Lesen nutzbar zu machen, weil sie im Überfluss vorhanden sind. Vor allem, weil es wissenschaftlich als gesichert gilt, dass nur über sie visuell, schnell und fotografisch gelesen werden kann. Doch warum geht Scheele davon aus, dass die Lesereize, die auf die Stäbchenzellen treffen, lediglich von unserem Unterbewusstsein registriert und dort verarbeitet werden. Dem konnten wir so nicht mehr zustimmen. Immer wieder stellte sich diese Frage."

Lena war meinem Vortrag mit Scheeles Buch auf dem Schoß gefolgt. Immer wieder machte es ihr, aber auch mir Spaß, einzelne Sequenzen der Ausführungen mit der Textvorlage zu vergleichen.

Doch zurück zur Frage, warum Scheele bei der äußeren Wahrnehmung stehen bleibt. Lenas direkte Verarbeitung des fotografischen Lesestoffs wies auf facettenreiche innere Wahrnehmungsfähigkeiten hin: auf die Zusammenarbeit der inneren Berater beim Vorgang des Fotografierens von Textseiten – und im Gegensatz dazu Scheeles durchgängige Behauptung, der fotografische Lesevorgang passiere subliminal, vorbewusst.

Hier taten sich Lesewelten auf. Konnten wir nicht ganz im Gegenteil von einer fantastisch funktionierenden automatischen Textverarbeitungsfunktion des rechten Gehirns ausgehen? Hatten wir mit der Beschreibung der Wahrnehmungsfähigkeiten und Möglichkeiten der fotografischen Textverarbeitung Neuland betreten oder mussten wir einfach unser Verständnis von intelligentem Verhalten ändern? Wie Lena das wohl sah?

„Lena, ich bin sehr neugierig auf die weiteren Fähigkeiten der inneren Berater. Hast du eine Erklärung für den Widerspruch zwischen Scheeles Äußerungen und unseren Erfahrungen?"

Lena wirkte konzentriert. Worüber sie wohl gerade nachdachte? Als hätte sie meine Gedanken erraten, begann sie unvermittelt zu sprechen:

„Ich bin dafür, die Erkenntnisse noch einmal zusammenzufassen."

„Gerne, sag mal." Ich freute mich, dass Lena auf meine theoretische Durchdringung des Themas ansprang und vielleicht mit ihrer Erfahrung kombinierte.

„Schnellleser und Fotoleser verstehen, was sie sehen. Bei allen Lesevorgängen nutzen sie den defokussierten oder auch ‚weichen' Blick. Bei dieser Art, auf einen Text zu schauen, wird im Vergleich zum fokussierten Lesen eine ungleich größere, natürliche Blickspanne genutzt. Über den ‚FotoFokus' werden gedruckte Textseiten als Ganzes wahrgenommen und erfasst. Bei diesem Vorgang können bedeutungstragende Wörter aus dem Text heraus leuchten, manchmal zeigen sie sich auch unterstrichen oder sind farbig hinterlegt. Bei der Wiedergabe fotogelesener Texte sind die Antworten genauer als beim Wort-für-Wort-Lesen. Schnelle Leser sind nicht nur schneller, sondern auch wesentlich genauer. Stimmst du mir zu?"

„Ja, Lena. Immer wieder bin ich von der Detailgenauigkeit überrascht, mit der du, aber auch die vielen Kinder und Jugendlichen lange Geschichten, ganze Kapitel oder Charaktere wortgetreu nacherzählen und beschreiben. Vielleicht hängt die Fähigkeit der direkten Wiedergabe eines fotogelesenen Textes von der Schulung der inneren Wahrnehmungsfähigkeiten und intuitiven Intelligenzen ab. So ließe sich der Widerspruch auflösen, oder?"

„Wie meinst du das?", fragte Lena.

„Deine fotografischen Lesefähigkeiten sind so hoch entwickelt, dass im Augenblick der Aufnahme von Texten die inneren Berater parallel die bewusstseinsfähige Übersetzungsarbeit leisten. Diese automatische Textübersetzungsfähigkeit ist nicht bei allen Menschen gleichermaßen ausgebildet. Dennoch verfügen alle über diese Fähigkeit. Ich vermute, dass es von der Schulung der Wahrnehmungsfähigkeit des rechten Gehirns abhängt, wie direkt und bewusst sich der Übersetzungsvorgang von Texten in innere Bilder vollzieht, um im Anschluss daran über ein Buch oder einen Text sprechen zu können. Wenn die visuellen, intuitiven und emotionalen

Fähigkeiten nicht geschult werden, bilden sie sich nicht aus und verkümmern regelrecht."

Lena saß mit gesenktem Blick und gekreuzten Beinen im Sessel. Sie nickte, ohne aufzuschauen.

„Tatsächlich setzt dieser Prozess schon mit Beginn der Schule ein, wenn bei den Kindern in der Hauptsache die Lese- und Lernfähigkeit des linken Gehirns geschult wird. Lesen in Bildern war noch zu keinem Zeitpunkt Unterrichtsgegenstand einer Lesemethodik. Das heißt, das Bildergedächtnis, das vielleicht bis zum Eintritt in die Schule noch über abendliches Vorlesen der Eltern gefördert wurde, erhält keine weiteren Entwicklungsimpulse mehr. In der Grundschulzeit hören die Eltern in der Regel mit dem Vorlesen von Büchern auf. Parallel beginnen die Kinder, eigene Lesefähigkeiten zu entwickeln, allerdings ohne die Anleitung, zu dem eigenen Lesen immer wieder innere Bilder herzustellen.

Lesefähigkeit, die nur auf Klang und Sprachgefühl aufbaut, führt zur Verkümmerung der inneren visuellen Fähigkeiten des rechten Gehirns. Oft vergehen viele Jahre, vielleicht sogar Jahrzehnte, in denen die visuellen Lesefähigkeiten völlig brach liegen – ein schlüssiger Grund, warum Scheele die Aktivierung als wichtigen nachfolgenden Schritt nach dem FotoLesen ansetzt. Außerdem vermitteln diese Techniken, wie wir noch sehen werden, Sicherheit und Vertrauen in die visuelle Lesemethode."

Ich zögerte einen Augenblick, um mich Lenas Aufmerksamkeit zu vergewissern. Sie verharrte in ihrer konzentrierten, nach innen gekehrten Haltung und nickte erneut, ohne den Kontakt mit mir zu suchen.

„Aktivierungstechniken nach dem FotoLesen sind auch bei der Erarbeitung anspruchsvoller Fachliteratur nicht zu unterschätzen. Bei dieser Art von Fachliteratur weiß auch ich nach dem Fotografieren der Texte nicht direkt jedes Detail. Die Aktivierungsschritte helfen mir da sehr – zumal die inneren Berater bei komplizierten Fachtexten ganz anders arbeiten als beim Lesen eines Romans."

Lena senkte etwas den Blick, als tauche sie in eine Erinnerung ein.

Die Entwicklung fotografischer Lesefähigkeiten musste sich auf innere Wahrnehmungsebenen stützen. Die Fähigkeiten des inneren ‚Hörens', ‚Sehens' und ‚Fühlens' sowie der Intuition, aber auch emotionale sowie extra- und intrapersonale Intelligenzen spielten hier eine Rolle. Dessen war ich mir sicher.

Doch welche Bedeutung hatten die augenscheinlich vorhandenen, objektiven sogar logischen Fähigkeiten des rechten Gehirns? Ich dachte an Lenas konservativen Berater, der in fotografischer Lesegeschwindigkeit Wissen nach eigenen Ordnungskriterien sortierte. Konnte uns das Grundlagenwerk von Howard Gardner „Abschied vom IQ – Zur Theorie der multiplen Intelligenzen" weiterhelfen, die Erkenntnisse zu diesen offensichtlich vorhandenen logischen Fähigkeiten des rechten Gehirns zu deuten?

„Lena, was hältst du von einem kurzen Ausflug in die Intelligenzforschung?" Sie nickte. Ich zeigte auf Gardners Buch.

„Dieser Autor hat den Intelligenzbegriff komplett auf den Kopf gestellt. Es wäre gut, wenn wir die Fähigkeiten des fotografischen Lesens mit Erkenntnissen aus Gardners Intelligenzforschung weiter stützen könnten – auch um eine breitere wissenschaftliche Basis aufzubauen."

Ich deutete Lenas Schweigen als Zustimmung und richtete meine Aufmerksamkeit zurück auf das Buch.

„In der letzten Zeit habe ich öfter darin gelesen und bin dabei auf sehr interessante Zusammenhänge gestoßen. Gardner erweitert den traditionellen Intelligenzbegriff um ein Vielfaches. Auch wählte er einen interessanten Einstieg in das Buch. Um Menschen für den

Begriff Intelligenz zu sensibilisieren, forderte er sie auf, an einem Gedankenexperiment teilzunehmen. Lena?"

Ich hob meinen Blick. „Möchtest du es hören?"

Sie breitete einfach nur die Arme aus, was immer das bedeuten mochte. Also lehnte ich mich mit Gardners Buch gemütlich zurück und begann, Lena zu erzählen.

„Also, zunächst die These ‚Der IQ hat ausgedient'. Zentraler Ausgangspunkt dieses Experiments ist, sich von der Vorstellung zu trennen, dass Intelligenz eine singuläre Eigenschaft des menschlichen Geistes sei und mit einem Instrument namens ‚Intelligenztest' verbindlich zu messen sei. Sich von der Vorstellung der Wichtigkeit von Intelligenztests zu trennen, war eines der Hauptanliegen Gardners. Hast du schon einmal bei einem solchen Test mitgemacht?"

„Zum Glück nicht, das konnte ich verhindern." Lena drückte sich noch tiefer in den Sessel hinein.

„Dort geschieht nämlich Folgendes. Bei den Tests in den unterschiedlichsten Institutionen, in pädagogischen, schulpsychologischen, aber auch in der ärztlichen, psychotherapeutischen und psychiatrischen Praxis wird unhinterfragt davon ausgegangen, dass Intelligenz durch einen bestimmten zu ermittelnden Wert zu messen sei. Menschen mit einem hohen IQ gelten als intelligent. Nicht selten kommt es vor, dass ein einmal ermittelter Wert dann den weiteren Bildungsweg eines Kindes oder Jugendlichen maßgeblich bestimmt. Paradox ist jedoch, dass niemand genau sagen kann, was Intelligenz eigentlich ist. Davon zeugt die unüberschaubare Vielfalt an Definitionen. Dennoch verhalten sich alle so, als wüssten sie es. Genau hier setzt Gardner an."

„Das weiß man ja doch. Was sagt denn Gardner nun eigentlich?"

„Er sagt, dass in solchen Intelligenztests kleine Jungen und Mädchen über eine Stunde befragt werden, um ihren Wissensstand zu überprüfen. Sie erhalten Aufgaben, in denen sie eine Anzahl Bilder anordnen, den Weg durch ein Labyrinth finden oder sich Zahlenreihen merken sollen. Die Antworten der Kinder werden dann in ein Punkteschema übersetzt und addiert. Aus diesem Ergebnis errechnet der Prüfer den Intelligenzquotienten. Manchmal wird den Betroffenen diese Zahl genannt oder sie erfahren im Auswertungsgespräch, wie den Eltern mitgeteilt wird, wie es um ihre Intelligenz steht.

In solchen Tests bleibt in der Regel völlig unberücksichtigt, in welcher Verfassung sich das Kind zum Zeitpunkt des Tests befand. Es werden kaum Fragen gestellt, ob sich die Angst und Aufregung der Eltern auf das Kind übertragen hat, ob der Prüfer das für Kinder notwendige Vertrauen aufbauen konnte usw. Überall auf der Welt werden schon ab dem Vorschulalter Intelligenztests dieser Art durchgeführt. Lediglich nach verschiedenen Altersstufen differenziert, sind die Intelligenztests in ihren Fragestellungen standardisiert und einheitlich.

Wie du dir denken kannst, hat die aus diesen Tests ermittelte Zahl in den meisten Fällen einen enormen Einfluss auf Meinungen und Einschätzungen von Eltern, Erziehern und Lehrern über die Leistungsfähigkeit des Kindes.

Gardner sagt nun, Intelligenz müsse mehr sein, als ... Moment, die Textstelle habe ich markiert, ich lese es dir vor:,... als was kurze Antworten auf kurze Fragen sagen könnten, Antworten, die nur den schulischen Erfolg vorhersagen. Aber solange keine besseren Methoden zur Verfügung stehen, Intelligenz zu beurteilen und die Fähigkeiten einer Person abzuschätzen, wird sich diese Szene in absehbarer Zeit nicht ändern.'"

Lena hatte sich kerzengerade aufgerichtet. „Selbst für die Vorhersage des schulischen Erfolges sind diese Tests denkbar ungeeignet. Wie sehr habe ich mich bemüht, Max mit diesen Tests zu verschonen."

Lenas Stimme nahm eine bei ihr ungewohnte Schärfe an, und zugleich schwang etwas Ängstliches mit – etwas, was vielleicht nicht bewältigt war, was ich schon manchmal bemerkt hatte, wenn es um Max und die Schule ging. Max' schulische Entwicklung stand zwar jetzt auf einem stabileren Fundament, aber immer noch blieb es eine Gratwanderung, galt es, zwischen der Begabung und den an Max herangetragenen traditionellen Anforderungen auszugleichen. Ich wartete, ob sie noch etwas sagen würde. Aber sie schwieg.

„Die Tests sind wirklich unsinnig, Lena. Heute vorhandene standardisierte IQ-Tests entsprechen wie eine Blaupause den in der Schule vorhandenen einseitigen Lese- und Lerntechniken, weil sie ebenso einseitig auch nur logisch analytische Fähigkeiten testen. Die Vielfalt der visuellen Intelligenzen kann nur ansatzweise, die intuitiven, auch emotionalen Intelligenzen aber so gut wie gar nicht über einen derartigen Test erfasst werden."

Ich stoppte hier.

„Lena, wir sind etwas von Thema abgekommen. Lass uns den Faden zu Gardners Gedankenexperiment wieder aufnehmen. Später kommen wir auf die Begabungen der Kinder und Jugendlichen zurück."

Ich versuchte, an das Thema anzuknüpfen.

„Gardner fordert weiter dazu auf, einmal ganz bewusst einen geistigen Streifzug durch die Welt zu unternehmen. Hier sehe man die unterschiedlichsten Berufe: Fischer, Bauern, Schamanen, religiöse Führer, Psychiater, Sportler, Künstler, Musiker, Lyriker, Eltern und Wissenschaftler. Man treffe auf unterschiedlichste Kinder und Jugendliche.

Und er berichtet davon, dass ein zwölf Jahre alter Puluwat-Knabe von den Karolinen-Inseln als Einziger seines Stammes dazu auserwählt worden war, ein Meistersegler zu werden. Unter der Anleitung eines Meister-Navigators lernte er, seine Kenntnisse im Segeln mit Wissen über die Sternkunde und die Geografie zu kombinieren und zu vernetzen, um seinen Weg dann intuitiv, ohne Karten durch Hunderte von Inseln zu finden.

Und von einer Vierzehnjährigen aus Paris, die einen Computer programmierte und dann mit Hilfe eines Synthesizers Musikstücke komponierte.

Gardner ist der festen Überzeugung, dass die großartigen Fähigkeiten und Kompetenzen all dieser Menschen so viel mehr sind als das, was heutzutage traditionell unter Intelligenz gefasst wird. Und von diesem zentralen Gedanken ausgehend entwickelte er die Theorie der multiplen Intelligenzen und postulierte damit den Abschied vom IQ.

In jahrelangen psychologischen Forschungen kam er zu dem Ergebnis, dass jeder Mensch je nach Setting oder Lernziel oder Beruf die unterschiedlichsten Intelligenzen entwickeln könne, Intelligenzen, die so komplex sind, dass sie über standardisierte Testverfahren niemals zu erfassen wären. Sein Statement: ‚Erst im Zusammenspiel dieser vielfachen Intelligenzen aber ergibt sich menschlich kompetentes Verhalten.'

Gardner spricht hier von Grundintelligenzen, den linguistischen, logisch-mathematischen, visuell-räumlichen, musikalischen, kinästhetischen, intrapersonalen, extrapersonalen und naturalistischen Intelligenzen. Auf dieser Grundlage formuliert er eine Neudefinition des Begriffes Intelligenz:

'Intelligenz ist die Fähigkeit, ein Problem zu lösen oder ein Produkt herzustellen, das in einer oder in verschiedenen gesellschaftlichen Sphären einen Wert darstellt.'

Eine interessante Definition, wie ich finde, vor allem eine sehr ganzheitliche Definition, und in diesem Zusammenhang plädierte er zu einer umfassenden Ausbildung aller Intelligenzformen für das Lernen.

Doch noch einmal zurück zu den Jugendlichen. Der Puluwat-Schüler nutzte zur Umsetzung seines Ziels hauptsächlich visuell-räumliche Intelligenz. Bei ihm spielte die interpersonale Situation eine besondere Rolle. Für ihn war das Verhältnis zu den älteren Lehrern von größter Wichtigkeit für den Erfolg.

Anders dagegen das französische Mädchen. Sie nutzte ihre intrapersonelle Intelligenz und ihren Selbstsinn. Außerdem war sie in einem weit höheren Maß als ihre Altersgenossen für das erfolgreiche Schreiben eines Computerprogramms auf die logisch mathematischen Fähigkeiten und ihr deduktives Denken angewiesen. Dieses vernetzte sie mit ihrer musikalischen Intelligenz, die sie befähigte, Musik zu komponieren. Und darüber hinaus war sie auf Kenntnisse der linguistischen Codizes angewiesen. Die beschriebenen Jugendlichen erwarben einen hohen Grad besonderer Kompetenzen und Fähigkeiten, entwickelten Wissen und übergreifende vernetzte Denkweisen, denen hochintelligentes Verhalten zugrunde liegt.

Was bedeutet das für die fotografische Lesefähigkeit dieser besonderen Gruppe anders lernender Kinder und Jugendlicher? Wir können hier sicherlich zweierlei schlussfolgern."

Ich schaute zu Lena. Erst jetzt bemerkte ich, wie ich mich in das Thema hineingeredet hatte, doch ein Blick zu Lena zeigte mir, dass sie mir gefolgt war.

„Und? Nun sag schon."

„Nun ja, Gardners komplexe Auffassung von Intelligenz weist auf die große Bedeutung persönlicher Ziele für Lernprozesse hin. Lernziele, die die Lebenswirklichkeit eines Kindes oder Jugendlichen tatsächlich betreffen. Solcherart persönlich bedeutsame Lernziele öffnen den Raum für die Entwicklung komplexer, sich vernetzender Intelligenzen.

Unabhängig vom Setting spielen die pädagogische Beziehung, die ermutigende Begegnung zwischen Lehrer und Schüler, eine ebenso entscheidende Rolle in der Intelligenzentwicklung. Weißt du noch, das kam ja schon eindrücklich bei den Untersuchungen über Spiegelgeschehnisse heraus. Und nun Gardners Forschungsergebnisse – welche wichtigen Vernetzungen sich hier einstellen!"

Was bedeutet das für die fotografische Lesefähigkeit dieser besonderen Gruppe anders lernender Kinder und Jugendlicher?

Mehr als alles andere war mir klar, dass Intelligenzentwicklung auch eine Frage der richtigen Lehrmethode ist – doch darüber hinaus hatte eine Gruppe anders lernender Kinder und Jugendlicher, wie das französische Mädchen, allein mit Hilfe intrapersonaler Intelligenz, des Selbstsinns und hoher visueller Begabungen begonnen, fotografische Lesefähigkeiten zu entwickeln.

 Wissen kurzgefasst:

Fotolesen: das Fotografieren von Texten und Büchern

Nach Paul Scheele ist das mentale Abfotografieren der Texte und Bücher der kraftvollste Schritt fortgeschrittener Lesetechniken. Durch das mentale Fotografieren der Seiten werden dem Gehirn Textmuster präsentiert. Dadurch entstehen neuronale Verbindungen zwischen der im Text enthaltenen Bedeutung und der gezielten Absicht. Bei diesem Schritt ist fast ausschließlich die rechte Gehirnhälfte aktiv. Nach Scheele geschieht das mentale Fotografieren auf einer vorbewussten Ebene der Informationsverarbeitung. Die Aktivierung der Texte, also Sinnverstehen und Erinnern von Details, erfolge über nachfolgende Aktivierungsschritte, wie der inneren Befragung, dem Überfliegen und Eintauchen, RapidLesen und Mindmapping.

Um die fotografischen Lesefähigkeiten zu entwickeln, führe folgende Schritte durch:

Schritt 5: Die Techniken des fotografischen Lesens

Stelle mit Hilfe von Entspannungstechniken den dir schon bekannten idealen Lernzustand her. Dies ist für den Vorgang des mentalen Fotografierens von Texten der bedeutsamste Schritt, da über die Entspannung der Zugang zu den inneren Wahrnehmungsfähigkeiten (inneres Hören, Sehen, Fühlen), den intuitiven Fähigkeiten sowie den emotionalen Intelligenzen (extra und intrapersonale Intelligenzen) geöffnet wird. Mit der Tiefe der Entspannung treten die Aktivitäten der rechten Hemisphäre zunehmend in den Vordergrund.

Entspannungstechnik für das FotoLesen

Vorbereitung: Lege das Buch, das du fotolesen möchtest, in Reichweite, atme einige Male tief durch und schließe die Augen. Nimm das Cover deines Buches wahr (Titel, Autor, Bilder und Farben). Stelle ein inneres Bild des Covers deines Buches her. Formuliere eine positive Absicht für deinen Lesestoff.

Körperliche Entspannung: Nimm einen tiefen Atemzug, halte ihn einen Augenblick, und während du langsam ausatmest, denke an die Zahl „3", das Zeichen für deine körperliche Entspannung. Stelle dir vor, wie eine Welle wohltuender Entspannung sich in deinem ganzen Körper ausbreitet.

Geistige Entspannung: Nimm einen weiteren tiefen Atemzug, halte ihn einen Augenblick, und während du langsam ausatmest, denke an die Zahl „2", das Zeichen für deine geistige Entspannung. Lasse alle Gedanken an die Vergangenheit oder Zukunft einfach los und konzentriere deine Aufmerksamkeit ganz auf diesen Augenblick. In diesem Zustand geistiger und körperlicher Gelöstheit entwickelt sich deine Konzentration absolut, und mit jedem Atemzug kannst du darauf vertrauen, dass etwas in dir bewirkt, dass du körperlich entspannt und geistig hellwach bist.

Alpha-Zustand: Nimm einen tiefen Atemzug, halte ihn einen Augenblick, und während du langsam ausatmest, höre innerlich die Zahl „1". Stelle dir vor, wie du eine wunderbare Blume oder Blumenwiese betrachtest. Das ist das Zeichen, dass du deine Aufmerksamkeit tief nach innen gerichtet hast, in den Alpha-Zustand hinein. Und nun begib dich mit deiner inneren Aufmerksamkeit an einen für dich schönen und stillen Ort. Nimm alles wahr, was es da zu sehen und zu spüren gibt. Dies ist nun der ideale Zeitpunkt, den Kontakt zu den inneren Beratern herzustellen. Vielleicht bittest du sie, hinzuzukommen an diesen stillen Ort der Schönheit und der Ruhe. Teile ihnen deine Intentionen für dein Buch mit. Nenne ihnen deine Ziele. Sie werden mit ihren unterschiedlichen Fähigkeiten auf die Erfüllung der Intention hinarbeiten.

In diesem Zustand der Konzentration, Aufmerksamkeit und Entspannung intensiviert sich die sinnliche Wahrnehmungsfähigkeit des inneren Sehens, Hörens und Fühlens

Und nun fixiere deinen Aufmerksamkeitspunkt über und hinter deinem Kopf. Lasse die imaginäre Mandarine kraft deiner Vorstellung an diesem besonderen Aufmerksamkeitspunkt schweben. Auch mit geschlossenen Augen kannst du dir vorstellen, wie sich dein inneres Sehfeld öffnet und erweitert. Du hast eine starke, bleibende Verbindung zwischen Augen und innerem Bewusstsein sowie den intuitiven Textverarbeitungsfähigkeiten. Stelle zum Fotografieren deines Buches den „weichen Blick", den „FotoFokus" her.

Der **FotoFokus**: Mit der Fixierung des Aufmerksamkeitspunktes befindest du dich mental im Epizentrum der visuellen Aufmerksamkeit. Aus dieser Position ist es sehr leicht, die Augen so zu divergieren, dass du die beiden Seiten deines Buches als Ganzes wahrnehmen kannst. Wenn du deine Augen defokussierst, entsteht die sogenannte „Blip-Seite", d. h., dass rechts und links neben der Mittellinie deines Buches zwei weitere Linien auftauchen. Entspanne deinen Blick und schaue ganz einfach durch die Mitte des Buches hindurch. Nimm die vier Ecken des Buches wie auch den Raum zwischen den Zeilen und Absätzen wahr. Halte den Blick, bis die „Blip-Seite" erscheint.

Am Anfang kann es sein, dass du den Text nur noch verschwommen wahrnimmst. Das ist in Ordnung. Es ist aber auch möglich, dass die Textstruktur sich dreidimensional verändert und leicht aus den Buchseiten heraussticht. Je nach vorherigen Aktivitäten der rechten Hemisphäre sind diese Fähigkeiten am Anfang der fotografischen Lesepraxis unterschiedlich ausgeprägt.

Wenn du den Text verschwommen oder dreidimensional wahrnimmst, beginnt das Fotografieren der Texte und die Arbeit der „inneren Berater".

Das Fotografieren des Buches

Lena drückte solch einen fotografischen Lesevorgang einmal folgendermaßen aus:

„Der konservative Berater, der mit der großen Kamera, macht die Fotos von den einzelnen Textseiten. Das geht sehr schnell. Ich spüre intuitiv, wann er fertig ist. Es ist, als würde er dann zur Seite treten. Er fordert den anderen auf, dazuzukommen. In dem Moment schauen sie gemeinsam auf die Seite. Dies ist ein großer Moment von Zusammenarbeit und ein Gefühl, dass die Themen sich vernetzen. Dies ist der Moment, in dem das Gesamtbild entsteht. Die Textseite ist wie eine Blaupause abfotografiert.

Dann kommt der andere intuitive Berater und stellt Fragen: ‚Wo sind die Absätze? Ist hier etwas Besonderes drin?' Bei diesen Fragen leuchten wichtige Wörter auf, die die Wissensinformation tragen. Dann entstehen die Bilder; erst einfache, dann bunte. Das ist ein Zusammenspiel der beiden Berater.

Wenn die leuchtenden Wörter zu Bildern oder Szenen werden, entsteht erneut ein intensives Gefühl von Harmonie. Das ist die Aufforderung, zur nächsten Seite zu gehen."

Technik beim Fotografieren: Atme tief und gleichmäßig weiter, während du im „FotoFokus" auf die Textseiten schaust. Das Fotografieren der Textseiten ist ein schneller Vorgang. Blättere die einzelnen Seiten in einem Rhythmus von etwa einer bis maximal fünf Sekunden. Bleibe neugierig, entspannt und offen, während du die Informationen aufnimmst. Die Aktivität des Fotografierens ist eine ausschließliche Fähigkeit der rechten Hemisphäre. Das Wahrnehmen der dreidimensionalen Textstruktur und das Leuchten einzelner Wörter oder Satzteile hängt von der Schulung der inneren Wahrnehmungsfähigkeit ab. Mit zunehmender Fähigkeit des inneren Sehens werden schon beim schnellen Fotografieren ganze Textpassagen über entstehende innere Bilder, kurze Szenen oder Filme bewusst verstanden. In der Regel aber schließen sich nach dem schnellen Fotografieren der Texte drei Aktivierungstechniken an, die es dir jederzeit ermöglichen, fotogelesene Texte und Bücher zu erinnern.

Das FotoLesen beenden: Wenn du das Buch bis zum Ende geblättert und fotografiert hast, schließe es und lege es zur Seite. Dann schließe auch die Augen und richte deine Aufmerksamkeit nochmals tief nach innen.

Während du dich weiter entspannst, lasse ein Wort von den Seiten aufleuchten, beobachte dabei die inneren Berater bei ihrer Arbeit.

Übung mit dem intuitiven Berater

Während du dich weiter entspannst, lasse eine Überschrift oder ein Wort von den Seiten, die du fotogelesen hast, einfach in dein Bewusstsein aufsteigen. Beauftrage den intuitiven Berater mit dieser Aufgabe. Nimm die Farbe des Wortes wahr und stelle dir vor, auf welcher Seite deines Buches es steht. Frage den inneren Berater nach der Seitenzahl.

Lass zu dem Wort ein inneres Bild, eine kleine Szene entstehen und Assoziationen hochsteigen. Wenn du so weit bist, öffne dein Buch und vergleiche das Wort oder die Überschrift mit den Ausführungen im Buch.

Wenn du den Kontakt mit den inneren Beratern beenden willst, bereit bist, dein Bewusstsein wieder stärker nach außen zu richten, kannst du dich mit dem Standardverfahren wieder aus dem Ressource-Zustand zurückbringen. Orientiere dich nach außen, in einer Geschwindigkeit, die für dich angenehm ist, indem du langsam von eins bis fünf zählst. Öffne bei der Zahl fünf deine Augen, fühle dich hellwach und erfrischt. Bewahre auch weiterhin deine Begeisterung, deine Freude und Neugier.

Der ‚innere' Regisseur trifft die Entscheidungen – Vielfache Erinnerungsmöglichkeiten tun sich auf

Viele spannende Erkenntnisse für die Aufnahme und Verarbeitung von Texten und Büchern waren Lena und mir schon begegnet – doch die Frage nach den Verarbeitungsmöglichkeiten von Sach- und Fachbüchern aus der neutralen Erzählperspektive war ebenso offen wie deren Aktivierung. Zur Aktivierung zählen die beiden letzten Schritte in Scheeles ganzheitlichem Lesesystem – und natürlich die wichtigste Frage, welche weiteren Zugangsweisen zum Wissen sich über die Arbeit der inneren Berater eröffneten. Fragen über Fragen stellten sich ein. Wie erinnert man sich an fotogelesene Sach- und Fachbücher? Wie arbeiten hier die inneren Berater? Gab es weitere Aktivierungsmöglichkeiten, auch bei den Romanen?

Lena hatte geheimnisvolle Andeutungen gemacht. Es war früher Abend. Mir blieben noch ein paar Minuten Zeit, bevor sie kam. Ich griff zu Scheeles „PhotoReading" und blätterte in den Seiten zu diesem Thema.

Scheele schreibt, Aktivierung sei der Vorgang, bei dem die neuronalen Wege, die beim fotografischen Lesevorgang aktiviert wurden, erneut stimuliert werden. Aktivierungstechniken ließen die Informationen vom inneren Bewusstsein in den Arbeitsspeicher des bewussten Verstandes fließen. Die Aktivierungstechniken seien so beschaffen, dass über sie eine bewusste Verbindung zum inneren Bewusstsein hergestellt werden könne. Der Erfolg der Aktivierungen liege im Bestimmen einer klaren bedeutungsvollen Absicht. Scheele unterscheidet zwischen drei Aktivierungstechniken:

‚Die innere Befragung', ‚Überfliegen und Eintauchen' und ‚Mindmapping'. Erneut fiel mir beim Lesen der Seiten auf, dass Scheele von der äußeren Ebene, die sich lediglich auf die Beschreibung von Techniken beschränkte, nicht abwich, selbst jetzt bei der Aktivierung nicht. Umso gespannter war ich auf die weiteren Fähigkeiten der inneren Berater. Ich schaute zur Uhr. Müsste Lena nicht schon längst da sein? Im Augenblick dieses Gedankens klingelte es. Lena war eingetroffen. Kurze Zeit später kam sie herein.

Sie schnappte nach Luft. Mit beiden Händen hielt sie einen Karton vor sich.

„Es sieht so aus, als wären da Bücher drin, oder, Lena?"

Ihre Augen blitzten. „Sachbücher, Sachbücher und ... nun ja, auf ein, zwei Fantasyromane konnte ich nicht verzichten. Du weißt schon, ich liebe sie so sehr, und wenn es zu fachlich wird bei dir, kann ich immer mal kurz in sie eintauchen, nur so zur Entspannung."

Das war Lena auch. Klar und pragmatisch. Wie viel Spaß ihr doch das Versinken in den Fantasiewelten bereitete; ich konnte sie gut verstehen.

„Lena, geht es bei der Aktivierung der Sach- und Fachbücher auch so lebhaft und spannend zu wie in der Fantasieliteratur? Werden hier ebenfalls Gefühle aktiviert, die den Leseprozess begleiten oder gehen die beiden inneren Berater eher nach logischen Kriterien vor?"

Lena zwinkerte und wies auf den mitgebrachten Karton, aus dem jetzt der Rücken eines Buches herauslugte. Sie dachte noch gar nicht daran, meine Fragen zu beantworten.

„Ich habe eine Überraschung für dich, ich habe sie aufgestöbert." Sie strahlte mich an.

„Was denn, Lena? Spann mich nicht so auf die Folter." Ich versuchte den Namen des Autors auf dem Buchrücken zu entziffern. „Goethe? – Doch nicht etwa Goethes Farbenlehre?"

Lena nickte und zog drei Bände mit Goethes Farbenlehre aus dem Karton hervor. Die Überraschung ist ihr gelungen. Schon lange hatte ich versucht, diese Bände zu erstehen. Immer schon interessierte mich die Bedeutung von Farben für das Lesen und Lernen. Ich setzte sie sogar in der Arbeit mit den Schülern ein.

Helen Irlen, eine international anerkannte Pädagogin und Wissenschaftlerin entdeckte eine Behandlungsmethode für Dyslexie und andere Leseschwierigkeiten mittels Farbfolien. Diese wurden direkt auf Buchseiten gelegt. Kinder und Jugendliche, die das Schriftbild eines Textes zuvor nur verschwommen wahrnehmen konnten, sahen mit einer Farbfolie oder Farbbrille Texte erstmalig gestochen scharf. Die Irlen-Methode brachte vorher zerfließende Schriftbilder zum Stillstand. Diagnostisch versteckte sich hinter dieser besonderen Form der Dyslexie das Skotopische Sensibilitätssyndrom, eine visuelle Wahrnehmungsschwäche, die bei schwarzer Schrift auf weißen Textseiten auftritt.

Irlen hatte mit einer Palette bunter Farbfolien eine hochwirksame Therapie zur Behebung dieser Wahrnehmungsschwäche entwickelt. Ich wollte unbedingt mehr über die Bedeutung der Farben wissen. Auch wegen anderer Lese- und Lernvorgänge interessierten sie mich – und nun hatte Lena die 1810 entwickelte Farbenlehre von Goethe aufgestöbert.

„Wir könnten doch", sagte ich zu Lena, die natürlich an meinem begehrlichen Blick schon mitbekommen hatte, wie sehr mich die Bücher reizten, „wir könnten doch die Aktivierung …"

„… ganz praktisch durchführen", vollendete Lena den Satz. „Das wolltest du doch sagen, oder?" Sie schaute mich herausfordernd an.

„Genau das. Zeig mal her."

Sie reichte mir die Bände, und neugierig überflog ich die Klappentexte. Dort standen kurze Überschriften: „Entwurf einer Farbenlehre" (1810), „Goethe als Denker und Forscher" (Rudolf Steiner), „Goethe und der naturwissenschaftliche Illusionismus (Band 1) – Beiträge zur Optik" (1791/2), „Versuch, die Elemente der Farbenlehre zu entdecken« (1794), „Von den farbigen Schatten" (1792), „Der Versuch, als Vermittler von Objekt und Subjekt" (1793), „Erfahrung und Wissenschaft" (1798), „Entopische Farben" (1813-20), „Tafeln zur Farbenlehre" (Band 2). Und der dritte Band – meine Neugier war gefesselt: „Enthüllung der Theorie Newtons" (1810); „Newtons Persönlichkeit" (1810).

Das war ja unglaublich, diese Themen hatte ich nicht erwartet. Physik, Newton und sogar eine Schrift Goethes gegen den Atomismus. Am liebsten hätte ich mich sofort über diese drei Bücher über die Farbenlehre hergemacht.

„Super, Lena."

Klassische Bücher mit viel Faktenwissen, mit physikalischen Phänomenen, eingebunden in weltanschauliche Themen, kombiniert mit literarischen Texten. Goethe hatte doch tatsächlich am Ende des dritten Bandes mit den Farben gereimt. Ideal, um die verschiedenen Schritte des Fotolesens und die wichtigen Schritte der Aktivierung anhand dieser Werke ganz praktisch zu verdeutlichen. Ich freute mich sehr auf die Bücher. Meine Neugier und Spannung war mit diesem kurzen Überblick extrem gestiegen. Hochinteressante Themen, aus denen sich wie von selbst die persönliche Intention, die Bedeutung der Farben intuitiv zu erfassen, formulierte. Die Wirkung der Farben und ihre Erfassung über die Intuition. Ich schaute zu Lena, die mich wohl schon einige Zeit beobachtete und nun auf die Uhr schaute.

„Und? Interessieren sie dich?", fragte sie.

Ich erzählte ihr kurz von den Themen über die Farbenlehre und meinem Vorhaben, die Farbenlehre und die Wirkung der Farben intuitiv zu erfassen.

Lena nickte lächelnd. „Ich habe auf die Uhr geschaut. Du hast nur knapp drei Minuten für das thematische Erfassen der Bücher gebraucht. In der kurzen Zeit ist es dir gelungen, die Themen der drei Bände mit persönlichen Zielen und der Intention zu verbinden. Eine Wiederholung des Überblicks und ein guter Einstieg in unser heutiges Thema, oder?"

Manchmal vertauschten sich auf eine wunderbare Art und Weise unsere Rollen. Ich griff den Faden auf.

Beim Lesen in der Welt der Bilder ist die Arbeitsweise des Gehirns eine ungleich schnellere, ungleich effektivere als beim Wort-für-Wort-Lesen. Wissen wird völlig anders aufgebaut. Wort-für-Wort-Lesen erzeugt Textverständnis vom Detail zum Ganzen – FotoLesen genau umgekehrt, vom Ganzen zum Detail.

Beim Aufnehmen von Informationen über den visuellen Wahrnehmungskanal erfolgt das Lesen mehrfach, aktiv von konkreter Absicht und Fragestellungen geleitet. Beim Durchführen der einzelnen Schritte des fotografischen Lesesystems wird immer mehr Wissen aufgenommen und integriert. Am Anfang der Überblick. Hier entsteht das Gerüst, das ganzheitliche komplexe Erfassen der Themen des Buches – wie soeben, mit den Bänden der Farbenlehre Goethes.

Der fotografische Leseprozess sowie die gleichzeitige und nachfolgende Aktivierungsmöglichkeit bestimmten die Themen des heutigen Treffens. Der thematische Bogen war geschafft. Ich erwähnte Lena gegenüber kurz Scheeles Aktivierungsformen und schlug ihr vor, ihnen die Aktivierungsfähigkeiten der inneren Berater gegenüberzustellen.

„Was meinst du, Lena, können die inneren Berater, wie schon bei den Schritten zuvor, die Theorie wieder lebendig machen? Wie lerntest du ihre Fähigkeiten weiter kennen, damals in dem Studierzimmer mit der alten Uhr, wo es für dich begann?"

Lenas konzentrierter Blick bedeutete mir, noch einen Moment abzuwarten. Ich war sehr neugierig, wie die Arbeit der inneren Berater bei der Aktivierung aussah. Ihre Beschreibung gestaltete sich ungewöhnlich lang.

„Bevor ich mit der Aktivierung beginne, tauche ich zunächst in ein Gesamtbild des Buches ein. In meiner Vorstellung handelt es sich dabei, wie du ja weißt, oft um Türen, die alle beschriftet sind. Entweder steht dort die Überschrift eines Themas, die mich aus dem Buch neugierig gemacht hat, oder eine interessante Fragestellung, die mit einem bestimmten oder auch mehreren Kapiteln des Buches in Verbindung steht. Je nach Fragestellung kann ich mich in die Texte versenken. Handelt es sich bei dem Buch um einen Roman, könnte ich die Handlungen einer Figur betrachten oder ihre Denkweise durch die einzelnen Kapitel verfolgen. Das ist eine sehr spannende Angelegenheit. Bei einem Romangeschehen steht am Anfang ein Bild. Ich halte bei dem Bild des Textes inne. ‚Im Textbild innehalten', dieser Ausdruck ist treffend für die Erfahrung. Ich tauche vollkommen hinein in ein Bild. Es ist das Standbild einer Szene, eines Ereignisses, eines Dialoges, einer Erkenntnis oder eines fachlichen Zusammenhangs. Ob sachlich oder literarisch ist dabei unbedeutend.

Richte ich meine Aufmerksamkeit darauf, öffnet sich automatisch eine Szene. In dem Augenblick kann ich verschiedene Erinnerungsspuren verfolgen. Zum Beispiel ist es möglich, die emotionalen Erfahrungen einer Figur noch einmal vollständig zu erleben. Das geschieht durch eine bestimmte Form der Aktivierung, nämlich indem ich mich mit der Figur identifiziere. Dieser Vorgang ist jederzeit wiederholbar, selbst wenn das eigentliche Lesen des Buches schon ein oder mehrere Jahre zurückliegt. Die Ereignisse oder Zusammenhänge erhalten durch das Eintauchen eine eindringliche innere Präsenz, bleiben unvergesslich."

Lena machte zwei tiefe Atemzüge, als hätte sie meine Anspannung und Konzentration auf die Offenlegung dieses ‚Insiderwissens' gespürt.

„… sie bleiben unvergesslich, weil die beiden inneren Berater die Bücher markieren. An diesem Vorgang sind immer beide Berater beteiligt. Da arbeiten sie arbeitsteilig. Der intuitive Berater markiert die Bücher auf der emotionalen Ebene. Spannung, persönliche Betroffenheit oder eindrückliche Szenen, die die Wahrnehmung betreffen, zum Beispiel die Meeresszene beim ‚Wellenläufer', drücken sich wie der Abdruck eines Stempels auf.

Emotional beeindruckende Szenen sind ein Garant für die Erinnerbarkeit von Texten. Als ich einmal eine Szene aus dem ‚Muschelmagier' suchte, folgte ich wie auf einer Erinnerungsspur den Highlights der Geschichte. So konnte ich die entscheidende Szene immer mehr einengen. Wenn ich den Rückgriff auf einzelne Details brauche, schaltet sich sofort der andere, der konservative Berater ein. Auch hier sind die Textsorte und die Intention von großer Bedeutung, also die Ziele, die ich verfolge.

Wahlweise kann ich aber auch in die Position des objektiven Beobachters gehen und die Erlebnisse der Figur aus der Distanz betrachten und kommentieren. Nachdem ich ein Buch fotografisch gelesen habe, ist jeder Wechsel der Perspektive auf Figuren und Handlungen möglich. Das macht ungeheuren Spaß, besonders wenn viele Gefühle beteiligt sind.

Bei Romanen übernimmt in der Hauptsache der spielerische, intuitive Berater die Führung. Anders bei Lernvorgängen, die viel Aufnahme und Verarbeitung von Faktenwissen erfordern. Hier geht es um andere Kompetenzen. Interessanten Wissensstoff nutze ich, um mich mit anderen auszutauschen, mit ihnen zu diskutieren, zu neuen Erkenntnissen zu kommen. Dazu benötige ich häufig bedeutsames Detailwissen. Das regelt immer der konservative Berater, indem er eine Palette von Farben verwendet. Für mich hat die Farbe Gold eine besondere Bedeutung."

„Stopp, Lena. Jetzt ist es einmal an mir, dich zu bremsen. Lass uns einen Augenblick innehalten, obwohl ich dir jetzt viel lieber weiter zuhören möchte.

Dass der konservative Berater eine Palette innerer Farben nutzt, macht mich unglaublich neugierig, doch ich möchte nicht, dass etwas von dem, was du gerade erzählt hast, verloren geht. Wir arbeiten an einer ganzheitlichen Theorie der fotografischen und intuitiven Lesefähigkeiten. Was bedeuten diese Fähigkeiten der inneren Berater für die Aktivierung?

Vielleicht sollten wir jetzt Paul Scheele hinzuziehen. Im Zusammenhang mit deinem treffenden Begriff ‚im Textbild innehalten' hast du den Terminus ‚Eintauchen' verwendet. ‚Im Textbild innehalten' – ich tauche vollkommen hinein in ein Bild. Oder, je nach Verdaulichkeit des Textes, variiere ich die Lesegeschwindigkeit, alles Termini, die auch Scheele für die Aktivierung verwendet, allerdings auf einer äußeren Ebene der Beschreibung. Gemeint sind die Aktivierungsformen Überfliegen und Eintauchen. Lass dir kurz die wichtigsten Aussagen dazu erzählen."

„Da bin jetzt auch ich neugierig." Lena stimmte bereitwillig zu.

„Eigentlich basiert diese Technik auf Erkenntnissen aus der Leseforschung. Hier hat man in zahlreichen Untersuchungen festgestellt, dass lediglich 4 - 11 Prozent eines Textes dessen Bedeutung tragen. Auf der Grundlage dieser Untersuchungen entwickelte Paul Scheele seine Aktivierungstechniken Überfliegen und Eintauchen. Die Technik der Lesestrategie besteht darin, die bedeutungstragenden Hauptinhalte aus der schriftlichen Information schnell zu finden und herauszuziehen.

Beim Überfliegen werden mit hoher Geschwindigkeit große Textmengen durchgegangen. Das Subvokalisieren, also das innere Mitsprechen von Wörtern, fällt komplett weg. Die Informationen werden ausschließlich über die visuelle Wahrnehmung, über die Stäbchenzellen, aufgenommen. Erinnere dich, wir haben ausführlich darüber gesprochen. Mit dieser Technik, sagten wir, und in diesem Tempo kann das Gehirn die Worte auswählen, die bedeutungstragend sind."

Lena nickte. „Ja", sagte sie, „in der Situation leuchten die einzelnen Nomen auf, egal wie schnell ich bin."

„Genau Lena, die visuellen Aufnahmefähigkeiten des menschlichen Auges sind unbegrenzt. Geschwindigkeit spielt hier keine Rolle mehr. Scheele sagt in diesem Zusammenhang: Wird das Überfliegen mit einer gut definierten Absicht verbunden, können Schlüsselbegriffe, zentrale Themen und Abschnitte angezogen und alles Unwichtige automatisch übergangen werden. Umgekehrt beim Eintauchen in den Text, wenn ausgewählte Passagen flüssig gelesen werden sollen. Es handelt sich um die Textpassagen, bei denen der Eindruck besteht, dass sie die Fragen an den Text beantworten. Dies sei die Gelegenheit innezuhalten, um in einer Auswahl die wichtigen Fakten und Gedanken ‚auszukosten'.

Eintauchen bedeutet bei Scheele empfänglich zu sein, für die feinen Mitteilungen des inneren Bewusstseins. Wenn man einer Ahnung oder Eingebung folgt, steuert man die speziellen Antworten zu den eigenen Fragen an – ein Prozess, der die besondere Wichtigkeit des Formulierens einer klaren Absicht nochmals bestätigt."

Ich schaute Lena an.

„Ich habe dir genau zugehört", sagte sie, „und bin überrascht. Tatsächlich entspricht Scheeles Beschreibung wie ein Pendant meinen Erfahrungen, allerdings mit einem gravierenden Unterschied. Er geht tatsächlich mit keinem Wort auf die Prozesse ein, die auf der inneren Ebene der Wahrnehmung ablaufen: die inneren Bilder, das emotionale Eintauchen in die Geschehnisse, was diese Art zu lesen so einzigartig macht. Derartig intensive visuelle und intuitive Erfahrungen können über das vertraute Wort-für-Wort-Lesen zu keinem Zeitpunkt ausgelöst werden. Wenn die innere Wahrnehmungsfähigkeit sich beim visuellen Lesen einschaltet, zum Beispiel wenn beim Überblick im Text ein Wort aufgeleuchtet, läuft automatisch dazu eine filmische Szene ab. Ich tauche dann tatsächlich ein – aber nicht in den Text, sondern in einen inneren Film."

Weshalb ist diese augenscheinlich vorhandene automatische Textübersetzungsfunktion des rechten Gehirns in der Weise noch niemals beschrieben worden, fragte ich mich. Scheele spricht zwar von feinen Mitteilungen des inneren Bewusstseins, gibt aber keinerlei Beispiele an.

„Das überrascht mich wirklich", sagte Lena mit Nachdruck, „dass Scheele beim Eintauchen vom Lesen des Textes spricht. Welch ein Widerspruch. Oder meint er das Ablesen innerer Textbilder – eine schon sehr fortgeschrittene Form der inneren Aktivierung?"

„Scheele wird uns diese Fragen nicht beantworten, Lena."

Zwischen Lenas Brauen bildeten sich zwei steile Falten. „ ... dabei wäre es so wichtig zu erklären, was genau beim visuellen Lesen passiert. Freunde von mir behaupten immer wieder, dass bei meiner Art und Weise zu lesen doch jeglicher Lesegenuss abhandenkäme. Doch das stimmt nicht. Ich konnte ihnen nur schwer begreiflich machen, was ich auf der inneren Ebene alles erlebe, ich vielleicht viel intensiver Literatur wahrnehmen kann als sie. Das können sie nicht glauben. Bei meinen Lesegeschwindigkeiten könne das ja gar nicht sein. So ging das oft hin und her – und mir fehlten die Argumente. Selbst Scheele beschreibt es nicht."

Ich verstand Lena gut, ich kannte das Problem. Die intuitiven Prozesse beim Fotografieren der Bücher waren schwer in Worte zu fassen. Erst vor dem Hintergrund unserer Auseinandersetzung mit der Neurobiologie und Leseforschung erhielten sie ein Gesicht, einen Namen und eine Identität – und hoffentlich bald auch öffentliche Anerkennung.

Ich wandte mich wieder Lena zu.

„Kritiker beschleunigter Lesetechniken formulieren oftmals ihren Unmut darüber, dass bei Schnelllesetechniken der Genuss von Sprache auf der Strecke bleibt. Natürlich haben sie recht, weil ihr Denken lediglich die Fähigkeiten, auch die Schnelllesefähigkeiten, des linken Gehirns berücksichtigt; vielleicht haben sie niemals selbst derlei intuitive Verarbeitungsprozesse beim Lesen erlebt. Auf der anderen Seite stellt sich tatsächlich immer wieder die Frage, welcher Lesestoff mit welcher Technik aufgenommen werden sollte. Will ich etwa Novalis ‚Hymnen an die Nacht' lesen, könnte das Wort-für-Wort-Lesen am geeignetsten sein, um mit viel Zeit die ausdrucksvolle Sprache zu genießen. Wie ein Musikstück hat Sprache Ausdruck und Klang, kann beeindrucken, den Leser in die literarischen Welten der Romanfiguren mitnehmen. Auch beim Vorlesen einer Geschichte, eines Märchens oder eines Gedichtes können die Worte des Autors in spannender, emotional ergreifender Art und Weise rezitiert werden. Will ich jedoch ganz für mich alleine in einen Roman eintauchen oder mich mit Fachbüchern auf ein Examen vorbereiten, kann dieses langsame logisch orientierte Wort-für-Wort-Lesen sehr ermüdend sein."

„Das kann man wohl sagen", entgegnete Lena trocken. „Wenn ich mir vorstelle, meine geliebten Fantasybücher so lesen zu müssen – das wäre nicht auszudenken."

„Ich kann mich noch gut erinnern, Lena, wie du mir vor gar nicht langer Zeit erzähltest, in zwei Stunden über 378 Seiten eines Fantasybuches gelesen zu haben. Du sprachst von eindrücklichen Bildern, Szenen, ganzen Filmen zu dem Text."

„Na klar, das ist intensivster Lesegenuss, purer Lesespaß. Der Text ist nur noch punktuell da", fuhr sie fort. „Von besonderer Bedeutung ist, um welche Textsorte es sich handelt. Beim ‚Wellenläufer' oder ‚Muschelmagier' gehe ich anders vor als bei der Erarbeitung von Wissen aus Fachbüchern. Bei Fantasybüchern handelt es sich ja vergleichsweise um leichte Literatur. Hier gehe ich meist senkrecht durch die Texte, von oben nach unten. Hin und wieder kommt es vor, dass ich eine Seitenschleife oder einen Querlenker durch den Text mache, beispielsweise wenn ein bis dahin unbekannter Name auftaucht. Oftmals bin ich so intensiv im Lesefluss, dass ich erst in letzter Sekunde mitbekomme, dass sich plötzlich ein Nebenschauplatz im Gang der Handlung auftut. Dann mache ich eine gedankliche Seitenschleife um den Text, wie ein Flugzeug, welches Kreise um den Flughafen zieht.

Aber auch hier kommt es sehr auf die Literatur an. Das Lesen der Wellenläuferbücher war Entspannung pur. Emotional war mir der Inhalt der Seiten völlig vertraut. Ich tauchte ein in die Geschichte, der Text verwandelte sich in einen Film. Wenn ich mich in diesem Vorgang dann noch weiter entspanne, beschleunigt sich meine Lesegeschwindigkeit immer mehr. Für den Start in einen inneren Film reichen punktuell einige wichtige Nomen pro Seite aus. Die Nomenverbindende Textinformation hat nur noch eine Hintergrundpräsenz.

Das Buch ist ja vorher abfotografiert. Der bewusste Verstand muss vertrauen, sich einfach darauf verlassen, dass das innere Bewusstsein durch die wenigen bedeutungstragenden Nomen einer Textseite den richtigen Film dazu macht. Mit dem Vertrautwerden dieser Technik hörst du irgendwann auf, darüber nachzudenken. Übrigens kann ich dabei auch kochen. Ich brauche bei der Fantasyliteratur ja nur den einen Berater, den intuitiven, der schwelgt im Meer der Fantasie.

Der andere, der Aufpasser, ist im Hintergrund und schaltet sich nicht ein. Diese Art von Büchern lese ich in immer höherer Geschwindigkeit, dann einfach nur senkrecht herunter, von oben nach unten. Dabei läuft der Film. Deshalb finde ich den Begriff ‚Runterlesen' so gut." Lena war sichtlich in Fahrt. Ich nahm den Faden auf.

„Das ist der Zustand des ‚Flow-State', der Verschmelzung der intuitiven Fähigkeiten und der inneren Wahrnehmungsebenen mit dem Lesestoff, – eine unglaubliche Ressource des rechten Gehirns, Lena, und", ich zögerte einen Augenblick, „eine besondere Ressource der immer größer werdenden Zahl von Kindern und Jugendlichen, die genauso lesen, Wissen aufnehmen und verarbeiten, wie du es gerade beschrieben hast – und in absehbarer Zeit dafür hoffentlich endlich öffentliche Aufmerksamkeit finden."

Beide gingen wir für Augenblicke unseren Gedanken nach. Wir wussten, welche neuen Wissenswege sich hierauf aufbauen ließen. Dann machten Lena und ich eine kurze Pause, schweigend tranken wir grünen Tee und danach ging es weiter.

„Wenden wir uns jetzt den Fachbüchern, den Fachthemen und den Farben zu. Ja, Lena?"

Ich versuchte, Lenas Aufmerksamkeit auf die Aktivierungsform Mindmapping zu lenken. Sie lehnte sich zurück, verschränkte die Hände hinter dem Kopf und sprach nach oben, zur Decke.

„Da gibt es viele Erinnerungen, vor allem nach der Schulzeit, als die Ausbildung begann. Damals zog ich von zuhause aus, in ein winziges Zimmer mit einem großen Schreibtisch, auf dem ein überdimensional großer Wecker stand. Es war ein kleines möbliertes Zimmer und an der Wand direkt über dem Schreibtisch hing eine die ganze Wandfläche einnehmende Korktafel. Sie wurde in den Ausbildungsjahren zur Projektionsfläche zahlreicher medizinischer Themen. An ihr entstanden fächerübergreifende, sich thematisch miteinander vernetzende Mindmaps. Früher nannte ich sie Gedankenkarten. Den Begriff Mindmap kannte ich damals ja noch nicht. Irgendwann einmal hatte ich die Idee, die innere Karte meiner Lernthemen nach außen sichtbar aufzuhängen – und diese große Korktafel bot sich dafür geradezu an.

Die Themen aus Psychologie, Hygiene, Chirurgie und den inneren Abteilungen übertrug ich auf diese Korktafel, und das hatte einen tieferen Grund – doch dazu später. Lass mich erst erzählen, wie ich das damals gemacht habe. Also, ich ging dabei folgendermaßen vor: Ich stellte mir einen Baum mit seinen vielen Verästelungen vor. An den Hauptästen hängen die Namen der einzelnen Fächer. Zu jedem Fach besaß ich in der Regel ein Lehrbuch. Du weißt, von den Stichwörtern, die beim Abfotografieren aus dem Text heraus leuchten, mache ich ja immer ein großes inneres Gesamtbild, oft sind es Türen, auf denen die Themen des jeweiligen Buches stehen. Nun hatte ich die Idee, die inneren Bilder nach außen auf die Korktafel zu übertragen. Ich wollte mir ihre gegenseitigen Vernetzungen klar machen. Ich übertrug meine inneren Bilder auf verschiedene Blätter farbigen Papiers. Ganz wichtige Stichwörter – eben die Wörter, die zuvor aus den Texten herausgeleuchtet hatten – notierte ich ebenfalls zu den einzelnen Themen.

Manchmal verteilte ich eines dieser Stichwörter sogar zweimal oder auch dreimal, zum Beispiel zu den Organsystemen, dem Gehirn und der Psychologie.

Das machte großen Spaß. Ich erkannte, wie die Themen miteinander in Beziehung stehen, wie sie sich gegenseitig beeinflussen und vernetzen. Medizinische, auf den Körper orientierte Diagnosen haben oftmals eine sichtbare Entsprechung auch im psychischen Bereich, in der Zeit waren das für mich interessante und aufregende Beobachtungen."

Lena schwieg einen Moment. „Und nun komme ich zu dem Punkt von eben. Bei den Büchern handelt es sich ja ausschließlich um Lehrbücher. Ich hatte sie alle um mich herum auf dem Schreibtisch versammelt, darüber an der Korktafel die einzelnen, sich vernetzenden Themen und Fragen zu den Büchern. Nun entwickelte ich eine besondere Form der Aktivierung. Sie entstand ganz von selbst."

Lena schaute zu mir herüber. „Ich bin gespannt, wie hast du aktiviert?"

"Nun ja", antwortete Lena „von den Stichwörtern, die ich ja ebenfalls dort notiert hatte und die die Beziehungen zu den anderen Büchern aufzeigten, konnte ich direkt wieder zurück auf die entsprechenden Lehrbücher schließen – und das funktionierte so: Wenn ich meine innere Aufmerksamkeit auf einen medizinischen Fachterminus lenkte und dazu eine Frage formulierte, blätterten sich sofort die für dieses Thema oder diese Frage bedeutsamen Textstellen und Seiten aus einem oder sogar mehreren der Lehrbücher vor meinem geistigen Auge auf. Dabei machte ich weitere interessante Erfahrungen. Einmal ging es um Zusammenhänge des Blutdrucks mit dem Blut und dem Herz-Kreislaufsystem. Schon beim schnellen Fotografieren hatte ich bemerkt, dass die thematischen Zusammenhänge auf ganz unterschiedlichen Seiten zu finden waren. Hinzu kam, dass in dem Fall mehrere meiner Fachbücher das Thema aufgriffen.

So stellte ich mir innerlich die Frage, in welcher Reihenfolge ich vorgehen solle. Prompt kam die innere Antwort – zunächst war ich ganz perplex. Vor meinem inneren Auge leuchteten nacheinander die Cover von insgesamt drei der vor mir liegenden Bücher auf, und auf dem jeweiligen Cover prangten farbig unterschiedlich hinterlegte Zahlen. Mir war sofort klar, dass es sich um die Seitenzahlen zum Thema handelte. Genau so war es. Auf den jeweiligen Seiten standen die Antworten, ich begann mit der Technik zu spielen. Einmal stellte ich die Frage, wie hoch die Anzahl der Blutplättchen im Blut sei. Zunächst sah ich verschiedene Zahlen vor meinem geistigen Auge aufleuchten, innerlich fragte ich, welche es nun sei, als zu meiner Überraschung eine Scitenzahl vor meinem inneren Auge sich von den anderen abhob und noch mehr an Leuchtkraft gewann. Ich weiß noch wie heute, es war die Seite 117 in einem Lehrbuch mit blau weißem Cover. Ich schlug die Seite in dem Lehrbuch auf und fand in einem Abschnitt der Seite die genaue Antwort. Es war unglaublich."

Lena vergewisserte sich nochmals mit einem fragenden Blick zu mir. Immer noch war diese leichte Unsicherheit nicht von ihr gewichen. Wie wichtig, wie notwendig ermutigende Spiegelungen doch waren. Immer wieder musste auch ich mir klar machen, dass Lena diese Erlebnisse niemals zuvor erzählt hatte.

„Lena, deine Leseerfahrungen sind großartig und ungewöhnlich und berühren mich. Das Aufschreiben dieses Wissens wird helfen, dass Kinder wie Max und die anderen hier zukünftig ein Forum erhalten."

Lena nickte. Immer wieder spürte ich, wie es sie erleichterte, einfach gehört zu werden.

„Ja, jedenfalls", griff Lena ihren Faden wieder auf, „fiel mir ab dem Zeitpunkt das Lernen immens leicht und machte mit diesen Vernetzungs- und Fragetechniken ungeheuren Spaß. Je häufiger ich sie anwendete, desto mehr vertieften und erweiterten sich die Fähigkeiten, bis ich zu einem bestimmten Zeitpunkt so weit war, den Text aus einem Lehrbuch sogar vor meinem inneren Auge aufzuschlagen und abzulesen. Ab dem Zeitpunkt war ich nicht mehr zu halten. Ich begann, die Fähigkeiten noch intensiver zu schulen, indem ich sie auf ihre Genauigkeit untersuchte und die inneren Textbilder immer wieder mit dem realen Text im Lehrbuch verglich. Mit diesen Variationen erweiterte ich meine fotografischen Fähigkeiten immens. Ich wurde in der Textwiedergabe immer genauer."

Lena sagte dies mit halbgeschlossenen Augen.

„Weil", fuhr sie dann fort, „ich mit dieser Textgenauigkeit nun Wahlmöglichkeiten der Präsentation nach außen entwickeln konnte; die Texte einfach nur innerlich abzulesen war mir bald zu wenig. Außerdem hatte ich in der einen oder anderen Prüfung, wie du ja weißt, schlechte Erfahrungen gemacht. Die Prüfer vermuteten nicht nur einmal, dass ich gemogelt hätte, und ich war ja immer noch in dem Glauben, nicht richtig lernen zu können. Also ich will es so erklären: Bei diesem Thema kamen meine beiden inneren Berater wieder ins Spiel. Sie halfen mir, dass Problem zu lösen."

„Wie das?"

„Sie arbeiteten bei der Verarbeitung dieser Fachbücher immer enger zusammen, obwohl ihre Aufgaben doch so unterschiedlich sind." Lena sah zu mir herüber. „Du weißt ja, mit den Fantasybüchern hat der konservative Berater nichts zu tun. Die überlässt er allein dem intuitiven. Bei Fachbüchern dagegen spielen sie sich gegenseitig die Bälle zu. Der intuitive Berater lässt die Wörter im Buch aufleuchten und übergibt sie dann dem konservativen Berater, der damit das übergeordnete Gesamtbild des Buches herstellt. Nun ja, das kannte ich schon, doch dann differenzierten die beiden ihre Zusammenarbeit weiter."

„Wie, denn?"

Meine hastige Frage amüsierte sie.

„Über innere Monologe und Dialoge. Die beiden begannen miteinander zu sprechen. Einmal brauchte der konservative Berater eine Seitenzahl zu einer medizinischen Fachfrage. Der intuitive Berater nannte sie ihm. Der Text blätterte sich auf. Es entstand ein inneres Textbild, das der konservative Berater erstmalig ablesen konnte. Das war die erste Erfahrung im wortgenauen inneren Lesen.

Das ist tatsächlich eine Fähigkeit des konservativen Beraters. Der intuitive Berater fand das zunächst langweilig, er braucht die Filme und die Aktion, die Abwechslung. Mittlerweile kommt er hinzu, steht im Hintergrund des konservativen Kollegen und schaut ihm über die Schulter. Dann blicken sie gemeinsam auf das innere Textbild des Lehrbuches. Wenn der konservative Berater liest, hört der intuitive ganz genau zu. Dann sagt er manchmal ‚Stopp!' und lässt in dem inneren Textbild, das der andere abliest, ein Wort aufleuchten. Sofort hält der konservative Berater inne und übergibt an den intuitiven. Der lässt dann zu dem Wort einen ganzen Film ablaufen oder es taucht eine Szene auf, die die Theorie des Lehrbuchs lebendig und spannend macht. Diese Zurückhaltung und Zusammenarbeit musste der intuitive wirklich lernen, doch in den Prüfungen brauchte ich nicht mehr nur abzulesen, sondern konnte spannend mit Hilfe kleiner Geschichten erzählen.

Die Geschichten sind nicht immer so passiert, waren manchmal gar nicht real, aber stützen eindrücklich die Theorie. Etwa so: Auf den unterschiedlichen Stationen der Krankenhäuser sind die Patienten mit der medizinischen Fachsprache und der Diagnostik in vielen Fällen massiv überfordert. Sie verstehen oftmals gar nichts. Da musste Übersetzungsarbeit geleistet werden. Diese Arbeit übernahm der intuitive Berater. Dabei war er oft sehr humorvoll und einfühlsam. Er schaffte es, die manchmal kalte, erdrückende Sprache der Medizin so zu wandeln, dass neben der Verständlichkeit vor allem der Mensch wieder im Vordergrund stand.

In der gesamten Zeit des Studiums, aber auch in der Ausbildungszeit auf den Stationen, hatte ich diese Prüfungen in regelmäßigen Abständen zu überstehen. Nun koordinierten die beiden ihre Zusammenarbeit. Ihre inneren Dialoge wurden immer intensiver – oft mit Humor gewürzt. Das gesamte Wissen über die Themen meiner Ausbildung ist mir auch heute, nach so vielen Jahren noch vollständig präsent. Die Aufsicht über die Themen hat immer der konservative Berater. Da lässt er sich von dem intuitiven in keinem Fall reinreden."

Langsam tauchte Lena aus den Erinnerungen an ihre Ausbildungszeit auf – eine Zeit, dachte ich, in der Lena als einzige Stütze zwei innere Berater zur Verfügung standen, die die Entwicklung ihrer fotografischen Lesefähigkeiten wie zwei hilfreiche innere Lehrer begleiteten. Ein fantastisch anmutendes Beispiel intrapersonaler Intelligenz, in der Lena ihre eigenen Fähigkeiten zu verstehen lernte und entwickelte.

„Und heute Lena? Wie ist es heute?"

„Auch heute stehen mir die beiden inneren Berater immer hilfreich zur Seite. Das zeigte sich noch vor Kurzem, bei einem Vortrag über die Wirkung der Schüssler-Salze. Diesen Vortrag hätte kein anderer halten können. Wenn mich einer bei der Vorbereitung beobachtet hätte, er hätte sich die Haare gerauft und gesagt: ‚Da ist keine Struktur und kein Aufbau erkennbar.' Diese Bemerkungen kenne ich nur zu gut und Max bekommt sie ja auch fast täglich in der Schule zu hören."

„Und, hattest du eine Struktur?" „Natürlich!" Lena warf mir einen entrüsteten Blick zu.

„Ich habe eine riesige Mindmap zu dem Vortragsthema gemacht. Für einen Außenstehenden wäre es tatsächlich schwierig gewesen, darin eine Struktur zu erkennen, geschweige einen Vortrag zu halten. Ich jedoch fand mich hervorragend in der Struktur meiner Mindmap zurecht. Stelle dir vor, zu dem Vortrag nahm ich es noch nicht einmal mit. Ich fotografierte es einfach ab und hielt den Vortrag nach meiner inneren Mindmap. Als der Vortrag begann, standen beide inneren Berater hilfreich im Hintergrund.

Die Sachinformationen über die Schüssler-Salze hatte ich schon in der Vorbereitung mit Geschichten verwoben. Ein spannender Vortrag, die Zeit verging im Eiltempo. Ich hätte noch ewig weiter reden können, doch der konservative Berater hatte die Zeit im Blick, der passte auf. Der hält immer die Zeit ein und verweist auf mögliche Fehler. Tatsächlich hatte ich ein Schüssler-Salz mal wieder falsch an die Flipchart geschrieben, sofort zoomte er das Wort herbei und machte mich so auf den Fehler aufmerksam. Danach trat er in den Hintergrund zurück und verfolgte von dort das weitere Geschehen. Die Kommunikation mit den Beratern verläuft immer parallel zum Vortrag. Allerdings kann das kein Außenstehender wahrnehmen. Es handelt sich um innere Monologe und Dialoge. Manchmal beziehen diese sich auch kommentierend auf die Inhalte und Geschehnisse des Vortrags.

Interessant wird es, wenn ich mal den Faden verloren habe. Jeder kennt diese Situationen. Automatisch übergebe ich dann an den intuitiven Berater. Ich stelle den Gedankengang zu diesem Thema für ein paar Minuten zurück. Nach außen ist das selbstverständlich nicht sichtbar. Im Vortrag selbst, verfolge ich dann einfach eine neue Gedankenspur, einen neuen inhaltlichen Punkt zum Thema. Und während ich über Aspekte dieses Punktes spreche, schaut in der Zwischenzeit der intuitive Berater im inneren Archiv nach. Auch diese Arbeit läuft immer parallel zum Vortrag. Nach wenigen Minuten kann ich dann auf den Aspekt oder auf die Frage zurückkommen. Für Augenblicke verlässt der intuitive Berater seinen Posten, bis er die Information gefunden hat. Er weiß, dass der andere auf sicherem Territorium steht. Wie bei einer Suchmaschine verfolgt er dann die Erinnerungsspuren zu dem gesuchten Detail. Hat er es gefunden, kehrt er sofort auf seinen Platz zurück. Ich erhalte dann ein inneres Signal, etwa in Form eines Bildes oder einer mentalen Information zu dem gesuchten Thema. Auch diese Zusammenarbeit haben beide Berater über viele Jahre lernen und entwickeln müssen."

Lena schaute zu mir herüber. Mit geröteten Wangen saß ich da, als hätte ich einem spannenden Hörspiel gelauscht. Schließlich sagte ich:

„Du hast über sehr beeindruckende und äußerst erstaunliche intuitive und visuelle Lesefähigkeiten berichtet, wie sie so bunt, lebendig und einzigartig nur in der Welt der inneren Bilder ablaufen können. Dieser vom rechten Gehirn gesteuerte ganzheitliche, alle inneren Wahrnehmungsfähigkeiten erfassende Leseprozess wird die pädagogisch didaktische Fachwelt hoffentlich mit vielen Fragen herausfordern."

Ich warf einen sehnsuchtsvollen Blick auf die drei Bände der Farbenlehre. Haben wir noch Zeit genug, die Bücher intuitiv zu verarbeiten und fotografisch zu lesen? Natürlich war Lena sofort klar, was ich vorhatte – der Rückgriff auf die Bücher, auf Goethes

Farbenlehre mit der Absicht, die Wirkung der Farben intuitiv zu erfassen. Doch zunächst mussten wir noch einmal den Bogen zu Paul Scheele schlagen – die Frage nach den Inhalten der noch verbleibenden Aktivierungsformen der inneren Befragung und der Mindmap war noch offen geblieben.

„Was schreibt er darüber", fragte Lena. Ich versuchte die wichtigsten Aussagen über diese beiden Aktivierungstechniken zusammenzufassen.

„Scheele ist der Ansicht, dass die innere Befragung, also das Stellen persönlicher Fragen zum Buch, die häufigste und vor allem wichtigste Aktivierungsform sei. Er sagt, die innere Befragung setze eine Suche in Gang, um befriedigende Antworten zum Thema zu erhalten. Sie baue eine Brücke zwischen dem bewussten Verstand und dem inneren Bewusstsein. Wenn dieser Zugang offen sei, sei das innere Bewusstsein in der Lage, relevante Antworten direkt im Text zu erkennen. Das innere Befragen stärke das Vertrauen in das, was man bereits wisse."

Ich sah, wie Lena kaum merklich den Kopf schüttelte. „Wie schon beim Überblick", entgegnete sie. „Scheele bleibt auf der äußeren Ebene der Beschreibung – das ist etwas schade, doch vielleicht hatte er es so beabsichtigt. Und was sagt er zum Mindmapping?"

„Scheele plädiert dafür, zu allen wichtigen Büchern oder Texten eine Mindmap zu erstellen. Nach seiner Auffassung ist Mindmapping vielleicht der künstlerischste und ausdrucksstärkste Aktivierungsschritt, eine Art der Darstellung, die dem entspricht, wie unser Gehirn arbeitet – räumlich, nicht sequenziell, sondern zufällig und mit sich verzweigenden Mustern. Dies, so Scheele, ist eine ausgezeichnete Art und Weise, Information im Langzeitgedächtnis einzuprägen. Mit Mindmapping können Informationen umrissen und Gedanken in einer einzigartigen Weise kurz und bündig organisiert werden. Es eigne sich hervorragend, um den kreativen Fluss von Ideen anzuregen – auch ein Mittel zum Brainstorming neuer Ideen.

Mindmapping ist für Scheele eine wirkungsvolle Aktivierungstechnik, weil sie dazu anrege, tiefer nachzufragen. Dem können wir in allen Punkten zustimmen, doch kein Wort von einer inneren Farbpalette, Lena."

Sie lächelte.

„Also, wollen wir noch heute Abend in dieses Thema einsteigen?", fragte ich.

Eigentlich stellte sich diese Frage nicht mehr, eigentlich stellte ich sie nur pro forma, denn Lena war bereits aus dem Sessel aufgestanden und schritt die lange Buchreihe eines Regals ab.

„Wo steht es?", fragte sie.

„Was denn?"

„Na, das Einsteinbuch. Habe ich es vorhin nicht schon erwähnt? Max nimmt in Physik gerade das Thema Raum, Zeit und Relativität durch. Und sprach sich nicht auch Goethe gegen den Atomismus aus? Die Bücher passen doch gut zusammen. Ich könnte es nehmen. Ich werde mit dem Einsteinbuch arbeiten."

„Und deine Bücher hier in diesem Karton? Welche sind denn da noch drin?"

„Später", Lena winkte ab.

Nun gut, Lena und ich würden uns an diesem Abend noch Zeit nehmen mit Goethes Farbenlehre und dem Buch „Alles ist relativ" über Albert Einstein. Wir werden die Schritte des Systems FotoLesen als Ganzes durchführen – und schließlich war das Einsteinbuch ein Sachbuch, das war ebenfalls gut. Scheeles Beschreibung des ganzheitlichen Lesesystem FotoLesen griff ein wenig zu kurz, hatte uns sogar an verschiedenen Stellen enttäuscht, vor allem wegen des Verzichts, die inneren Wahrnehmungsebenen, das Spiel der visuellen, emotionalen sowie intra- und extrapersonalen Intelligenzen beim fotografischen Lesen zu beschreiben.

Dagegen stand jedoch seine sehr gute Beschreibung der Techniken der einzelnen Schritte dieses Lesesystems. Allerdings glaubt Scheele, die Techniken in einer linearen Abfolge durchführen zu müssen. Nach dem dritten Schritt, dem Fotografieren der Druckseiten, riet er sogar zu einer sogenannten Inkubationszeit, bevor man zum vierten Schritt, den Aktivierungstechniken, übergehen solle. Darüber könnte man diskutieren. Lena und ich hatten andere Erfahrungen; Erfahrungen, die völlig parallel ablaufende Verarbeitungsfähigkeiten in den Vordergrund stellten, eben wie Blakeslee es beschrieb. Parallele, gleichzeitig ablaufende Verarbeitungsfähigkeiten als eine der bedeutenden Ressourcen des rechten Gehirns. Und diese setzten in besonderer Weise bei der fotografischen Verarbeitung von Büchern ein. Lena und ich hatten jetzt vor, ein weiteres Mal aufzuzeigen, dass die intrapersonalen Intelligenzen, wie die Arbeit der „inneren Berater", hier eine ganz entscheidende Rolle spielen. Sicher gingen wir davon aus, dass schon beim Überblick auch innere Aktivierungen zu unseren Fragen stattfinden würden.

 Wissen kurzgefasst:

Veränderung der Lesetechnik

In der Schule hast du gelernt, mit der linken Gehirnhälfte auf eine sehr bewusste, lineare Weise zu lesen. Diese Art des Lesens schränkt die Lesegeschwindigkeit und das Leseverständnis für schriftliche Informationen sehr stark ein. Mit dem fotografischen Lesesystem kannst du die Fülle verschiedener Lesegeschwindigkeiten nutzen, die du je nach Komplexität der Informationen und deiner Absicht anpassen kannst. Es handelt sich hier um ganzheitliche und fortgeschrittene Lesestrategien, die vorrangig auf der Arbeitsweise des rechten Gehirns basieren.

Grundübung: Vom horizontalen zum vertikalen Lesen

Nimm ein Buch deiner Wahl und schlage darin eine Seite auf. Entspanne dich mit vier, fünf tiefen Atemzügen. Nun stelle dir die imaginäre Mandarine vor. – Lasse sie Kraft deiner Vorstellung auf den Punkt über und hinter deinem Kopf schweben. Fixiere mit dieser Vorstellung deinen Aufmerksamkeitspunkt, um den idealen Lern- und Lesezustand herzustellen. – Nun gleite mit einer weichen Augenbewegung in einer ‚Slalom-Technik' oder senkrecht über den Text. Lies einige Seiten mit dieser Technik.

Wie war deine Erfahrung? Gab es Wörter, die aufleuchteten, etwas an Tiefenschärfe gewannen oder anders auffällig wurden?

Wiederhole die Übung einige weitere Male.

Überfliegen und Eintauchen in Texte und Bücher

Paul Scheele zeigte auf, dass in Romanen aber auch in Sach- oder Fachbüchern lediglich 4 - 11 Prozent der Wörter die Bedeutung tragen, die für das Verständnis des Textes wichtig sind.

Mit Überfliegen und Eintauchen nutzt du eine beschleunigte visuelle Lesestrategie. Dabei ist das Gehirn in der Lage, genau die bedeutsamen Wörter aus Textseiten herauszufiltern, die den Hauptinhalt tragen. Der Inhalt eines Textes wird in der Regel über Nomen transportiert.

Gehe beim Überfliegen wie in der Grundübung schnell durch eine große Anzahl von Textseiten. Das Gehirn nimmt mit dieser Technik die entscheidenden Wörter wahr. Wenn du das Überfliegen mit einer gut definierten, persönlichen Intention verbindest, kannst du wichtige Schlüsselbegriffe, Überschriften und Abschnitte von den unwichtigen unterscheiden.

Beim Überfliegen des Textes mit dieser Technik kann es sein, dass du von der äußeren Wahrnehmung des Textes, wie beim Wort-für-Wort-Lesen, zur *inneren Wahrnehmung* fließend übergehst. Dabei kann sich die innere Wahrnehmung, wie Lena schon beschrieben hat, durch Aufleuchten einzelner Wörter oder farbliche Unterstreichungen bedeutungstragender Wörter oder durch Tiefenschärfe zeigen. Das Überfliegen erfolgt immer mit hohen Lesegeschwindigkeiten.

Wenn du so in Texte eintauchst, achte auf Überschriften oder Wörter, von denen du dich angezogen fühlst. Hierbei kannst du Fakten und Details nach Maßgabe deiner persönlichen Intention verwerten.

Wenn du siehst, dass im Text ein Wort aufleuchtet oder an Tiefenschärfe gewinnt, halte einen Moment bei dem Wort inne. Warte, bis aus dem Wort ein inneres Bild entsteht. Dann haben deine inneren visuellen Intelligenzen die Arbeit aufgenommen. Wenn dieser Vorgang startet, schließen sich oftmals weitere innere Bilder an. Es entstehen kleine Szenen oder ganze innere Filme zur Textseite, zum Abschnitt oder sogar zum Kapitel eines Buches. Dieser innere Prozess wird über die assoziativen Fähigkeiten des rechten Gehirns gesteuert. Aufleuchtende oder herausstechende Wörter einer Textseite oder eines Kapitels sind immer aufeinander abgestimmt und miteinander verbunden. Dieser innere ganzheitliche Prozess des Erfassens von Texten und Büchern geschieht über die Aktivierung der intuitiven Intelligenzen.

Mit Mindmapping kannst du die Aktivierung abrunden. Mindmapping ist eine ganzheitliche Möglichkeit, individuelle Gedanken zu einem Thema wiederzugeben. Hier spielen das linke und rechte Gehirn zusammen. Bilder, Informationen und auch Assoziationen zu einem Thema können mit einer Mindmap einzigartig zusammengebracht und so auch verknüpft werden. Die Mindmap gibt einen Überblick über das ganze Thema, ermöglicht es, die Vogelperspektive einzunehmen und dann schnell ins Detail einzutauchen und auch umgekehrt wieder das Gesamtbild zu betrachten. Diese Mindmaps kannst du auf der äußeren Ebene bunt und farbenfroh auf ein Papier bringen. Ebenso ist es aber auch möglich, diese Bilder ausschließlich auf der inneren Ebene als innere Landkarten der Gedanken zum Lesestoff wahrzunehmen.

Mit Goethe und Einstein fotografisch lesen und intuitiv lernen

Die Farbpalette des konservativen Beraters hatte mich extrem neugierig gemacht. Sollte er tatsächlich eine innere Palette von Farben zur Verfügung haben? Welche Bedeutung haben diese Farben? Ich dachte kurz darüber nach. In meine Gedanken schoben sich die von Tony Buzan entwickelten bunten Gedankenkarten, die er kurz Mindmaps nannte und über die Lena und ich schon so oft gesprochen hatten. Diese farbigen Karten entsprachen im Aufbau und der farbigen Zusammenstellung, unterstützt durch Bilder, Skizzen, Karikaturen, Piktogramme und Symbole, in jeder Hinsicht der Arbeitsweise des rechten Gehirns.

Allerdings wurden alle diese Mindmaps auf einer äußeren Ebene der Wahrnehmung hergestellt. Oft gab ich meinen Schülern den Auftrag, solcher Art hergestellte Gedanken oder Ideenbilder zu visualisieren, um sie auf die innere Ebene der Wahrnehmung zu übertragen und gleichzeitig damit das innere Sehen zu schulen. Im Bildergedächtnis abgespeichert, konnten sie dann bei Bedarf jederzeit erinnert werden – eine ganzheitliche Möglichkeit, innere Notizen herzustellen, individuell und einzigartig. Die Bilder setzten Assoziationen frei und umgekehrt setzten Assoziationen neue Bilder frei. Die grundlegende Idee der Mindmaps entsprach dem Aufbau eines Spinnennetzes oder eines Baumes mit seinen Verästelungen, Begriffen, die auch Lena in der einen oder anderen Weise schon häufiger benutzt hatte.

Und wieder trat in Lenas Ausführungen dieser beeindruckende konservative Berater auf, der bedeutsame, interessante Themen eines Buches auf einer ganzheitlichen Ebene sortierte, jederzeit den übergeordneten thematischen Kontext im Blick habend, der dabei eine innere Registratur des Wissens aufbaute. Und eben dieser konservative Berater sollte auch über eine Palette innerer Farben verfügen?

Der Gedanke war faszinierend. Wie stellt der konservative Berater eigene, innere Mindmaps her? Welche Bedeutung haben die inneren Farben? Welche Vorgehensweise hat er? Gleichzeitig würde ich Goethes Farbenlehre fotografisch lesen. Welch ein Zufall! Ich dachte an meine Intention. Würde sich mir, inspiriert durch Goethes Farbenlehre, intuitiv die Bedeutung der Farben erschließen? Und welchen Einfluss üben Farben möglicherweise auf fotografische Lese- und Lernvorgänge aus?

Ich wusste aus meiner pädagogisch-therapeutischen Arbeit mit Farben, dass die Farbe Orange, ähnlich wie Gelb, entscheidend das Selbstwertgefühl und die Ich-Funktionen stärken kann. Was wäre, wenn die Schüler in Belastungssituationen kraft der Vorstellung innerlich eigene Stärkungsfarben herstellen könnten? Welches therapeutische Konzept würde sich darauf aufbauen lassen? Ich war sehr neugierig auf die Goethe-Trilogie zur Farbenlehre und tauchte aus meinen Gedanken auf.

„Welche Bedeutung hat die Farbe Gold für deinen konservativen Berater, Lena?"

Ich griff hiermit Lenas Bemerkung vom Anfang des Abends wieder auf. Lena schaute von ihrem Einsteinbuch auf.

„Einen kurzen Überblick habe ich mir schon verschafft", sagte sie. „Was wolltest du wissen – die Bedeutung der Farbe Gold? Nun ja, sie ist die wichtigste Farbe des konservativen Beraters. Also das ist so: Die bedeutungstragenden Wörter, die beim Fotografieren einer Textseite aufleuchten, sind immer mit einem goldfarbenen Marker unterstrichen. Die Farbe Gold hat die Fähigkeit, den Wörtern einen strahlenden Glanz zu geben, sodass sie sich aus dem Text herausheben. Sie geraten dadurch automatisch in den Fokus der Aufmerksamkeit, wie der Lichtstrahl einer Taschenlampe."

Ein schönes Bild von der Farbe Gold, dachte ich. Schön für Lena – denn es gibt auch andere Möglichkeiten, wichtige Begriffe beim Fotolesen über die innere Wahrnehmung zu markieren. Von meinen Schülern wusste ich, dass ihnen einzelne Wörter aus dem Text dreidimensional entgegenkommen oder farbig unterstrichen erscheinen.

„Mein konservativer Berater nutzt für diesen Prozess ausschließlich die Farbe Gold. Vermutlich würde eine andere Farbe diese Kraft gar nicht besitzen. Dann stellt er die mit Gold gekennzeichneten Wörter allesamt in eine große innere Mindmap, deren Struktur oft aussieht wie ein Spinnennetz mit vielen Fäden und Verbindungen – oder auch Türen, mit goldfarbenen Aufschriften. Darüber sprachen wir ja schon. Diese Vergleiche finde ich wirklich treffend. Auch sind die inneren Bilder meistens viel feiner als die, die ich mit Farbstiften male."

„Wozu dienen sie?"

„Die so gekennzeichneten Wörter symbolisieren die bedeutsamen Themen und Hauptaspekte des Buches. Die zentrale Idee, das

Thema, ist in der Mitte angeordnet und komplett goldfarben mit eben dieser hohen intensiven Leuchtkraft der Farbe Gold. Die dazugehörigen Themen, aus einzelnen Kapiteln oder auch persönliche Fragen, werden um das Zentrum angeordnet und mit Linien verbunden.

Meist nutzt der konservative Berater hier weitere Türen, vielleicht aber auch ein Spinnennetz. Die um das Hauptthema angeordneten weiteren Schlüsselthemen haben ebenfalls eine goldene Schrift, werden oftmals aber auch mit sanften Blau- oder Lila-Tönen leicht unterlegt. Damit ist die persönliche Intention zu einem Buch schnell über die Auswahl der thematischen Schwerpunkte erkennbar.

Wenn ein solches Thema in den Fokus meiner Aufmerksamkeit gerät, wenn ich das sich dahinter verbergende Wissen erfassen möchte, erstrahlt die Farbe Gold, und die sanften Blau- und Lila-Töne schweben Richtung Peripherie des Wortes. Fast dreidimensional dem Wort hinterlegt, werden dann mit dem Fokus der Aufmerksamkeit einzigartige Bilder und Assoziationen zu einem von mir gewählten Thema freigesetzt. So hat jede Farbe auf der inneren Wahrnehmungsebene eine besondere Bedeutung. Natürlich verwendet der konservative Berater beim Erstellen der Mindmaps auch noch andere Farben.

Die Farbe Rot hat zum Beispiel ein besonderes Gewicht. Rot bedeutet: Hier werden wichtige Verbindungen und Vernetzungen mit anderen Themen aufgezeigt. Wenn ich die Farbe Rot in einem inneren Bild aufleuchten sehe, weiß ich, dass hier wichtige Details eine Rolle spielen. Grün, Rosa und Hellblau stehen für die oftmals dazu gehörigen Geschichten."

Lenas Aufmerksamkeit hatte sich, während sie sprach, nach innen gerichtet. Ich hatte beim Zuhören ein paar Seiten der Farbenlehre umgeblättert, als unter ihren Worten vor meinem geistigen Auge ein Strom farbiger Bilder entstand. Erst jetzt bemerkte ich, dass sich auch meine Aufmerksamkeit ganz automatisch ebenfalls nach innen gerichtet hatte.

In einen tiefblauen Hintergrund eingetaucht, bemerkte ich jene drei Bücherbände von Goethes Farbenlehre, die gerade noch auf der äußeren Ebene meine Aufmerksamkeit in Bann gezogen hatten. War es möglich, in die Welt der Farben und der Wirkungen einzutauchen, fragte ich mich. Ich wollte es wissen, spürte meine Ungeduld, als sich ein weiteres Buch in mein inneres Bild schob – das Buch „Alles ist relativ" über Einstein.

Auch dieses Buch war in unterschiedliche Farben getaucht. In einem spielerisch anmutenden Wechsel stiegen sie hoch, wie ein Glasperlenspiel, mal schob sich die eine, mal eine andere Farbe in den Vordergrund. Zarte Blautöne wechselten zu Gelb- und Grüntönen, sich dann wieder zurück verwandelnd zu tieferen, noch dunkleren Blautönen. Hier und da schoben sich Farbskalierungen von tiefem Rot bis Hellorange in diese Symphonie der Farben. Trotz der unterschiedlichen Ebenen schienen alle vier Bücher im pulsierenden Meer der Energie der Farbe Blau zu schweben. So etwas hatte ich noch nie in einem inneren Bild gesehen. Fassungslos beobachtete ich die Bilderszene.

Ich erinnerte mich an ein Buch von Win Wenger und Richard Poe, „Der Einsteinfaktor". In diesem Buch beschreiben die beiden Autoren solcherlei Bilderströme als natürliche Fähigkeit des Geistes, über mehr oder weniger zufällige Assoziationen zu einem Thema innere imaginäre Bilder, Klänge, Gerüche, Geschmacksempfindungen oder Gefühle entstehen zu lassen. Zum Beispiel nutzte der jugoslawische Erfinder Nicola Tesla solche Bilderströme bis ins kleinste Detail für seine Erfindungen. Dabei waren seine mentalen Baupläne so genau, dass er sogar Konstruktionsfehler fand, wenn er seine Maschinen im Geiste laufen ließ. Die gesamten Grundlagen für die heutige Stromversorgung entwickelte Tesla über derartige Bilderströme. Von Shereshevesky, bekannt als der Mann, der sich an alles erinnert, wusste man, dass er seine multisensorischen Gedankenströme dazu nutzte, seinem Gedächtnis nachzuhelfen. So sagte er von sich, dass „er sich Worte nicht nur durch fotografisch genaue mentale Bilder, sondern auch über ihren Geschmack oder ihr Gewicht oder über einen ganzen Komplex von Gefühlen merke". Wenger und Poe hatten das mit einem wunderbaren Beispiel aus Shereshevskys Leben verdeutlicht. Einmal sollte sich Shereshevesky eine willkürlich angeordnete Reihe von etwa 49 Silben wie ma, va, na, sa ... usw. merken. Als er diese vorgelesen bekam, sah sich Shereshevesky plötzlich in einem Wald. Parallel bemerkte er zu seiner Linken eine helle dünne Linie. Was hatte es damit auf sich? Nach einmaligem Vorlesen konnte Shereshevesky alle Silben in der richtigen Reihenfolge zitieren. Danach befragt, wie er das gemacht habe, erklärte er, dass alle Konsonanten der Serie mit dem Buchstaben a verbunden waren. Dann seien „auf dieser Linie Knoten, Spritzer, verschwommene Flecken, Häufchen, in allen möglichen verschiedenen Farben und unterschiedlich schwer und dick erschienen. Diese repräsentierten die Buchstaben m, v, n, usw.". Beim Abrufen hätte er in seiner Vorstellung nur zurück in den imaginären Wald gehen müssen, um jeden Klecks farblich wahrzunehmen, zu riechen oder zu fühlen und durch die einzigartige Form oder Farbe mit der Silbe in Verbindung zu bringen. Auch könne er sich dadurch die richtige Reihenfolge der Silben merken.

„Fangen wir jetzt an", hörte ich Lena sagen. Ich schaute zu ihr hoch, meine Aufmerksamkeit wechselte sofort nach außen. Der Bilder- und Gedankenstrom riss ab, ich hatte gar nicht bemerkt, dass auch Lena sich ihrem Buch zugewendet hatte. Ich erzählte ihr von diesem kurzen Bilderstrom und den inneren Möglichkeiten der Wahrnehmung. Lena nickte, für sie war all das selbstverständlich.

„Was denkst du, warum tauchte auch das Einsteinbuch darin auf?", fragte ich.

„Vielleicht finden wir Vernetzungen, möglicherweise gibt es wichtige Verbindungen zwischen Goethe und Einstein, nicht umsonst hast du alle vier Werke in diesem kurzem Bilderstrom gesehen – nutzen wir es, als Hinweis der Intuition."

Lena freute sich und drängte nun umso mehr, jetzt anzufangen. Wir griffen den intuitiven Hinweis auf und entschieden, dass jeder von uns jedes Buch nach Neugier und Interesse bearbeitet. Dann nahmen wir uns einige Minuten Zeit, persönlich bedeutsame Fragen an die Bücher zu richten.

Mein besonderes Interesse weckte der erste Band der Goethe'schen Farbenlehre, vor allem die Abhandlungen über die sinnliche Wirkung der Farben. Ich blätterte nochmals in dem Buch, als mir ein kurzer Textabschnitt entgegensprang: „… die einzelnen Bedeutungen der Farben vollkommen zu empfangen, muss man das Auge ganz mit einer Farbe umgeben, z. B. in einem einfarbigen Zimmer sich befinden, durch ein farbiges Glas sehen. Man identifiziert sich alsdann mit der Farbe: sie stimmt Auge und Geist mit sich unisono." O-Ton Goethe.

Goethes Texte weckten meine Neugier, und seine Abhandlungen schienen mir sehr geeignet zu sein, intuitiv die Wirkung der Farben zu entdecken. Der kurze Textausschnitt hatte meine Absicht noch weiter verstärkt. Weiterführende Fragen stellten sich ganz von alleine: Welche Eigenschaften und Wirkungen haben die einzelnen Farben? Welche Ebenen des Menschen beeinflussen sie? Welche Funktion haben die Farben für den fotografischen Leseprozess?

Dieser Vorgang des Fragenstellens ging tatsächlich sehr schnell. Wenige Sekunden reichten aus, um sie zu formulieren. Die Neugier steuerte diesen Prozess.

Ich beobachtete, wie Lena ebenfalls einige Seiten ihres Einsteinbuches umblätterte. Sie ging dabei ganz und gar nicht linear vor. Ganz im Gegenteil. Mal befand sie sich im hinteren Teil des Buches, dann eher im Bereich der vorderen Seiten, ein anders Mal verharrte sie still auf einer Buchseite, um kurze Zeit später in schneller Folge ihre Fragen auf ein Blatt Papier zu schreiben. Lena war nun ebenfalls mit dem Stellen ihrer Fragen fertig. Ich hatte einen neugierigen Blick auf ihre Aufzeichnungen geworfen und dabei einige interessante Themen entdeckt. Kurz begegneten sich unsere Blicke. Wir signalisierten uns, das fotografische Lesen direkt zu beginnen.

Ein kurzer Gedanke reichte aus, um die Aufmerksamkeit auf den Punkt über und hinter dem Kopf zu fokussieren: das Epizentrum der visuellen Aufmerksamkeit, der Punkt, der die Wahrnehmung nach innen öffnet, aus der objektiven Beobachterposition hinein in die Welt der inneren Farben und Bilder. Es dauerte nur wenige Sekunden – ich sah das erste Bild, die blaue Kugel meines Traums. Ich wusste, dass sie mir einen tiefen Entspannungszustand anzeigte. Freude und Wehmut ergriffen mich. Würde sich die innere Welt der Bedeutungen öffnen? Würde ich die Wirkungen der Farben intuitiv erfassen können? Ich konzentrierte meine Aufmerksamkeit noch tiefer nach innen. Dann begann ich in den Seiten des ersten Buches der Farbenlehre zu blättern.

In die Fragen vertieft, schien es, als würde ich einen inneren Raum der Aufmerksamkeit betreten. Oft schon hatte sich mir der Raum beim Fotolesen gezeigt, er wirkte vertraut, wie ein Raum der Vorbereitung, er erstrahlte in vielfältigen Tönen von Blau. Der Raum strahlte Ruhe und Entspannung aus. Oft nahm ich ihn in dieser inneren Farbe wahr.

Im ruhigen Rhythmus von einer, manchmal zwei Sekunden blätterte ich die Seiten des Buches um. Manchmal verharrte ich aber auch einige Sekunden auf einer Seite. Einzelne Wörter und auch Themen schienen sich aus dem Buch herauszulösen. Erneut begannen sich die Wörter in innere Bilder zu verwandeln.

Ich schaue mich um. Lächelnd steht auf der einen Seite des Raumes der konservative Berater. Den habe ich erwartet. Parallel nehme ich einen weiteren Raum mit gelben Farbtönen wahr. Hier arbeitet Lena in ihrem Buch. Ich staune, dass ich sie jetzt in diesem inneren Raum wahrnehmen kann.

Was hier alles möglich ist! Erneut richte ich meine Aufmerksamkeit auf den konservativen Berater. Direkt hinter ihm taucht eine große Tür auf mit einer goldenen Aufschrift:

„Über die Bedeutung und Wirkung der Farben". Die habe ich vorher noch gar nicht bemerkt. Seitlich neben dem Berater beginnen viele farbige Kugeln zu spielen. Von unsichtbaren Fäden gehalten, tanzen sie wie in einem Mobile. Was der konservative Berater mir wohl zeigen will? Neugierig beobachte ich die Szene. Gleichzeitig blättere ich die Seiten meines Buches weiter.

Weitere Wörter aus dem Buch leuchten auf. Einzelne Farben treten heraus. Bilder strömen: Diese drei Vorgänge laufen tatsächlich völlig gleichzeitig ab. Eine ungeheure Ressource des rechten Gehirns. Ich wusste von Wenger und Poe, dass es Anhaltpunkte dafür gibt, dass innere Bilderströme immer vorhanden sind, dass die sensorischen Mechanismen des Gehirns ständig imaginative Bilder produzieren, selbst wenn wir nach außen gerichteten Tätigkeiten nachgehen – nur sind sie dann mehr oder weniger unterdrückt. Sie werden erst vollständig bewusst, wenn sich die Aufmerksamkeit nach innen richtet und sich tiefe Entspannung einstellt – wie jetzt, als ein innerer Bilderstrom zu meinen Fragen an das Buch einsetzt.

Intuitiv verstehe ich diesen ganzheitlichen Leseprozess. Innere Freude erfüllt mich. Heftiges Erstaunen ergreift mich. Der konservative Berater zeigt mir den intuitiven Überblick über Goethes Buch. Er nimmt die Wörter und die Farben auf – und ich sehe ihn silberne Fäden spinnen. Weiter blättere ich die Seiten. Ein Wort leuchtet besonders hell auf: „Farbenenergie". Ich konzentriere meine ganze Aufmerksamkeit darauf. Eine Szene öffnet sich: Das Wort „Farbenenergie" verändert die Form, sieht nun eher gebündelt wie ein Ball aus. Dabei schwebt das Wort hin und her. Was bedeutet das? Es macht großen Spaß, dem zuzuschauen. Erhalte ich schon jetzt erste intuitive Informationen über die Bedeutung und Wirkung von Farben?

Doch wo ist der konservative Berater? Jetzt entdecke ich ihn, neben dem großen Bild der Themen. Aufleuchtende Wörter aus dem Buch sind ihnen zugeordnet, doch immer noch schwebt die Farbenenergiekugel vor mir hin und her. Und der konservative Berater? Es scheint mir, als schaue er etwas streng zu mir herüber. Soll ich etwas lernen? Fordert er mich auf, ihm die Farbenenergiekugel zu schicken? Es sieht so aus. Aber wie, frage ich mich.

Erneut beobachte ich die Farbenenergiekugel, die nun, vor mir auf der Stelle schwebend, stillzustehen scheint. Der konservative Berater ist ungeduldig, er rauft sich die Haare und zeigt mir, wie es geht. Er schickt einen Gedankenstrahl fokussierter Energie zur Kugel, die sich darauf hin und her bewegt. Ich staune – ich muss es nur beabsichtigen.

Jetzt habe ich es verstanden und konzentriere meine Gedanken ganz auf die Kugel: „Schwebe herüber." Schon im Moment des Gedankens schwebt die Farbenenergiekugel, mit einem silbernen Faden verbunden, zu der goldenen Tür mit der Aufschrift „Über die Bedeutung und Wirkung der Farben". Das macht wirklich ungeheuren Spaß.

Wieder staune ich über die Möglichkeiten des intuitiven inneren Überblicks beim fotografischen Lesen.

Ich konzentriere meine Aufmerksamkeit wieder zurück auf das Buch, blättere langsam, verharre manchmal auf einer Seite, erkenne dreidimensionale Strukturen, leuchtende Farben steigen hoch. Zarte Rosa- und Blautöne neben dunkleren, kräftigeren, in verschiedenen Rot- bis Orangetönen schattierten Farben formieren sich zu Farbenenergien, zu Kugeln, die ich allesamt mit fokussierter Gedankenenergie dem konservativen Berater schicke. Automatisch ordnet dieser sie in das große innere Bild der Farben – darin das mit Gold geschriebene Thema „Die Bedeutung und Wirkung der Farben".

Wieder nehme ich die blaue Kugel meines Traumes wahr – um sie herum jetzt weitere Kugeln. Sie tragen die herausleuchtenden

Farben des Buches. Wie in einem Mobile hat der konservative Berater sie der in Blauschattierungen schimmernden Kugel meines Traumes zugeordnet. Mit silbernen Fäden verbunden, bewegen sich die Themen der Kugeln in einem Meer von Farben und Frequenzen. Eine märchenhafte, eindringliche Mindmap.

Ich will mehr wissen.

Wieder schaut der konservative Berater mit ungeduldigem Blick zu mir herüber. Ich blättere weiter in dem Buch, riskiere aber noch schnell einen Blick zu Lena, die wie ich in ihrem Einsteinbuch am Bildmuster ihrer Themen arbeitet.

Mit welchen Themen sie sich wohl beschäftigt?, frage ich mich.

Die Intention, die in dieser Frage liegt, verbindet mich in einem Resonanzgeschehen mit Lena und den Themen, die sie sieht. Sie aktiviert einen eigenen inneren Bilderstrom. Ich bemerke, wie Lena ebenfalls mit gerichteter Gedankenenergie ein goldenes Wort zu ihrem konservativen Berater schickt. Ich richte meine Aufmerksamkeit auf das Wort, um es zu lesen. Es heißt ‚Quanten' und übt eine anziehende Wirkung auf mich aus. Das könnte ich gebrauchen, denke ich, und tatsächlich, augenblicklich schwebt es durch die Energie meiner Gedanken zu mir herüber. Meine innere Aufmerksamkeit wechselt wieder zurück zu Goethes Farbenlehre und zu meinen Fragen über die Bedeutung und Wirkung der Farben. Doch zuvor nehme ich wahr, dass der konservative Berater ganz selbstverständlich das Wort Quanten aufgenommen und es meinem Thema zugeordnet hat – auf eine silberne Kugel, die über einem goldenen Faden mit der blauen Kugel verbunden ist. Zufrieden beobachte ich den Vorgang. Dann lenke ich meine Aufmerksamkeit zurück auf das Buch und blättere weiter in den Seiten.

Jetzt scheinen sich andere Energien, andere Farbqualitäten zu formieren. Voller Überraschung nehme ich unterschiedlichste Gefühle, vertraute menschliche Emotionen wahr. Freude, Traurigkeit, Zorn, Aggression, Gelassenheit, Neid, Eifersucht, Manipulation,

Verlassenheit, Vertrauen, Liebe. Ich spüre sie und gleichzeitig beobachte ich sie. Hier berührt sich die Wirkung mit der Bedeutung der Farben. Alles geht sekundenschnell. Was bedeutet dies?

Was haben die Gefühle mit den Farben zu tun?

Der konservative Berater, schon wieder ungeduldig, lässt mir keine Zeit für Überlegungen. Er will seine Arbeit abschließen, das übergeordnete Netz der Themen zu Ende weben. Zufrieden beobachte ich, wie er die Gefühlsqualitäten den einzelnen Farbkugeln zuordnet. Erneut konzentriere ich meine Aufmerksamkeit ganz auf das Buch und vergegenwärtige mir noch einmal mein Ziel, inspiriert durch Goethes Farbenlehre intuitiv die Bedeutung der Farben zu erschließen? Wie die Farben sich auf das fotografische Lesen auswirken, hatte ich ja gerade eindrucksvoll erlebt.

Ich tauche in die Seiten ein.

Diesmal nehme ich eine Vielzahl unterschiedlicher Gedanken und Verhaltensweisen wahr, darin weben sich die Gefühle ein – unglaubliche Verbindungen zeigen sich. Ich fühle die Qualität der Schweigsamkeit, des Redeflusses, negativ wie positiv und dahinter verborgen menschliche Bedürfnisse, Gefühle und Verhaltensweisen. So kann das normale Fotolesen die inneren Wahrnehmungsmöglichkeiten steigern! Das habe ich nicht erwartet.

Der konservative Berater nimmt sie alle an, integriert sie, ordnet sie dem mit goldenen Lettern geschriebenen Thema der Bedeutung und Wirkung der Farben zu. Was bedeutet hier die Farbe Gold? Abermals stelle ich diese Frage, als eine Ahnung mich zu erfüllen beginnt. Ein letztes Mal fordert der konservative Berater mich auf, mich auf das Buch zu konzentrieren.

Eine besondere Energie, ein Gefühl, weist mir die Seiten an. Dieses Ordnungskriterium habe ich verstanden, als sich mir in unterschiedlichen Szenen Krankheitsbilder zeigen. Es scheint sich um verfestigte dunkle Energien oder Blockaden zu handeln, im Körper unterbrochene Energielinien, sich nicht ordnungsgemäß drehende Energiewirbel, unterbrochene, abgespaltene Emotionen, emotionale Verletzungen, Schmerzemanationen, manchmal im Körper als Erkrankung verfestigt, manchmal nur im Energiefeld des Körpers als dunkle Schattierung erkennbar. Alles ist miteinander verbunden; Gefühle ebenso wie die Gedanken. Körper und Geist scheinen sich ständig aufeinander zu beziehen. Ich erlebe alles mehrfach abgebildet, im Körper, im Geist und im Feld der Energien. Ein Lichtstrahl weist auf die Zellen, auf die Gefühle, auf die Gedanken.

Ich will noch mehr wissen, noch mehr eintauchen, als der konservative Berater ein weiteres Mal auf das übergeordnete Thema zeigt. Ich schaue auf die blaue Energiekugel meines Traums. Mein Blick senkt sich zurück auf die Seiten des Buches. Ich nehme Goethes Schriftzüge auf der Seite wahr. Ein Gefühl der Gedankenleere, der Neutralität stellt sich ein.

Mein Blick ging nach außen und streifte die noch verbliebenen Bände. Gleichzeitig nahm ich Lena wahr. Ich sah, dass sie viel schneller als ich schon alle Werke gesichtet hat. Welche Themen Lena wohl ausgewählt hat, fragte ich mich.

Noch einmal richtete ich meine Konzentration nach innen. Innere Bilder beginnen die äußeren abzuwechseln. Ein neuer Bilderstrom.

Auch in Lenas Raum der Farben leuchten und spielen geheimnisvoll die Farben auf Türen, hinter denen in dreidimensionalen Mustern aufgereiht sich weitere hochinteressante Themen verbergen.

Alles scheint über fast unsichtbare Fäden miteinander vernetzt. Auch Lena beobachtet interessiert die Themen. Neugierig versuche ich sie zu lesen: „Lichtstrahlen", „Frequenzen der Verhaltensweisen, der Gedanken und Gefühle", „Frieden", „die Weltformel", „Quanten in der Physik", „Illusionen", „Liebe und Demut", so heißen ihre Themen. Sie gehören zusammen. Wie würden sie sich vernetzen? Ein neuer Bilderstrom beginnt, meiner Frage folgend.

Nun schauen wir gemeinsam auf die Themen. Da beginnt ein ergreifendes Spiel der Farben, die konservativen Berater treten beide zur Seite, die intuitiven Berater betreten das Spiel. Die Energiekugeln beginnen zu schweben, die vielen Themen scheinen sich zu kennen, ordnen sich in Frequenzen und Farben, in Gefühlen, Gedanken und im Verhalten einander zu, vereinigen sich zu einem einzigartigen neuen Spiel der Farben. Wir sehen eine unglaubliche Integration, eine Vernetzung und Übertragung des Wissens und der Themen.

Einstein hatte nicht Recht, denke ich leise, er glaubte nicht an Quanten und Quantenphysik. Vor uns ins Bild schiebt sich nun eine geheimnisvoll leuchtende, blaue Kugel. Und auf ihr zeichnet sich ein goldfarbenes Symbol ab.

Darauf die Aufschrift „Über die Bedeutung und Wirkung der Farben". Als ich die Bedeutung dieses Symbols erkenne, beginnt die blaue Kugel erneut zu schweben, als würde sie wieder in die Mitte des Bildes zurücktreten, um sie herum das große Glasperlenspiel der Farben.

Mein Blick huscht zu Lena. Beide atmen wir durch, unsere Aufmerksamkeit langsam wieder auf die äußere Ebene, auf die Realität unseres Arbeitsraumes zurückverlagernd. Der intuitive und der konservative Berater lächeln einander an. Intuitiv spüren wir, dass die Arbeit nun beendet ist. Die Themen der Bücher haben sich, unseren Absichten entsprechend, gezeigt.

Wir tauchten auf, beeindruckt von dem Spiel der Intelligenzen, den inneren Ebenen der Wahrnehmung, beeindruckt aber auch von der umfassenden inneren Präsenz und der Zusammenarbeit der inneren Berater, die uns ein weiteres Mal überrascht hatten.

In dem ausdrucksvollen Spiel der Farben durften wir erleben, wie die Themen sich miteinander vernetzten, spielerisch, der Absicht folgend. Faszinierende Übertragungswege des Wissens hatten sich uns bei diesem fotografischen Leseprozess über die inneren Wahrnehmungsfähigkeiten gezeigt. Eines war sicher, hier würden wir erneut eintauchen, der Bedeutung der Farben, dem Spiel der Protagonisten folgend. Vielleicht würden wir bei Bildern der Texte innehalten, vielleicht ein Standbild beschreiben. Vielleicht in Einsteins Buch seinen Disput über die Theorie der Quanten und der Quantenphysik verfolgen oder die inneren Essenzen der Farben weiter erkennen.

Wir hatten eine Vielzahl von Fragen zu den jeweiligen Büchern gestellt. Nochmals wurde mir dir Bedeutung des Stellens von Fragen für den fotografischen Leseprozess klar. Persönlich wichtige Wissensfragen an ein Buch strukturierten nicht nur die Bücher auf eine einzigartige und individuelle Weise, sondern konnten darüber hinaus auch die beim fotografischen Lesen von Textseiten auftretenden Bilderströme aktivieren und vor allem strukturieren.

Ohne Frage gibt es keinen Bilderstrom. Mit diesen Gedanken und Erkenntnissen verlagerte ich meine Aufmerksamkeit wieder vollständig nach außen. Ich schaute zu Lena.

„Ich habe einen Bilderstrom über die Themen deines Buches gesehen und konnte sehen, wie du darin arbeitetest. Ich will wissen, ob du tatsächlich an diesen Themen gearbeitet hast", platzte es aus mir heraus.

„Und, welche waren es?"

Auf Lenas Gesicht war der Schalk nicht zu übersehen. Für sie war das alles selbstverständlich. Als ich Lena die Themen nannte, stellte sich heraus, dass sie sich tatsächlich auf Einsteins Gedanken zum Frieden und auf die Theorie seiner Entwicklung einer Weltformel konzentriert hatte. Doch wie war das möglich? Ich hatte einen eigenen Bilderstrom zu ihren Themen erlebt – allerdings nicht spontan, überlegte ich, sondern erst, als ich in dieser tiefen Phase der Entspannung beim fotografischen Lesen danach gefragt hatte. Erst mit der Frage nach den Themen setzte dieser Bilderstrom ein – war damit also eine sehr strukturierte Vorgehensweise. „Doch wie ließ sich dieser Vorgang erklären?" Mit dieser Frage tauchte ich aus meiner inneren Überlegung auf.

„Die Frage haben wir längst beantwortet", antwortete Lena, fast ein bisschen lapidar. „Es sind die Resonanzphänomene, auch hier haben wir es wieder mit einem weiteren eindrucksvollen Beispiel der Aktivitäten der Spiegelnervenzellen zu tun, die ja bei allen intuitiven Prozessen eine Rolle spielen. Es wäre sicherlich interessant, ihre Aktivitäten beim fotografischen Lesen einmal zu messen. Doch wie können wir die Bilderströme für die ‚Theorie' beschreiben und sie anderen zugänglich machen?"

Für Lena war die Angelegenheit geklärt. Schon war sie zum pragmatischen Teil der Theoriebildung übergegangen. Ich dachte noch einen Augenblick an Lenas Erklärung zurück, sie war einleuchtend. Dann widmete auch ich mich Lenas Frage und beide diskutierten wir in den uns noch verbleibenden Minuten des späten Abends über die Aktivierung mentaler Bilder.

Für mich stellte sich eine abschließende Frage. Welche Erkenntnis habe ich aus dem fotografischen Leseprozess gewonnen? Habe ich etwa durch Goethes Farbenlehre etwas über die Wirkung der Farben beim Fotolesen erfahren? Ja. Allerdings war er nur meine Inspirationsquelle und ich habe meine eigenen Erfahrungen gemacht. Beim Fotolesen – und darum ging es ja – haben die Farben eine andere Funktion. Sie markieren Wörter, und ihre Bedeutung ist nicht allgemein, sondern hängt von der individuellen Intuition und Intention des Lesenden ab. Das ist die Farbenlehre des fotografischen Lesens.

Überrascht hat mich die Farbintensität der inneren Mindmaps und Bilderströme. Deren Wirkung ging über das funktionale Lesen weit hinaus. Es eröffnete eine Dimension, über deren pädagogische Konsequenzen ich mir noch nicht ganz im Klaren bin. Ich denke da vor allem an den Einsatz von Farben zur Stärkung des Selbstwertgefühls, des Selbstvertrauens und zur Auflösung von Prüfungsängsten.

Wissen kurzgefasst:

Die innere Befragung als Aktivierungsform

Beim Überblick über ein Buch hast du persönlich bedeutsame Fragen an die Themen des Buches gestellt, Fragen, die dich interessieren und auf die du Antworten erhalten möchtest. Diese Fragen kannst du ebenso wie beim Überfliegen und Eintauchen auch bei der Aktivierungsform der inneren Befragung jederzeit wieder aufgreifen.

Paul Scheele beschreibt, dass eine sehr wirksame innere Befragungstechnik darin bestehe, das, was du fotografisch gelesen hast, was du an Textmengen des Buches überflogen hast und worin du eingetaucht bist, mit anderen zu diskutieren. So könntest du zum Beispiel ein fotografisch gelesenes Buch anhand deiner Fragestellungen zusammenfassen und anderen vorstellen. In der Regel aktivieren sich in solch einem Vortrag weitere wichtige Textdetails. Dies geschieht auch, wenn andere dir weiterführende Fragen zu deinem Thema stellen. Solche Aktivierungen laufen spontan und völlig selbstverständlich ab. Scheele sagt hierzu, dass Fragen das Gehirn aktivieren und es dazu anregen, auf der enormen inneren Datenbank nach Antworten zu suchen.

Bilderströme als Aktivierungsform

Bilderströme folgen dem Prinzip der Beschreibung. Jeder ist in der Lage, mentale Bilder herzustellen. Das Erleben mentaler Bilder findet auf der inneren Wahrnehmungsebene statt und ist eine zunächst ausschließlich rechtshemisphärische Aktivität. Wenn du beginnst innere Bilder sehr genau in allen Details zu beschreiben, kombinierst du diese Fähigkeit mit den sprachlichen Anteilen des linken Gehirns. Wenn du bewusst beginnst Bilderströme herzustellen, werden die mentalen Bilder immer lebendiger und klarer.

Grundübung

Die Grundübung zum Herstellen von Bilderströmen ist sehr einfach.

Nach Wenger und Poe gehe folgendermaßen vor:

Setze dich bequem auf einen Stuhl und schließe die Augen. Dann achte auf deine geistigen Vorstellungen und Bilder. Beginne sie zu beschreiben, indem du sie laut vor dich hinsprichst. Berücksichtige bei deiner Beschreibung alle inneren Sinne. Wenn du z. B. das Meer, einen Wald oder eine Blume siehst, nimm gleichzeitig auch Geruchs- oder Geschmacksempfindungen wahr. Verwende bei deinen Beschreibungen immer das Präsens.

Wenger und Poe sagen, dass ein Bilderstrom immer selbstverstärkend sei und jeder noch so kleine Reiz dazu beitrage, die Entstehung von inneren Bildern auszulösen. Einen ebensolchen Reiz stelle die eigene verbale Beschreibung dar. Sie hielte den Bilderstrom am Fließen. Je ausführlicher die Beschreibung sei, umso mehr innere Bilder könne man sehen. Über die Zusammenarbeit der beiden Gehirnhälften (linkes Gehirn: klares fokussiertes Bewusstsein, Sprache; rechtes Gehirn: mentale Bilder und Assoziationen) werden die Bilder immer klarer und stärker.

Bilderströme und das Aktivieren von Büchern

Mit jeder Geschichte in einem Buch und mit jeder Frage an eine Geschichte oder an den Inhalt eines Buches kannst du Bilderströme aktivieren. Beginne damit, dass du zu einem Wort, zu einem Thema oder zu einer Frage an das Buch ein erstes Bild entstehen lässt. Beobachte das Bild aus dem dir schon bekannten Aufmerksamkeitspunkt heraus. Über die Fokussierung des Aufmerksamkeitspunktes ist es leicht, eine neutrale und unvoreingenommene Beobachterperspektive einzunehmen. Beginne aus dieser Perspektive das erste mentale Bild zu beschreiben. Wenn du die innere Beschreibung fortsetzt, entstehen automatisch weitere neue Bilder. Unterstütze deine Beschreibung mit Hilfe aller inneren Sinne. Diese Technik setzt assoziatives Denken frei. Mit der Zeit entstehen freie Assoziationen zu den Fragen, ebenso Bilderströme, die mehr Erkenntnisgewinn bringen als der Text, der sie auslöst.

Das Große und Ganze sehen – Pfade zum rechten Gehirn

Erwartungsvoll sah ich dem frühen Abend entgegen. Gleich würde Lena kommen. Heute wollten wir uns sehr viel Zeit nehmen für die weitere Aktivierung der Bücher Goethes und Einsteins. Wie würden diese beiden Autoren uns begegnen? Auf welche weiteren Wissenswege würden die intuitiven Berater hinweisen und uns begleiten?

Hinter Lena und mir lagen intensive Arbeitswochen: Problemstellung, Bestimmung der Themen, Vernetzung der Ergebnisse und Übertragung auf die Schule.

Mit diesen Überlegungen tauchte in meiner Erinnerung das Fragment von Seiten eines Textes auf. Ein Text über eine Fantasiereise in eine Bibliothek des Wissens. Ich hing den Gedanken nach. Vor meinem inneren Auge sah ich Textfragmente eines mir unbekannten Autors auftauchen, es handelte sich um einen Text, der mich sehr angesprochen hatte, der mir vor langer Zeit einmal wie zufällig in die Hände gefallen war. Ich stutzte. Weshalb erinnerte ich mich gerade jetzt an diesen Text? Klar, dass er eine Bedeutung hatte, dessen war ich mir sicher. Nicht umsonst hatte er sich gerade jetzt in mein Bewusstsein geschlichen – die leisen Impulse der Intuition, ich wusste, ich konnte ihnen vertrauen.

Doch wo hatte ich ihn hingelegt? In welcher der vielen Schubladen befand sich dieser Text? Jeden Augenblick konnte Lena klingeln. Jetzt Schublade für Schublade nachzuschauen, würde zu lange dauern. Ich musste ihn anders finden – und entspannte mich tief. Natürlich, in diesem Raum konnten auch ganz andere als die üblichen Ordnungskriterien wirken.

Einem inneren Gefühl folgend wanderte mein äußerer Blick eine Buchreihe entlang und blieb wie zufällig an einem dicken Band mit dem Titel „Die Stadt der träumenden Bücher" von Walter Moers haften. Ich nahm es aus dem Regal heraus, auf dem Cover Abbildungen endlos wirkender Buchreihen. Fast schien es mir, als zögen sie mich hinein in die Welt der träumenden Bücher. Ich öffnete das Buch und begann darin zu blättern, als ein kleiner gefalteter Zettel herauslugte. Ich faltete ihn auseinander. Auf der Seite stand mit unendlich kleiner Schrift, der gesuchte Text geschrieben.

Ich freute mich sehr.

Während ich mir noch Gedanken über die Bedeutung dieses Textes machte, klingelte es. Kurz darauf kam Lena herein – in ihren Händen den Karton mit Büchern, wie beim letzten Mal.

„Hallo Lena, hast du viel Zeit mitgebracht?"

„Na und ob, alle Zeit der Welt – wir können es uns heute Abend gemütlich machen", lachte sie atemlos und holte aus dem Karton ein Buch hervor.

„Gestern habe ich ihn bekommen – den siebten Harry-Potter Band, allerdings auf Englisch, auf Deutsch kommt er ja erst in drei Wochen heraus. Du weißt das sicherlich, ich liebe doch auch die Harry-Potter Bücher, ich konnte einfach nicht widerstehen. Zuerst dachte ich: Wäre das Buch doch wenigstens schon auf Französisch da! – das kann ich ja nun mal, als Kind war ich schließlich öfter in

Frankreich. Aber Englisch, das ist bei mir noch immer katastrophal. Doch dann bin ich einfach einer Intuition gefolgt und habe es erstanden. Und was ich dann zuhause beim Lesen erlebt habe, du wirst es nicht glauben."

Lena schaute mich mit großen Augen an.

„Was denn Lena, spann mich nicht auf die Folter. Was ist denn beim Lesen passiert?"

„Nein, jetzt nicht, später, bei der Aktivierung, jetzt verrate ich noch nichts, du musst dich noch gedulden. Mit diesen Worten steuerte Lenas Blick den breiten Ohrensessel an. Sie wirkte entspannt und hatte es wirklich geschafft, mich gründlich neugierig zu machen. Ich freute mich auf die weitere Aktivierung unserer Bücher mit ihr. Lena machte es sich in ihrem Lieblingssessel bequem und breitete alle ihre mitgebrachten Bücher um sich herum aus. An erster Stelle – der englischsprachige Harry-Potter-Band – und natürlich Einstein.

„Und? Weißt du schon, wie wir vorgehen werden?" Lena hatte den Zettel in meiner Hand entdeckt.

„Ich habe da so eine Idee", antwortete ich ihr. „Auf diesem Zettel steht eine Fantasyreise hinein in die Bibliothek des Wissens. Gerade eben fiel er mir in die Hände. Was hältst du davon, mit dieser Fantasygeschichte zu all den Themen zu reisen, über die wir so viele Stunden gesprochen haben, um sie einmal miteinander vernetzt, im Großen und im Ganzen zu sehen?"

„Das ist gut, das ist sehr gut, ich freue mich." In Lenas Gesicht breitete sich ein erwartungsvolles Lächeln aus. „ … mit einer richtigen Fantasyreise?", fragte sie dann, „und ich bekomme vorgelesen und darf darin eintauchen?"

Ich schaute Lena an und amüsierte mich über ihre kindliche Freude.

„Ja, Lena, so können wir es machen."

Auch ich liebte es, vorgelesen zu bekommen; wie alle Kinder, die Schüler, die Erwachsenen, eben die Großen und die Kleinen.

Ich griff ebenfalls zu den Büchern – zu Goethe, zu Einstein und legte sie vor mir auf einer kleinen Ablage aus.

Dann begann ich mich und Lena einzustimmen und im sanften Licht der Lampe ganz langsam die ersten Sätze der Fantasyreise aus der „Bibliothek des Wissens" vorzulesen:

„Vielleicht warst du schon längere Zeit nicht mehr hier, vielleicht aber auch erst vor Kurzem. Lass dich überraschen, wie du in diesem Gang am Ende ein Licht erkennen kannst, das dich anzieht, so dass du weißt, dass dort der Eingang ist zu diesem ganz besonderen Ort in dir, wo all das da ist, wo du all das wiederfinden kannst, was du jemals erlebt, gesehen, gehört, gelesen und an anderen erfahren hast, wo du ganz selbstverständlich dabei warst, wo du ganz aufmerksam oder vielleicht nicht aufmerksam warst, geträumt hast, was so ganz nebenbei passiert ist, was ganz wichtig war oder vielleicht damals nicht ganz so wichtig.

Lass Dich überraschen, wie dieser Ort für dich heute aussieht und auf welche Art du dein Wissen gespeichert hast. Vielleicht gibt es dort Filmrollen, vielleicht gibt es Tonbänder, Bücher oder fliegende Zettel, vielleicht gibt es Akten oder Karteikästen, vielleicht ein riesiges Computerzentrum mit verschiedenen Bildschirmen. Möglichkeiten, die dir zeigen, wie du dein eigenes Wissen abgelegt und für dich geordnet hast. Vielleicht gibt es ganz neue Arten, wie du Informationen gespeichert hast. Vielleicht auf wunderschönen, alten Schriftrollen und Pergamenten, die all deine Schätze, all deine Erfahrungen für dich aufgezeichnet haben. Lass dich überraschen, welche unterschiedlichen Methoden du gewählt hast, um dein Wissen zu archivieren, um dein Wissen für dich so abzulegen, dass deine eigene Ordnung, dein eigenes System, dein ganz spezielles Ordnungssystem dir deutlich wird, wo du alles wiederfindest, immer und jederzeit, wenn du es brauchst. Vielleicht gibt es da Ecken für Kindheitserinnerungen."

Womit ja alles begann, dachte ich. In der Geschichte der alten Penduhr lag der Zugang zu den gesamten Fähigkeiten des rechten Gehirns verborgen. Im Schwingen ihres goldenen Pendels, im leisen Rhythmus des Tack, Tack, Tack der alten Uhr hatten Formeln aus einem Chemiebuch eine besondere Tiefenschärfe, eine Leuchtkraft erhalten. Damals begann ein Mädchen, durch diese Erfahrung ganz anders zu lesen und zu lernen. Aber erst viele Jahre später begann eine junge Frau, Lena, mir diese Geschichte zu erzählen. Und im Zuhören und Erzählen trafen wir dabei auf viele neue Geschichten: Lerngeschichten, Geschichten, die von großartigen fotografischen und intuitiven Fähigkeiten für das Lesen und Lernen erzählten. Wir trafen auf Schüler wie Linus und Julius, Sebastian, Lukas, Timmy, Lisa und Max. Ihre Lerngeschichten begleiteten uns stellvertretend für die Lerngeschichten vieler anderer Schüler, in den Schulen und Ausbildungsstätten.

Mich wieder auf den Text konzentrierend, las ich leise weiter: „Oder vielleicht gibt es Plätze, wo ganz viele schöne Sachen liegen. Vielleicht gibt es helle und dunkle, farbige und schwarze und weiße, laute und leise, warme und kühle, weiche und feste, nahe und ferne Orte."

Auch wir hatten viele Plätze und Orte bereist. Plätze von Schulwirklichkeiten dieser sensiblen, begabten Kinder und Jugendlichen. Wir hatten Orte des Druckes kennen gelernt, wo strukturiertes, vorgeschriebenes Wissen sowie Konformität, Gehorsam und Selbstkontrolle gelehrt wurden. Schulen, die das linkshemisphärische Denken begünstigten. Schulen, die versuchten, die Kinder an diese Bedingungen anzupassen, notfalls mit dem Medikament Ritalin, statt die Bedingungen der Schulen an den Begabungen und Fähigkeiten der Kinder auszurichten. Wir waren eingetaucht in die Diskussion über die PISA-Debatte und den PISA-Schock, reisten parallel zu einem fernen Ort in die 1980er Jahre, wo Blakeslee, ein besonderer Autor, ein Buch über die Bedeutung des rechten Gehirns geschrieben hatte. Mit seinen ausdrucksvollen Sätzen: „Mit der Überbetonung des Intellekts und der Logik über kreative, assoziative, visuelle und intuitive Fähigkeiten setzte im gesamten Bildungssystem eine Entwicklung als Fehlentwicklung ein. Mit dem Fokus auf logisches Denken, analytische Fähigkeiten, Rechtschreibung und Grammatik innerhalb einer weitgehend emotions- und seelenlosen Lernfabrik wird unter dem Diktat von Noten, besser: Notendruck, mit Blick auf Wissenserwerb ein kapitaler Erziehungsfehler begangen."

Mit diesen Sätzen konnten wir den „blinden Fleck" des Schulsystems identifizieren ...

... und folgten den Spuren neuen Wissens und neuer Wege. Wir trafen auf helle Plätze und Orte. Aus der Neurobiologie gewannen wir faszinierende Erkenntnisse über die Spiegelnervenzellen, über Resonanzphänomene, über deren Bedeutung für Vertrauen-stiftende Lehrer-Schüler-Beziehungen sowie über ihre Wirkung auf Leistungsbereitschaft und Motivation. Von den Erkenntnissen der Spiegelgeschehnisse und Spiegelneuronen führten Spuren zur Quantenphysik. Hier stand die Bedeutung negativer und positiver Intentionen sowie deren unterschiedliche Wirkung auf Verarbeitungsvorgänge im Gehirn im Vordergrund der Betrachtung.

Leise Plätze wiesen auf die Entspannung und einen besonderen Konzentrationspunkt über und hinter dem Kopf als Grundlage und Voraussetzung für das Erreichen des besten Lernzustands hin.

Nun hielt ich ein weiteres Mal meinen Gedankenfluss an, konzentrierte mich auf den Text in meinen Händen und las weiter:

"Lass dich überraschen, wie du die Gerüche und den Geschmack, die Töne und die Bilder für dich geordnet hast und auf welche Art du für dich deine Empfindungen, deine Gefühle und Gedanken sortiert hast."

Die Geschichten der Kinder und Jugendlichen, die Geschichte von Lena hatten auf neue und ungewöhnliche, nach innen gerichtete Wahrnehmungsebenen und Wahrnehmungsphänomene hingewiesen. Wir konnten die Fähigkeiten des inneren Sehens, Hörens und Fühlens als Voraussetzung und Grundbausteine für die Entwicklung des beschleunigten, fotografischen Lesens identifizieren. Wir waren den außergewöhnlichen fotografischen Lesefähigkeiten des rechten Gehirns auf der Spur. Howard Gardners „Abschied vom IQ" stärkte und untermauerte dies mit seiner Darlegung der erweiterten Intelligenzen.

Dann reisten wir alleine weiter, den automatischen Textverarbeitungsmöglichkeiten des rechten Gehirns und dessen logischen Fähigkeiten auf der Spur. Hier bereisten wir innere Orte, trafen dort auf die Existenz zweier innerer Berater, trafen auf unglaubliche innere Vernetzungs- und Verarbeitungsmöglichkeiten von Wissen.

Und wieder richtete ich meine Aufmerksamkeit auf den vor mir liegenden Text:

„Wenn du denkst, dass es da noch etwas zu verändern gibt, wenn du da noch etwas optimieren möchtest oder Ordnung hineinbringen willst, dann kannst du das jetzt tun. Vielleicht noch das eine oder andere beschriften oder aufrollen. Vielleicht noch einmal Dinge zuordnen, die zusammengehören. Vielleicht auch nur einfach ein bisschen blank polieren, was da schon etwas angestaubt ist. Und es ist nicht wichtig, dass gleich ganz klar ist, was wie zusammengehört, sondern dass dir vielleicht im Tun und im Verändern klarer wird, wie du Dinge für dich neu ordnen kannst, so dass sie jetzt für dich stimmen, so dass du jederzeit all das wiederfinden kannst, was du für dich brauchst, weil du einen Überblick hast und deine eigene Struktur erkennen kannst."

Ich hatte die letzten Worte noch nicht ganz ausgesprochen, als sich noch einmal jene innere Szene abspielte, jene innere Mindmap, jenes ergreifende Spiel der Farben, als ich das erste Mal auf die

Themen der Bücher von Goethe und Einstein schaute. Der konservative Berater trat zur Seite, der intuitive Berater betrat das Spiel. Die Energiekugeln begannen zu schweben, die vielen Themen schienen sich zu „kennen", ordneten sich in Frequenzen und in Farben, in Gefühlen und Gedanken, im Körper, im Geist und im Verhalten einander zu, vereinigten sich zu einem einzigartigen neuen Spiel der Farben.

Ich sah eine unglaubliche Integration, eine Vernetzung des Wissens und der Themen. Die Wissensgebiete schienen sich aufeinander zu übertragen, den Absichten folgend. Erneut zeigten sich die von Lena ausgewählten Themen. Ich erkannte sie ein weiteres Mal. „Lichtstrahlen", „Frequenzen der Verhaltensweisen, der Gedanken und Gefühle", „Frieden", „die Weltformel", „Quanten in der Physik", „Illusionen", „Liebe und Demut", so hießen ihre Themen. Gleichzeitig nahm ich meine Themen wahr. Die Energiekugel der Farben. Dahinter, einem schwebenden Mobile gleich, die Themen „Über die Bedeutung und Wirkung der Farben", „Farbenenergien", „Farbfrequenzen", „Heilfarben", „Lernfarben".

Wieder betrachtete ich erstaunt, wie alles miteinander in Beziehung zu stehen schien, als meine Aufmerksamkeit sich erneut auf den Text richtete und ich vorlas:

„Und vielleicht ist dir jetzt beim Ordnen und Strukturieren schon eine Idee gekommen, was du für dich neu ordnen möchtest. Dinge, die du vielleicht gelesen hast, die du selbst erlebt hast. Dinge, von denen du gehört oder die du gesehen hast oder die du entwickelt hast. Und dann sorge für ein eigenes Ordnungssystem, wo du all das, was du im Leben bisher erfahren hast, worüber du geforscht hast, auf die eine oder andere Art für dich ordnest, strukturierst und ablegst. Und es ist nicht wichtig, dass du von allem immer sofort und vollständig den Inhalt weißt, dass es manchmal reicht, eine Filmrolle zu beschriften, um zu wissen was darauf ist, ohne den ganzen Film von Anfang bis Ende zu sehen. So schaffst du für dich eine Ordnung, an diesem Ort, dass du das Gefühl hast, alles, was du je erfahren hast, hat seinen Platz und seine Beziehung zu anderen Dingen, hat Verknüpfungen mit anderem und hat aber auch eine klare, feste Linie zu dir. Und vielleicht weißt du gleich, wie du das machen kannst, vielleicht fällt es dir aber erst im Tun ein, indem du beginnst, hier und da zuzuordnen, gemeinsam abzulegen, vielleicht nach der Form, vielleicht nach den Inhalten, vielleicht nach einem ganz eigenen Konzept, so dass du für dich eine solche Überschrift schaffst, dass dir klar ist, was wo hingehört, dass du weißt, dass es für dich stimmt. Du hast jetzt noch eine Minute, alles das zu ordnen, was du hier ordnen möchtest. Ob es ganz spezielles Wissen ist oder neues Wissen. Eine Minute, alle Zeit der Welt, wo du alles so herrichten kannst, wie du es gerne hättest."

Ich spürte, dass Lenas Blick auf mir lag. Intuitiv schienen wir uns verständigen zu können: Jetzt wollten wir die zweite Aktivierung der Bücher beginnen, das Wissen und die Erkenntnisse unserer Arbeitsabende mit dem fotografischen Leseprozess und den intuitiven Fähigkeiten verbinden, integrieren, um sie im Großen und Ganzen zu sehen. Wir richteten unsere Aufmerksamkeit nach innen, in den uns schon so bekannten Raum der Farben, wieder leuchtend, in schillernden, fabelhaften Nuancen und Tönen der Farbe Blau.

Ich sehe die Tür mit ihrer goldenen Aufschrift, darauf die einzelnen Themen, im Zentrum die Farbenenergiekugel Blau, die mit silbernen Fäden die einzelnen Themen, Wörter, Ideen und Fragen miteinander verbindet. Im Hintergrund lächelnd, der konservative Berater. Neben ihm einzelne Kugeln, in unterschiedlichen Farben schattiert, noch unbeschriftet. Sie scheinen mich aufzufordern, endlich mit der Arbeit zu beginnen. Auch Lena hat die Aufforderung wahrgenommen, ich bemerke am weichen Ausdruck ihrer Augen, wie sie ihre Konzentration nach innen kehrt. Habe ich nicht gerade noch die Worte gehört „eine Minute, alle Zeit der Welt"? Warum also die Eile, denke ich, als ich den strengen Blick des konservativen Beraters auf mich gerichtet spüre. Ich schaue hin. Er deutet auf eine leuchtend gelbe Energiekugel, die an der Peripherie von einem Hof violetter Farbtöne umleuchtet ist.

„Die Talente und Begabungen der Kinder": Wie ein Blitz erreicht mein Gedanke den konservativen Berater, der das Thema in goldenen Lettern auf die Kugel schreibt und sie dann mit fokussierter Gedankenenergie in das große Netz der Themen stellt. Zufrieden schaue ich dem Vorgang zu, als der konservative Berater auf eine große, tief orangerote Kugel weist. Sie symbolisiert das traditionelle Schulsystem, das ist mir direkt klar; und von ihr geht eine noch immer bedrohliche Wirkung aus. Der konservative Berater kümmert sich sofort darum, umhüllt die Kugel mit weißgoldenem Licht, erst dann webt er sie in das große Netz der Themen – eine eindrucksvolle Sprache des rechten Gehirns.

Abermals schaue ich zufrieden diesem Vorgang zu und bemerke, wie an der goldenen Peripherie die noch unbeschrifteten Kugeln in neuen Farbformationen zu leuchten beginnen. Sekundenschnell werden mir die Themen klar. Kraft fokussierter Gedankenenergie schicke ich einzelne in mir aufsteigende Wörter, Titel, Überschriften dem konservativen Berater zu: „fotografisch lesen und intuitiv lernen" ordnet er einer Kugel in goldfarbenem Gelb zu, „neue Lehrpläne" einer weinroten, „das Verschwinden des Aufmerksamkeitsdefizitsyndrom AD(H)S und der Legasthenie" sowie „Lerngeschichten" zwei Kugeln in Indigoblau, „Energie der Gedanken und die Quanten" einer Kugel in Violett. Fehlt noch etwas? Ich überlege und schaue zu Lena.

„Harry Potter auf Englisch", „Neues Fremdsprachen-Lernen". Sekundenschnell hat Lena, mir vielsagend zulächelnd, noch zwei weitere Themen an den konservativen Berater geschickt, der nun seinerseits die Auswahl der Themen beendet. Der konservative Berater knüpft nun, mit festen silberfarbenen Fäden, alle Themen in das große Netz der Themen, sie dort fest verankernd. Jetzt scheint alles zu stimmen. Ein weiteres Mal beobachte ich das ergreifende Spiel der Farben. Die den Kugeln hinterlegten goldenen Türen sind nun alle miteinander vollständig vernetzt und integriert. Der konservative Berater ist ein wenig zurückgetreten, der intuitive Berater betritt die Bühne. Ein weiteres Mal schauen Lena und ich gemeinsam auf die Themen.

„Und dann schließe das für dich ab", beginne ich mit leiser Stimme weiterzulesen, „in dem Wissen, dass du jederzeit, auch des Nachts, wenn du träumst, hierher zurückkommen kannst, um aufzuräumen, neu zuzuordnen, neu zu verknüpfen, um neue Strukturen einzuführen, um neues Wissen hier abzulegen, es einzuordnen in dein eigenes Ordnungssystem. Schließ das jetzt auf deine Art ab und schaffe auf eine ganz interessante Art, so wie es für dich jetzt im Moment möglich ist, eine Verbindung zum Alltagsbewusstsein; vielleicht indem du einfach eine Vernetzung herstellst, aber vielleicht gibt es auch eine Rohrpost, eine Telefonleitung oder ein Modem, oder was es für dich ist, wie du eine einfache und effektive, schnelle Leitung zu deinem Alltagsbewusstsein herstellen kannst, so dass du Anfragen sofort in dieses Zentrum schicken kannst und die Antworten sofort nach oben, an die Oberfläche deines Bewusstseins kommen können. Lasse dich überraschen, wie du das für dich regelst, was für dich die schnellste und einfachste Art ist, diese Verbindung herzustellen. Ob du erst etwas sehen kannst, ein Bild, eine Szene oder einen Geruch riechst, einen Geschmack schmeckst oder Farben siehst; vielleicht hörst du auch ein Gespräch, nimmst einen Dialog wahr. Wie ist dein Zugang, deine Verbindung hinunter in diesen Raum der Erinnerung und wieder hinaus in dein Alltagsbewusstsein?"

Lena und ich, wir schauen uns an. Beide wollen wir diesen Raum der Erinnerung ein weiteres Mal betreten, um unseren noch offenen Fragen folgend die Bücher zu aktivieren. Ich entspanne mich, orientiere mich an den auftretenden Bildern der inneren Wahrnehmung.

Der konservative Berater ist nun vollständig in den Hintergrund getreten, der intuitive Berater noch deutlicher hervorgekommen. Noch befinde ich mich im Raum der übergeordneten, objektiven

Perspektive; im Hintergrund, als dreidimensionales Mobile auf Kugeln mit goldfarbener Beschriftung wie auf einer Landkarte der Gedanken, alle unsere Themen. Neugierig, fast ein wenig verspielt schaut der intuitive Berater zu mir herüber. Er darf die einzelnen Türen jetzt öffnen. Konzentriert erwartet er meine Fragen. Noch immer habe ich den Blick auf das ganze Bild der Themen gerichtet, jetzt scheint es mir, als gewinne ein Thema an Leuchtkraft. Eine goldene Tür beginnt sich zu öffnen, davor auf einer blauen Kugel das Thema „Die Lerngeschichten".

Neugierig will ich mehr wissen. Die Tür beginnt sich leise zu öffnen. Der Bilderstrom beginnt. Ich nehme ein Bild wahr, das Foto eines Kindes. Das Kind bin ich.

Es sitzt an einem Tisch in einem Raum. Das Kind blättert in einem Schullesebuch und beginnt zu lesen. Das Kind erlebt lesend eine Geschichte. Die Überschrift der Geschichte heißt „Monotonie". Im Text wird beschrieben, wie ein Arbeiter täglich immer zur selben Zeit am Arbeitsplatz sein muss, immer dieselben Kollegen sieht, immer zur selben Zeit frühstückt, am Fließband steht, immer das gleiche Werkzeug auf das Transportband legt, Tag für Tag. Ich bemerke, wie das Kind, das ich bin, innere Bilder zu der Geschichte erzeugt. Doch die Geschichte hat nur wenige Bilder. Es denkt, dass die wenigen Bilder gut zu der Geschichte passen. Es hat sich ein graues Fließband in einer Industriehalle vorgestellt, den Arbeiter in einem blauen Overall vor einer Stechuhr stehend. Das Kind fühlt mit dem Arbeiter, weil sein Leben so monoton verläuft. Ich bemerke, wie das Kind sein Deutsch-Lesebuch liebt, es schon unendliche Male durchgeblättert hat, immer wieder die Geschichten erlebend. Es liebt die sich darin befindlichen Bilder. Ich sehe, wie das Kind die Geschichten zu bewegten Bildern macht. Am Anfang vertieft es sich ganz in die Überschrift einer Geschichte. Dann schaut es über die ganze Seite. Dabei scheint es ein wenig zu träumen. Wie selbstverständlich erwartet es Informationen. Es scheint ein wenig hinter die Wörter zu schauen, die manchmal aus dem Text herauszupringen scheinen. Das Kind findet das immer sehr lustig. Fast macht es den Eindruck, als brauche es auch die Wörter nicht. Langsam verschwimmt das Bild und tritt in den Hintergrund.

Eine schnelle Abfolge von Bildern zieht vorbei. Die Jahre vergehen. Das Kind, das ich bin, wächst heran. Da verlangsamt sich der Bilderstrom ein weiteres Mal, ein Bild öffnet sich. Ich nehme ein Mädchen wahr, etwa sechzehn Jahre alt. Es ist das Kind von damals. Das Mädchen sitzt an einem Schultisch, über ein weißes Blatt Papier mit Klausuraufgaben gebeugt. In dem großen, kühl wirkenden Raum, der der Aula einer Schule gleicht, sind noch weitere Schüler in ihre Aufgaben vertieft. Wie schon so oft hat auch diesmal das Mädchen richtig gelernt. Doch im Augenblick scheint es, als hätte es nicht die geringste Vorstellung davon, wie es mit der Lösung der Aufgaben beginnen könne. Neugierig konzentriere ich mich auf die Aufgaben. Kraft meiner Vorstellung zoome ich den Zettel heran, bis ich ihn so vergrößert habe, dass ich die Aufgaben darauf lesen kann. In den Klausuraufgaben sollen Belastungs- und Pausenintervalle zur Entwicklung aerober und anaerober Ausdauer in einem Trainingsplan zusammengestellt und vergleichend miteinander in Beziehung gesetzt werden. Zur Lösung der Aufgabe hat das Mädchen eine Tabelle mit einer Vielzahl darauf vermerkter Zahlen über Lauf- und Pausenzeiten, so wie man sie in der Leichtathletik verwendet, bekommen.

Neugierig schaue ich wieder zu dem Mädchen, ich nehme die Überlegungen und Gedanken wahr. Es versucht, sich an etwas zu erinnern. Dem Mädchen ist bewusst, dass es die Klausur über das wenige auswendig gelernte Wissen nicht würde lösen können. Ein paarmal atmet es tief ein und aus, immer noch unschlüssig, ob es die Klausur einfach unbearbeitet abgeben soll. Es spielt mit dieser Möglichkeit. Gleichzeitig entspannt es sich immer tiefer. Ich staune – aus dieser Perspektive ist es möglich, das Energiefeld des Mädchens wahrzunehmen. Tiefe, beruhigende blaue Farbtöne stellen sich ein – ruhige Gehirnströme gehen damit einher. Parallel verändert sich das innere Bewusstsein des Mädchens. Ein innerer Film beginnt. Gemeinsam schauen wir ihn an.

Wir sehen eine Wettkampfstätte mit einer 400-Meter-Bahn. An diesem Ort geht es ziemlich lebhaft zu. Eine Vielzahl junger Sportler bereitet sich auf sehr unterschiedliche sportliche Disziplinen vor. Einige erwärmen ihre Muskeln mit Dehnübungen, in einem stetigen Wechsel zwischen Anspannung und Entspannung. Andere wirken sehr ruhig, völlig auf sich selbst bezogen, die Aufmerksamkeit auf intensive, mentale Bilder ihrer jeweiligen Disziplinen gerichtet.

Ich lasse meinen Blick in der Umgebung schweifen. Nahe der Zuschauertribüne bemerke ich eine überdimensional große Leuchttafel, wahrscheinlich eine Zeitanzeige, denke ich. Ich schaue genauer hin. Ich staune. Darauf vermerkt sind alle Zahlen der Lauf- und Pausenzeiten von dem Blatt aus der Klausur. Auch das Mädchen hat dies bemerkt. Ganz selbstverständlich registriert es die Zahlen. Es wirkt hoch konzentriert, doch nicht nur die Zahlen, noch etwas anderes hat die Aufmerksamkeit des Mädchens in Bann gezogen. Es geht um eine Person. Ich folge dem Blick des Mädchens und nehme am Rande der Laufbahn einen Trainer wahr. Er scheint mit dem Mädchen in Kontakt zu stehen.

Jetzt richten beide ihre Aufmerksamkeit auf die Leuchttafel. Auch ich schaue wieder dorthin. Ich bemerke, wie eine Zahl (60 Prozent) aus dem Feld der Zahlen heraussticht, die Farbe eines dunklen, tiefen Rots annehmend. Neugierig beobachte ich die Szene. Was würde jetzt passieren?

Wie selbstverständlich gehen mehrere Athleten zum Start. Ein Hinweis des Trainers weist ihnen die Höhe des Krafteinsatzes an. Die Athleten beginnen zu laufen. Da bemerke ich eine Veränderung im Bewusstsein des Mädchens. Es scheint, als verfolge es den Lauf auf einer anderen Ebene der Wahrnehmung. Es nimmt den Kraftimpuls der Athleten muskulär wahr, es spürt den Sauerstoffverbrauch in den Zellen der überwiegend roten Muskulatur. Dann schaut es zurück zur Leuchttafel. In dem Augenblick blitzt dort eine neue Zahl goldgelb heraus. Sie weist auf die Dauer der Pause, bevor das nächste Intervall beginnt.

Parallel beginnt im Schulraum das Mädchen mit blauer Tinte die ersten Sätze auf ein unbeschriebenes Blatt Papier zu schreiben. Danach richtet es erneut seine Aufmerksamkeit auf den Trainer. Es stellt ihm eine Frage: „Wie oft sollen sie das noch wiederholen?" Streng weist der Trainer das Mädchen an, selber auf die Leuchttafel zu schauen.

Aha, sie muss also auch etwas tun, denke ich lächelnd. Das Mädchen scheint diesen Trainer sehr gut zu kennen, hat großen Spaß daran, ihm immer wieder die Arbeit zu überlassen. Doch auch der Trainer kennt das Mädchen gut. Er lässt es nicht zu, dass sie ihm die Aufgaben überträgt. Sie sollte durch Erfahrung erkennen. Er lehrt, das Wissen zu fühlen. Es ist das innere Spiel der beiden. Sie lieben es beide. Folgsam wendet das Mädchen den Blick zurück zur Leuchttafel, nimmt den Sauerstoffgehalt des Blutes wahr, spürt die Höhe der Belastung, spürt die Atemfrequenz, ordnet die Zahlen, in das Ordnungsschema seiner Klausur, nach der Frage der aeroben Ausdauerfähigkeit ein. Mit diesem Wissen trägt es die Hälfte der sich auf dem weißen Papier befindlichen Zahlen ein. Es hat das übergeordnete Kriterium, die Struktur verstanden. Das Mädchen bleibt auch beim Schreiben tief in seiner inneren Realität versunken. Den Schulraum nimmt es nicht mehr wahr. Ich staune über diese intuitiven Fähigkeiten.

Doch es gibt noch weitere Zahlen auf dem Klausurbogen. Was würde jetzt passieren? Nach kurzer Zeit stellt sich das Mädchen ein weiteres Mal die Szene des Wettkampfgeschehens vor. Diesmal leuchten ganz andere Zahlen auf der Tafel auf. Mit einem Blick nehme ich wahr, dass es sich um die weiteren noch nicht verarbeiteten Zahlen der Klausur handelt. Auch die Athleten sehen diesmal anders aus, wirken viel schlanker und zartgliedriger als beim ersten Mal. Sichtbar nervös tänzeln sie auf der 100-Meter-Bahn auf und ab.

Am Rand der Laufbahn steht wieder der Trainer. Erneut spielen die beiden dasselbe Spiel. Der Trainer schaut zur Leuchttafel, ebenfalls das Mädchen. Das Zahlenspiel beginnt: Wieder leuchten Zahlen in verschiedenen Farben hinterlegt auf – doch etwas ist diesmal anders. Parallel zu einer Zahl stechen auch Wörter hervor. Ich versuche sie zu erkennen: „Wiederholungsmethode", „hundert Prozent Krafteinsatz", „lange Pausen". Diese Begriffe haben doch eindeutig mit der Trainingsmethode zu tun, denke ich. Ich schaue zu dem Trainer. Der richtet seine ganze Aufmerksamkeit auf das Mädchen. Deutlich ist zu sehen, dass es etwas Neues lernen soll. Der Trainer überträgt die Aufgabe. Wird dieses Mal wieder eine andere Ebene der Wahrnehmung angesprochen? Die Aussagen der Zahlen, die Begriffe – es soll die Zusammenhänge fühlen. Das Mädchen hat die Aufgabe verstanden und folgt der Anweisung des Trainers. Es fokussiert seine Aufmerksamkeit auf einen der Athleten, teilt die Absicht mit, will das Wissen fühlen – wie eben der Trainer –, doch die Athleten tänzeln weiter auf der Bahn, so als bemerkten sie das Mädchen nicht. Es lässt sich davon nicht beirren, verändert sein Bewusstsein hinein in die Beinmuskulatur der Athleten. Ich bemerke, wie das Mädchen eine Folge innerer Bilder wahrnimmt, diese aber nur beobachtet. Es nimmt die Innervation schnell zuckender heller Muskelfasern wahr, großartige Glukosespeicher, biochemische Rektionen in der Bereitstellung von Adenosintriphosphat (ATP).

Tief entspannt, beginnt das Mädchen, im Schulraum erneut zu schreiben, über die Bedeutung der Sauerstoffschuld bei der Trainingsform des intensiven Intervalltrainings und der Wiederholungsmethode in der Leichtathletik. Später gibt es die Klausur zufrieden ab, sich darüber wundernd, wie einfach die Aufgaben doch zu lösen waren. In der blauen Kugel der „Lerngeschichten" schließt sich nun auch dieses Bild. Der Bilderstrom ist beendet.

Das mir schon so vertraute Gefühl der Neutralität stellt sich ein, als ein Gedanke, eine Erinnerung vorbeihuscht. Hat nicht Einstein einmal über die Fähigkeit des sich Wunderns gesagt: „Das Schönste, was wir erleben können, ist das Geheimnisvolle. Es ist das Grundgefühl, das an der Wiege von wahrer Kunst und Wissenschaft steht"?

Kurz denke ich an das Mädchen zurück, das sich wundert, wie einfach das ist.

Dann schaue ich zu Lena, die mit ihrem Buch tief in das „Leben Albert Einsteins" eingetaucht ist. Intuitiv scheint sie meine Aufmerksamkeit zu bemerken, sieht nun ebenfalls hoch und weist auf eine weitere Tür in diesem großen Mobile der Themen. Sie trägt die Aufschrift: „Einstein und die Schulgeschichten". Das ist ein Thema aus Lenas Buch „Alles ist relativ. Die Geschichte Albert Einsteins". Ich konzentriere meine Aufmerksamkeit auf Einstein, stelle ihn mir als Schulkind vor, als sich ein Bild auftut, darauf das Foto eines kleinen Jungen, der auf einer Schulbank sitzt. Er hat ein Schulbuch, ein Rechenbuch vor sich liegen. Dieser Junge heißt Albert, ein gründlich denkender Junge, der manchmal viel mehr Zeit als andere Kinder seiner Klasse zum Nachdenken und Überlegen braucht. Da er die gewünschten Antworten nicht immer sofort und so schnell parat hat, bekommt er mitunter Schläge, obwohl er ansonsten ein guter Schüler ist.

In diese Beobachtung hinein öffnet sich ein anderes Bild, das Foto von der kleinen Lisa, die in der vierten Klasse ebenfalls etwas mehr Zeit zum Überlegen braucht, dann aber die Aufgaben richtig löst. Unter ihren Klassenarbeiten steht immer eine Vier oder eine Fünf. Sie bekommt von ihrer Lehrerin zwar keine Schläge, aber den Übergang zur gymnasialen Schulform schließen sie für Lisa aus. Und Lisa? Sie erlebt in der Schule auch noch heute immer wieder Situationen von Druck und Angst. Dann schließt sich das Bild.

Zwei kurze Standbilder, von Einstein und der kleinen Lisa. Ich staune. Diese Aktivierung ermöglichte einen kurzen Vergleich der Schulsysteme früher und heute. Noch hatte sich nicht viel geändert. Nur die Formen des Drucks waren subtiler geworden.

Erneut schaute ich zu Lena. Ich nickte ihr zu.

Sie zeigte auf eine Zahl im Buch. Bei der Zahl 13 schien es sich um eine Seitenzahl zu handeln, eine Seitenzahl aus dem Einsteinbuch. Im Einsteinbuch blätterte Lena die entsprechende Seite auf. Ich konzentrierte mich darauf bis sich vor meinem inneren Auge ein Textbild der Seite aufbaut, allerdings noch schemenhaft.

Lena hat die Seite aufgeschlagen und beginnt zu lesen.

Ich entspanne mich tief, mein inneres Sehfeld erweiternd, meiner Absicht folgend, intuitiv den Text der Seite zu erkennen. Wie würde ich das schaffen? Wie sähe diese weitere Aktivierungsform des fotografischen Lesens aus? Ich entspanne mich noch tiefer. Zunächst sehe ich nur verschwommen wirkende Schriftmuster der fraglichen Seite, jedoch kaum leserlich. Da bemerke ich ganz oben, am Seitenrand stehend, den intuitiven Berater, eine Lupe haltend. Neugierig lenke ich meine Aufmerksamkeit dorthin. Soll ich durch die Lupe schauen? Ich tue es, tatsächlich – die Textmuster gewinnen an Tiefenschärfe. Ich beginne, die Zeilen der Seite zu lesen:

„Am schlimmsten scheint es mir zu sein, wenn eine Schule hauptsächlich mit den Mitteln von Furcht, Zwang und künstlicher Autorität arbeitet. Solche Behandlung vernichtet das gesunde Lebensgefühl, die Aufrichtigkeit und das Selbstvertrauen des Schülers. Sie erzeugt den unterwürfigen Untertanen. Es ist ein Wunder, dass derartige Schulen in Deutschland und Russland die Regel bilden." In einer abschließenden Bemerkung Einsteins über Bildung heißt es hier: „Bildung ist das, was übrig bleibt, wenn man alles vergessen hat, was man in der Schule gelernt hat."

Jetzt löst sich das mentale Bild der Seite wieder auf. Ich schaue in den Raum. Der Text verschwindet.

„Gibt es in dem Buch noch ähnliche Aussagen?" Mit dieser Frage öffnet sich in mir eine neue innere Seite aus dem Buch.

Bevor Lena antworten kann, nehme ich überrascht wahr, wie eine weitere Seitenzahl am oberen Rand der Seite in einem hellen

Gelb aufleuchtet. Es ist die Zahl 16 des Einsteinbuches. Ich konzentriere meine innere Aufmerksamkeit auf diese Seitenzahl. Wieder nehme ich zunächst verschwommen ein neues Textbild wahr, das jetzt mit der Vorstellung des Bildes der Lupe immer schärfer wird. Ein weiteres Mal beginne ich, den Text zu lesen.

Hier steht geschrieben, dass Einstein seine Meinung über Schule und Lehrer kaum änderte, vor allem weil er die Methoden inhuman und stumpfsinnig fand. So heißt es hier wörtlich: „Ich ließ also lieber jede Sorte von Bestrafungen über mich ergehen, als dass ich etwas auswendig herplappern lernte."

Diese Worte wirkten noch in mir nach, als Lena mit dem Einsteinband in ihren Händen heftig hin und her fuchtelte.

„Was ist los mit dir, Lena?"

Abrupt richtete sich meine Aufmerksamkeit komplett nach außen. Sofort. Von einer Sekunde zur anderen.

„Das musste jetzt sein", sagte sie mit aufgeregter Stimme, „das haben die kurze Textpassage und Einsteins Aussagen zum Auswendiglernen in mir ausgelöst. Erinnerst du dich? Die englische Grammatik habe ich doch nie richtig verstanden. Das Auswendiglernen der englischen Vokabeln war fürchterlich. Nur mit viel Glück schaffte ich überhaupt eine Vier. Und nun ist … nun ist etwas Unglaubliches passiert. Da …", Lena zeigte auf ihren mitgebrachten englischsprachigen Harry-Potter-Band. Eigentlich wollte ich dir davon noch nichts erzählen, ich wollte nichts vorwegnehmen, eigentlich solltest du den englischen Band erst selber fotografisch lesen."

Lenas Worte überschlugen sich. Es musste wirklich etwas Ungewöhnliches beim Lesen dieses englischsprachigen Textes geschehen sein.

„Nun erzähl schon, Lena, was ist mit diesem Buch?"

„Nun, es geht um mein Englisch, ich hatte es ja vorhin schon angedeutet, dass ich dem Kauf des englischen Harry-Potter-Buches nicht widerstehen konnte. Noch beim Kauf überkamen mich weitere Zweifel, konnte ich doch mit den wenigen mir zur Verfügung stehenden englischen Wörtern mal gerade das Notwendigste formulieren und jetzt wollte ich Harry Potter auf Englisch lesen. Doch wie schon gesagt, ich bin einfach meiner Intuition gefolgt und kaufte ihn. Dann habe ich mich gestern mit dem Buch zuhause in meinen Raum gesetzt und versucht die ersten Zeilen zu lesen. Aus irgendeinem Grund war ich ziemlich aufgeregt."

„Und ... und dann?"

„Nun, natürlich war es genauso wie früher in der Schule. Ich las die Zeilen und verstand nicht viel. Schnell wurde mir klar, dass das so keinen Sinn hat, als vor meinem inneren Auge mein ehemaliges Studierzimmer auftauchte, dieses Zimmer mit dem großen Wecker. Als ich das Ticken des Weckers in meiner Vorstellung hörte, begann ich, mich ganz tief zu entspannen. Diesmal schien es, als könnte ich schon den ersten Absatz der ersten Seite als Ganzes wahrnehmen. Ich schaute etwas anders auf die Seiten, sah den Text, als irgendwann später Max hereinkam und ich mich im Buch doch tatsächlich auf der Seite 47 befand. Als er mich neugierig fragte: „Mami, was machst du denn da?", sagte ich ihm wie selbstverständlich: „Ich lese gerade den letzten Harry-Potter-Band auf Englisch." Im selben Augenblick wurde mir allerdings auch bewusst, dass ich Max wirklich nichts davon wörtlich übersetzen konnte – nicht eine Zeile. Dennoch wusste ich um die Geschehnisse bis Seite 47. Ich war wie in einem Film. Ich hörte die Dialoge, sah die Handlungen der Figuren. Zu keinem Zeitpunkt dachte ich mehr darüber nach, was dieses oder jenes Wort wohl bedeutete. Es war nicht wichtig, es zu wissen. Auf einer übergeordneten Ebene erfasste ich den Text. Daran beteiligt waren ausschließlich Gefühle, die mir mitteilten, dass ich das Handlungsgeschehen richtig erfasste. Bei keinem der Wörter habe ich mehr über dessen Bedeutung nachgedacht.

Als Max mich dann unterbrach, setzte erneut der Verstand ein. Nun wollte mein linkes Gehirn es wissen. Sofort verstand ich nichts mehr. Es war mir absolut nicht möglich, die Wörter eins zu eins ins Deutsche zu übersetzen. Max war in der Zwischenzeit schon wieder aus dem Raum gegangen, ein Freund war gekommen. Ratlos verharrte ich vor meinem Buch, stellte mir dann noch einmal die letzten Szenen des Filmes vor, den Max so abrupt unterbrochen hatte.

Ich spürte, wie ich die letzte Szene, die letzte Begebenheit, wie einen Film regelrecht zurückspulen konnte. Der Film begann erneut zu spielen. In hoher Textverarbeitungsgeschwindigkeit gelangte ich auf die Seite siebzig. Innerhalb dieser neuen Seiten hatte ich ein weiteres interessantes Erlebnis; es handelte sich um eine Erfahrung, die ich auch von deutschsprachigen Büchern kenne. In deutschsprachigen Büchern scheint es völlig gleichgültig zu sein, wenn zum Beispiel in einem Wort einzelne Buchstaben fehlen. Die Wörter setzen sich automatisch zusammen, ebenso erkenne ich deren Bedeutung. Das Erkennen von Wörtern oder Wortmustern geht sehr schnell. Diese Vorgänge sind mir sehr vertraut. Dramatisch wird es, wenn ein Name oder ein Wort im Buch falsch geschrieben wird. Dann ist sofort der intuitive Berater zur Stelle. In der Vergangenheit habe ich einmal den Fehldruck eines Buches erhalten. Namen bedeutsamer Figuren waren zwei-, dreimal falsch geschrieben. Beim Erfassen dieser falsch geschriebenen Namen bin ich aus dem Gang der Handlung, aus dem Buch herausgeschleudert worden. Ein Gefühl auch wie bei der Vollbremsung eins ICE; wie bei dir gerade, als du dich noch im Dialog mit Einstein befandest und ich mit dem Buch herumgefuchtelt habe. Die Lesegeschwindigkeit wird auf die Langsamkeit des Wort-für-Wort-Lesens zurückgeworfen. Dann kommt die Erkenntnis: Aha, nur das Wort ist falsch geschrieben. Danach beginnt der innere Film sich wieder auf normale Filmgeschwindigkeit zu beschleunigen.

Ähnlich erging es mir auf einer der englischsprachigen Seiten des Harry-Potter-Buches. Irgendetwas stimmte hier nicht, etwas, das im Kontext störte. Mir war klar, dass es sich hierbei nicht um die Anordnung der einzelnen Buchstaben eines Wortes handelte – ich weiß wirklich nicht, was es war. Was denkst du?"

„Ich bin mir nicht sicher, Lena, aber es könnte sein, dass der Gang der Handlung einen gedanklichen Bruch aufwies, so dass die innere Struktur der Handlung unterbrochen war. Aber überleg mal, wie aufschlussreich dieser innere Vorgang ist. Wir haben hier ein weiteres Indiz für die strukturierende Arbeitsfähigkeit des rechten Gehirns. Eine Verletzung der ganzheitlichen Textstruktur, vielleicht ein Gedankensprung könnte eine Irritation hervorgerufen haben, so dass der intuitive Berater die Lesegeschwindigkeit auf die Geschwindigkeit des Wort-für-Wort-Lesens abbremste. In dem Augenblick tritt der konservative Berater hinzu, vervollständigt die Struktur und stellt die Sicherheit wieder her. Dann kann der intuitive Berater wieder eintauchen in die Welt der Wahrnehmungen, der Bilder und Gefühle."

„Ja, die beiden sind wie gute Freunde." Lena war nachdenklich geworden.

„Und? Wie ging es weiter mit dem Harry-Potter Buch?"

Lena hob den Blick. Jetzt blitzten ihre Augen wieder auf.

„Wie schon gesagt, ich gelangte sehr rasch auf die Seite 70. Wiederum hatte ich alles verstanden. Doch etwas aus dem Buch wörtlich zu übersetzen, wäre nicht möglich gewesen. Ich sah unterschiedlichste Szenen. Wie in einem Kinofilm; wie Harry auf seinem Bett sitzt und Gegenstände sortiert; wie er sich an einem Stück Spiegelglas verletzt; wie Hedwig traurig darüber ist, nicht fliegen zu dürfen."

Ich staunte.

„Lena das ist unglaublich spannend. Kannst du dich noch daran erinnern, wie die inhaltliche Information einer solchen englischsprachigen Seite zustande kam? Leuchteten etwa wie in den deutschsprachigen Büchern einzelne Wörter aus dem Text auf? Präsentierten sie die Textinformation?"

„Nein, so war das diesmal nicht", antwortete Lena. „Diese Erfahrung war ganz anders, ich kann es selbst noch gar nicht richtig fassen. Es war, als hätte ich hinter die Wörter geschaut. Hinter den Wörtern begann ganz automatisch der innere Film zu laufen. Die deutsche Übersetzung der Wörter war völlig bedeutungslos. Sie war für den intuitiven Berater nicht wichtig. Ich hatte das Gefühl, ich schaue hinter die Wörter."

Lena wiederholte das noch mal. „In welcher Sprache das Buch geschrieben ist, ist bei diesem Lesen wirklich gleichgültig."

„Das ist atemberaubend, Lena. Ich habe noch nie zuvor von solch einem Phänomen gehört. Aber wenn das möglich ist", ich zögerte, „wenn das möglich ist, würde das rechte Gehirn nicht nur über eine automatische Textverarbeitungsfunktion sondern gleichermaßen auch über eine automatische Textübersetzungsfunktion verfügen. Hochspannende Forschungsarbeit könnte hier einsetzen, oder?"

„Hm, ja, ich habe mir schon so meine Gedanken gemacht. Die wirkliche Sprache scheint einheitlich zu sein, da haben einige Leute noch ein paar Zeichen und Vokale draufgesetzt, die aber im Prinzip nicht wichtig sind."

„Auch ich kann es nur vermuten, Lena, aber ich glaube, dass gemeinsame Sprachstrukturen, wie sie ja offensichtlich die italienische und lateinische Sprache, aber auch alle rätoromanischen Sprachen aufweisen, hierbei wahrscheinlich eine Rolle spielen. Mir kommt da gerade ein weiterer Gedanke. Erinnerst du dich noch an die Bedeutung der unterschiedlichen Lernkanäle. Drei Kanäle unterschieden sich nur im Grad der Entspannung. So ist es möglich, zwischen unterschiedlichen Entspannungszuständen hin und her zu wechseln, sozusagen zu floaten. Gelangst du über den vierten Kanal in einen besonders tiefen Zustand der Entspannung, kann sich der Flow-Zustand einstellen – ein Zustand, der es vielleicht ermöglicht, hinter die Wörter zu schauen, so dass wie bei den deutschen Büchern das visuelle Gedächtnis mit dem inneren Film beginnen kann. Vielleicht halfen dir doch die Englischkenntnisse aus der Schule, nicht etwa um den Text eins zu eins zu übersetzten, sondern weil dir die Struktur der englischen Sprache vertraut war."

Ich zögerte. „Und wenn du dich in der Situation tatsächlich im Zustand des Flow-Status befandest, warst du tief entspannt und frei von den Ängsten und dem Erwartungsdruck aus deiner Schulzeit. So konntest du Vertrauen in deine Fähigkeiten setzen."

„Genau, das ist es", sagte Lena. „Es ging auch um die Auflösung der Angst. Erst jetzt bemerke ich, dass alle Ängste, die ich bis dahin mit der englischen Sprache verband, sich aufgelöst haben, nicht mehr spürbar sind. Im Gegenteil, mich hat eine derartige Neugier erfasst, dass ich es kaum noch abwarten kann, dies auch mit anderen Büchern in anderen Sprachen auszuprobieren."

Lenas Augen leuchteten. Mit kindlichem Staunen reagierten wir ein weiteres Mal auf die so beindruckenden Fähigkeiten des rechten Gehirns.

„Sollen wir noch einmal zurück in das Einsteinbuch eintauchen, Lena? Die Aktivierung in dem Buch hatten wir doch eben unterbrochen."

Während wir einander einvernehmlich ansahen, schob sich ein weiteres Mal das Einsteinbuch in die Erinnerung. Ich nahm das Aufleuchten einer hellen goldenen Zahl wahr.

Dann entsteht das Bild. Ich sehe ein Kind. Es ist der kleine Einstein im Alter von vier Jahren. Neben ihm steht der Vater. Er zeigt dem Kind einen Kompass. Das Kind ist tief beeindruckt davon, wie eine Nadel es fertig bringt, die Richtung anzuzeigen. Ich nenne Lena die Seitenzahl.

Lena schlug im Einsteinbuch die entsprechende Seite auf.

„Schau, was hier steht, es ist gerade so, als hätte uns Einstein beim Gespräch über das Fotolesen in Englisch zugehört." Lena begann einige Zeilen der Seite des Buches vorzulesen:

„Einstein kann sich noch im Alter an dieses Erlebnis erinnern: Dieses sich Wundern scheint dann aufzutreten, wenn ein Erlebnis mit einer in uns hinreichend fixierten Begriffswelt in Konflikt kommt [...]. Dass diese Nadel in so bestimmter Weise sich benahm, passte so gar nicht in die Art des Geschehens hinein, die in der unbewussten Begriffswelt Platz finden konnte. Ich erinnere mich noch jetzt – oder glaube mich zu erinnern –, dass dieses Erlebnis tiefen und bleibenden Eindruck auf mich gemacht hat. Da musste etwas hinter den Dingen sein, das tief verborgen war. [...] Albert spürt schon früh das Geheimnis einer verborgenen Kraft. Hier nimmt er erstmals ein Grundmotiv seines Denkens wahr: seine Suche nach den unbekannten Ursachen, den Kräften, die die Welt bewegen. [...] Das Erleben des Geheimnisvollen, das Grundgefühl, das an der Wiege von wahrer Kunst und Wissenschaft steht."

„Die Worte Einsteins geben eine schöne Antwort auf deine ‚geheimnisvolle' englische Leseerfahrung mit Harry Potter oder, Lena? Da gibt es etwas, was sich hinter den einzelnen Sprachen verbirgt." Lena lächelte.

Ich dachte schon weiter. Mir stand die rotorangene Kugel des Schulsystems noch vor Augen. Wie könnte und sollte denn die Schule der Zukunft aussehen? Ich richte meine Konzentration nach innen. Eine neue Gedankenspur tut sich auf, eine Vision eröffnet sich. Staunend nehme ich wahr, dass ich wieder an dem schönen Ort der neutralen Perspektive bin, wo sich ein weiteres Mal der Blick auf die Vielzahl der Themen öffnet.

Wie von selbst tritt die tief rotorangefarbene Kugel des Schulsystems hervor. Eine neue Tür öffnet sich, neue Themen zeigen sich. Möglichkeiten neuer Lern- und Wissenswege? Würden neue Lesetechniken Einzug halten in die tradierten Systeme? Eine Szene öffnet sich. Staunend sehe ich Schüler, die sich in der Ausbildung der visuellen Wahrnehmungsfähigkeiten für das Lesen üben.

Ich sehe Leseklassen in großen Bibliotheken, in denen eine Vielzahl unterschiedlicher Bücher verschiedenen Inhalts steht. Hier lesen und arbeiten Schüler unterschiedlichen Alters an Themen. Diese werden vernetzt, fächerübergreifend und altersübergreifend gelehrt.

Ich befinde mich in einem Klassenraum. Auch Lena ist hier anwesend. Ein Strom assoziativer Bilder beginnt. Wir schreiten durch einzelne Klassen. In eine Klasse tauchen wir ein, in einen solchen Unterricht. Hier arbeitet hoch konzentriert eine größere Anzahl von Schülern. Sie arbeiten in einem in hellen Gelbtönen gestrichenen Klassenraum. Ein übergeordnetes Thema taucht auf: „Elefanten näher betrachtet". Es ist mit blauer Schrift an einer Tafel befestigt. Die Schüler arbeiten in kleinen Gruppen mit unterschiedlichen Fragestellungen zu diesem Thema. Im Hintergrund eine überdimensional große Leinwand. Einzelne Schüler halten dort einzelne selbst entwickelte Erkenntnisse und Arbeitsergebnisse schriftlich fest. Eine Vielzahl von Farben steht ihnen hierbei zur Verfügung. Daneben werden mit einem interessanten technischen Verfahren einzelne, die Themen unterstützende Bilder auf die Leinwand projiziert. Ich schaue zu Lena. Auch sie hat diese dreidimensional wirkenden Bilder wahrgenommen.

Voller Neugier konzentriert sie sich auf eines der Bilder, als sich das Bild öffnet und eine kleine Filmszene entsteht:

Ein alter Savannen-Elefant leitet eine ganze Herde. Die Tiere wirken hungrig, folgen aber voller Vertrauen dem sie führenden, weisen Elefanten. Sie legen eine Strecke von über 150 Kilometern zurück zu einem Platz voller reichhaltiger Nahrung. Wir beobachten, wie zwei Schüler mit uns diese Szene betrachten, nehmen wahr, wie sie das Wissen des weisen Elefanten über die Gefühle empathisch aufnehmen, sich dann über ihre Notizblöcke beugen und voller Konzentration einen Bericht über die besondere Intelligenz von Elefanten verfassen. Ganz selbstverständlich arbeiten sie so.

Lächelnd verlassen wir die Szene, eine neue beginnt. Jetzt nehmen wir eine Gruppe älterer Schüler wahr. Sie befassen sich ganz anders mit dem Elefantenthema. Sie scheinen in einer heftigen Diskussion damit beschäftigt zu sein, etwas herauszufinden. Neugierig treten wir näher. Ein Text hat wohl diese Diskussion entfacht. Es ist ein literarischer Text über Herrn K.s Lieblingstier, einen Elefanten. Auch wir sehen den Text.

Herrn K.s Lieblingstier *von Bertolt Brecht*

Als Herr K. gefragt wurde, welches Tier er vor allen schätze, nannte er den Elefanten und begründete dies so: Der Elefant vereint List mit Stärke. Das ist nicht die kümmerliche List, die ausreicht, um einer Nachstellung zu entgehen oder ein Essen zu ergattern, indem man nicht auffällt, sondern die List, welcher die Stärke für große Unternehmungen zur Verfügung steht. Wo dieses Tier war, führt eine breite Spur. Dennoch ist es gutmütig, es versteht Spaß. Es ist ein guter Freund, wie es ein guter Feind ist. Sehr groß und schwer, ist es doch auch sehr schnell. Sein Rüssel führt einem enormen Körper auch die kleinsten Speisen zu, auch Nüsse. Seine Ohren sind verstellbar: Er hört nur, was ihm passt. Er wird auch sehr alt. Er ist auch sehr gesellig, und dies nicht nur zu Elefanten. Überall ist er sowohl beliebt als auch gefürchtet. Eine gewisse Komik macht es möglich, dass er sogar verehrt werden kann. Er hat eine dicke Haut, darin zerbrechen die Messer; aber sein Gemüt ist zart. Er kann traurig werden. Er tanzt gern. Er stirbt im Dickicht. Er liebt Kinder und andere kleine Tiere. Er ist grau und fällt nur durch seine Masse auf. Er ist nicht essbar. Er kann gut arbeiten. Er trinkt gern und wird fröhlich. Er tut etwas für die Kunst: Er liefert Elfenbein.

Neugierig blicken wir zu den Schülern und bemerken, dass ihre Diskussion durch weitere Texte von Brecht angeheizt wird.

Dabei scheint einer der Schüler die Diskussion zu leiten, ihm liegen verschiedene Fragen vor. Wir werfen einen Blick über die Schulter des Jungen auf die Fragen: „Verfügte auch Brecht über die Eigenschaften und Verhaltensweisen der von ihm so geschätzten Elefanten? War der Elefant eine Metapher für Brechts gesellschaftliche, vor allem politische Einstellung?"

Dies scheinen übergeordnete Leitfragen zu sein, die die Schüler selbst entwickelt und an den Text gestellt haben. Doch diese Fragen sind im Augenblick nicht die spannendsten. Denn ihr Interesse bezieht sich auf den Schüler Brecht, der schon als Jugendlicher wegen seiner Aufsässigkeit und Respektlosigkeit auffiel. Einmal sollte er sogar der Schule verwiesen werden.

Jetzt ergreift einer der Schüler das Wort. Die Aufmerksamkeit richtet sich auf ihn, wie selbstverständlich beginnen die anderen, sich bei seinen Worten zu entspannen:

„Brechts Schulzeit lag in der Zeit des Ersten Weltkrieges. Der war 1914 ausgebrochen und er sollte sich in einem Aufsatz dazu bekennen, dass es gut und richtig sei, als Soldat für das Vaterland zu sterben. Der junge Brecht aber bezeichnete diejenigen, die eine solche Meinung vertraten, als Hohlköpfe und Narren. Auch später als Schriftsteller hat er sich immer wieder gegen herrschende politische Auffassungen gewandt und sich mit den Mächtigen in Staat und Gesellschaft angelegt. 1933, als die Nationalsozialisten die Herrschaft in Deutschland erlangten, musste Brecht ins Ausland fliehen. Er schrieb hauptsächlich Theaterstücke und Gedichte, durch die er die Menschen zum kritischen Nachdenken über ihre Situation anregen wollte."

Wir schauen auf die Runde der Schüler. Beim Zuhören haben sie sich noch tiefer entspannt und in dieser Entspannung hat jeder von ihnen eigene Bilder, kleine Szenen zur politischen Situation Deutschlands entstehen lassen. Einige sehen Brecht wütend in sein Heft schreiben. Politiker erscheinen wie zappelnde Marionetten. Ein

Schüler sieht, wie der ältere Brecht einem verschlagenen Politiker mit einem Holzhammer zusetzt. Die Zahl 1933 schießt wie ein Feuerwerk in den Himmel. Und dort flieht der Dichter mit einem Zeppelin ins Ausland und dreht den deutschen Grenzern, die hilflos zu ihm hochschauen, eine Nase. Seine Theaterstücke und Gedichte schreibt er in Riesenbuchstaben auf Litfaßsäulen und Häuserwände. In diese inneren Filme integrieren sie ganz selbstverständlich weitere Daten, auch Zahlen aus Geschichte und Politik.

Ein Schüler, der Anekdoten liebt, stellt einen weiteren Text in dieser Runde vor. Einleitend, an die anderen gewendet, beginnt er mit folgenden Worten: „Ihr wisst, ich liebe und sammle Anekdoten. Ich erzähle euch jetzt eine Anekdote über Schulnoten, wenn ihr überhaupt wisst, was das sind, Schulnoten." Er fährt fort: „Die Anekdote handelt von einer schlechten Zensur."

Die schlechte Zensur *von Bertolt Brecht*

Brecht, der schwach im Französischen war, und ein Freund, der schlechte Zensuren im Lateinischen hatte, konnten Ostern nur schwer in die nächste Klassenstufe versetzt werden, wenn sie nicht noch eine gute Abschlussarbeit schrieben. Aber die lateinische Arbeit des einen fiel ebenso mäßig aus wie die französische des anderen. Darauf radierte der Freund mit einem Federmesser einige Fehler in der Lateinarbeit aus und meinte, der Professor habe sich wohl verzählt. Der aber hielt das Heft gegen das Licht, entdeckte die radierten Stellen, und eine Ohrfeige tat das Übrige. Brecht, der nun wusste, so geht das nicht, nahm rote Tinte und strich sich noch einige Fehler mehr an. Dann ging er zum Professor und fragte ihn, was hier falsch sei. Der Lehrer musste bestürzt zugeben, dass diese Worte richtig seien und er zu viele Fehler angestrichen habe. „Dann", sagte Brecht, „muss ich doch wohl eine bessere Zensur haben." Der Professor änderte die Zensur und Brecht wurde versetzt.

Einige Gesichter der Schüler schmunzeln, denn sie sehen Cäsar und Napoleon im Klassenraum. Draußen blühen die Osterglocken. Da zerfließen die Abschlussarbeiten der beiden in roter Tinte. Ein anderer Schüler sieht, wie der Professor mit dem Rohrstock ausholt und dem römischen Feldherrn einen überzieht. Napoleon aber ist schlauer. Er schüttet noch mehr rote Tinte über das Heft. Der Professor entschuldigt sich bei ihm und schenkt ihm einen Camembert. Das letzte Bild zeigt Napoleon mit Lorbeerkranz.

Den Schülern war bekannt, dass Leistungen in dem damaligen Schulsystem mit Notendruck und Rohrstock erzwungen werden sollten. Dieses Wissen kombinierten sie mit den Bildern, die sich bei ihnen abrufbar einstellten.

Sie selbst lernten ja ganz anders. Sie lieben ihre Lehrer, die ihnen hilfreich, manchmal auch streng, aber immer ermutigend zur Seite stehen. Dann versiegt der Bilderstrom.

Lena und ich schauen uns weiter um. Wir sehen neue Szenen.

In einem besonderen Vorbereitungsraum für „Neugier" entstehen die Ideen zu einer Vielzahl von Projekten. Hier träumen zwei jüngere Schüler mit offenen Augen. Kein Lehrer reißt sie barsch aus ihrem Traum zurück. Im Gegenteil, sie sind es gewohnt, die Träume zu notieren. Sie werden als Träumende ernst genommen. Noch einmal schauen wir zurück zu der anderen Gruppe Schüler.

Die sind in der Zwischenzeit dazu übergegangen, ihre Ergebnisse und Erkenntnisse mit farbigen Leuchtstiften an eine weiße, überdimensional große Leinwand zu notieren. Interessante Vernetzungen zur Geschichte des Ersten und Zweiten Weltkriegs und den dort lebenden Autoren werden sichtbar; ebenso Vernetzungen der biologischen Lebensweise der Elefanten mit Brechts literarischem Text. Übergreifende Themen der für diese Schüler unbegreiflichen Notenthematik runden das Thema unter der Rubrik „Zur Sozialkritik dieser Zeit" ab.

Lena und ich staunen. Sie weist mit einem Kopfnicken nochmals auf die farbigen Leuchtstifte hin, mit denen die Schüler ihre Arbeitsergebnisse notiert haben.

Ich denke an eines meiner übergeordneten Ziele, die Bedeutung und Wirkung der Farben für das Lesen und Lernen zu erfassen.

Interessant, wie die Schüler hier arbeiten; ich richte meine Aufmerksamkeit nochmals dorthin. In der Mitte das Thema „Elefanten näher betrachtet" – mit einem Blauton in der Schrift hinterlegt. Die Farbe Rot scheint bei der Bearbeitung dieses Themas ein besonderes Gewicht zu haben, ich schaue genauer hin. Rot zeigt wichtige Verbindungen und Vernetzungen mit anderen Themen auf. Rot signalisiert die Vernetzung mit Geschichte, mit Biologie und mit Deutsch. Grün, Rosa und Hellblau stehen für die dazugehörigen Geschichten. Hellblau für Brechts Text über Herrn K.s Lieblingstier. Rosa für einen 30-seitigen Text über das Verhalten von Elefanten. Grün für die Gefühle und Gedanken handelnder Figuren. Auch Brechts Anekdote haben die Schüler in Grün getaucht.

Interessiert nehme ich wahr, dass auch einzelne Texte immer farbig unterlegt sind.

Noch ein letztes Mal werfen wir einen Blick auf die Szene, als wir bemerken, wie zwei der älteren Schüler zu tuscheln beginnen, dabei aufgeregt hinter vorgehaltener Hand immer wieder fröhlich lachen. Neugierig wollen wir mehr erfahren. Wir richten unsere Aufmerksamkeit auf das Gespräch der beiden. Wortfetzen wie „Physikraum", „Frequenzen", „Einstein" gelangen an unser Ohr. Dann, ganze Sätze vernehmend, hören wir nur: „Weißt du noch, Einstein gehört auch in die Zeit Brechts." „Erinnere dich, als man in Physik die Energien und Frequenzen zu messen begann, stand Einstein mit vielen Wissenschaftlern im Gespräch über die Quantenphysik."

Die Jungen scheinen sich auf ein Experiment zu freuen, doch zuvor gehen sie wie selbstverständlich zu der großen Leuchttafel, dort zahlreiche Namen wie Einstein, Niels Bohr, Werner Heisenberg neben Brecht platzierend. Einer der Jungen zeigt sich besonders begeistert von den Möglichkeiten der Quantenphysik.

Intuitiv bemerken Lena und ich, dass der Junge das Einstein-Buch kennt. Und tatsächlich. Gerade beginnt er damit, einem Mitschüler aus dem Buch zu zitieren. „Stell dir vor", sagt er zu dem anderen und zeigt auf die Namen Einstein und Heisenberg. Der Junge stimmt sich dabei ganz entspannt auf die beiden Namen ein, bis in ihm ein innerer Film beginnt. Erst dann beginnt er zu erzählen. Er fängt mit Einstein an, lässt ihn dann aber links liegen. Denn seine Intuition führt ihn zu Heisenberg und von da zu einer atemberaubenden Vorstellung: dass Gedanken allein als Gedanken einen Zustand verändern können.

„Erstaunlich", sagt Lena, „aber eigentlich ... Sag mal, kennen wir das denn nicht schon von den Spiegelneuronen? Reagieren die denn nicht ähnlich wie Heisenbergs Quanten? Ich verändere den Zustand eines Menschen allein durch die Tatsache, dass ich etwas Bestimmtes über ihn denke oder von ihm erwarte. Das ist so eine Art neurosoziale Quantenphysik."

Ich nicke Lena zu.

„Denke an die Ergebnisse der Neurobiologie. Nach diesen Erkenntnissen wäre es von großer Bedeutung, positive Intentionen, Wissensziele zu formulieren. Doch von ebenso großer Bedeutung wäre es, im inneren Bewusstsein der Erwartung einer Antwort zu bleiben, in dem Wissen, dass diese Antwort bereits existiert. Vielleicht erzeugt diese Bewusstheit eine ganz eigene, einzigartige, energetische Schwingung, die genau das anzieht, was du dir wünschst, genau die Ziele und Absichten einlöst, die du erreichen möchtest. Zu deinen Fragen hast du jetzt hier, in einem einzigartigen Kontext Antworten erhalten, oder?"

Lena lächelt und abermals ist ein Leuchten in ihren Augen zu sehen. Neugierig wenden wir unsere Aufmerksamkeit wieder zurück zu den beiden Jungen. In der Zwischenzeit hat sich die Szene verändert. Die beiden haben den Schulraum gewechselt.

Wir bemerken sie in einem anderen Raum. Dort stehen bildgebende Diagnosegeräte, die Blockaden im neuronalen Netzwerk des Gehirns nachweisen. Neben den Jungen steht ein Lehrer, der sie einführt in die Energie der Gedanken und deren Frequenzen. Die beiden Schüler erfahren, dass die unterschiedliche Qualität der Gedanken unterschiedliche Frequenzen hervorruft und dementsprechend andere Wirkungen hat. Zum Beispiel kann ein negatives Urteil bei dem anderen ein negatives Selbstbild und negative Gefühle nach sich ziehen. Entsprechendes gilt für die Bedeutung positiv formulierter Botschaften und Gedanken.

Wir beobachten, wie die Jungen und der Lehrer die Frequenz und die Energie des Wortes „Notendruck", aber auch der Schulnoten „sehr gut", „gut", „befriedigend" usw. ermitteln. Die einzelnen Noten haben sehr unterschiedliche Frequenzen. Es geht um die Frage der Wertigkeit, aber auch der dahinter stehenden Intention. Die Note fünf heißt übersetzt „mangelhaft", dahinter eine Vielzahl intendierter negativer Bedeutungen: „Deine Leistung ist mangelhaft", „Deine Leistung entspricht nicht den Anforderungen dieser Klasse".

Mit einem bildgebenden Diagnosegerät betrachten die drei die Wirkungen zunächst auf den Schüler. Am Anfang steht die Angst, ein weiteres Mal zu versagen. Danach folgt auf meist unbewusster Ebene der Aufbau negativer Verhaltensweisen und Überzeugungen – an erster Stelle „Ich bin dumm!", „Ich kann das nicht!", „Ich schaffe das nicht!". Das Selbstwertgefühl und das Vertrauen in sich selbst bauen sich im selben Maße ab. Zahlreiche psychosomatische Reaktionen wie Übelkeit und Bauchschmerzen bis hin zur Schulverweigerungen folgen.

An dieser Stelle tritt mir mit intuitiver Gewissheit und bildlicher Klarheit vor Augen: Durch zum Teil unbewusste Überzeugungen und Einstellungen von Lehrern und Eltern werden die Wirkungen auf die Kinder und Jugendlichen immens verstärkt. Aber auch: Dieser Teufelskreis kann durchbrochen werden, indem der Schüler die negative Selbsteinschätzung durch positive Vorwegnahme der nächsten Leistungsanforderung auflöst. Durch Intention. Auf neurobiologischer Ebene verändern sich die Hirnwellenmuster. Mit Lena habe ich an einem unserer langen Abende schon einmal über die unterschiedlichen Hirnwellenmuster gesprochen, die durch gute und schlechte Schulnoten hervorgerufen werden. Hier im Raum mit den Schülern werden die Zusammenhänge, die Wirkungen auf Körper und Geist, bildlich klar.

Nun beginnen die drei, die Situation zum Positiven zu verändern. Entsprechend der genannten Gesetzmäßigkeit müsste eine gute Note positive Gedankenketten, positive Gefühle und Bilderketten nach sich ziehen. Die Note „gut" bedeutet „Deine Leistungen entsprechen voll den Anforderungen dieser Jahrgangsstufe", „Du bist gut". Entsprechend die Wirkung auf den Schüler; hier lauten die verinnerlichten Gedanken und Überzeugungen: „Ich bin gut!", „Ich traue mir alles zu!", „Ich vertraue mir!", „Alles Wissen fliegt mir zu!", „Ich freue mich auf die Schule!", „Ich habe Spaß!", „Lernen macht Spaß!", „Ich bin glücklich!". Wie leicht sich diese Sätze anfühlen, wie stark ihre Ausstrahlung, wie groß ihre Wirkung, denke ich, die Szene beobachtend. Die Wirkungen sind körperlich und geistig spürbar. Eine Energie der Leichtigkeit und der Freude erfasst auch uns.

Irgendwann würden die Noten durch individuell bedeutsame Rückmeldungen ersetzt werden. So wie hier, wo die Schüler gemeinsam mit ihrem Lehrer an positiven Gedanken und Überzeugungen arbeiten, sie anwenden, die Wirkungen auf Körper, Geist und Seele beobachten. Auch arbeiten sie an positiven Übertragungswegen für dieses Wissen. Lernen würde wieder Spaß und Freude machen, dieses Mal lebenslang, denke ich zufrieden, als das Bild dieses Raumes sich zu schließen beginnt.

Im Hintergrund stehen lächelnd die konservativen Berater. Die intuitiven verlassen das Spiel. Noch gemeinsam schauen sie auf die Vielzahl der Themen, alle beschriftet, alle miteinander vernetzt. Der Bilderstrom ist beendet.

Ich schaute auf, in meiner Hand diesen kleinen Zettel mit der kaum erkennbaren, kaum leserlichen Schrift und beginne, Lena den Text weiter vorzulesen:

„Wie ist dein Zugang, deine Verbindung hinunter in diesen Raum der Erinnerung und hinaus in dein Alltagsbewusstsein. Mit diesem Wissen, dass diese Verbindung sich immer weiter ausbauen lässt oder klarer werden kann, diese Verbindung deutlicher werden kann für dich, je öfter du sie benutzt, mit diesem Wissen schließe das für dich ab. Und komm hierher zurück, auf dem Weg, auf dem du dorthin gelangt bist, auf die gleiche Art wieder zurück, ob du nun geschwebt bist oder gegangen oder gelaufen, den Gang zurück und wieder zu deinem Ort der Ruhe, in die Natur mit all den Farben und dem Licht." Wieder hielt ich einen Moment inne.

Nochmals richte ich meine Konzentration nach innen. Die blaue Energiekugel der Farben, welches Geheimnis birgt sie? Ich erinnere mich an meine Absicht, die Bedeutung und Wirkung der Farben anhand von Goethes Büchern der Farbenlehre kennen zu lernen und zu erfassen. Zwei Antworten kenne ich schon. Die Farben markieren Wörter, und ihre Bedeutung ist nicht allgemein, sondern hängt von der individuellen Intuition und Intention des Lesenden ab. Gibt es noch eine weitere Dimension?, frage ich mich, als eine goldfarbene Karte meine Aufmerksamkeit auf sich zieht. Automatisch richtet sich meine Konzentration wieder nach innen.

Auf dieser Karte steht in unterschiedlichen Farbtönen von Blau ein Satz geschrieben: „Schon allein durch die Beobachtung und das Eingreifen des Beobachters wird das System verändert."

Still betrachte ich den Schriftzug. Was bedeutet das? Gedanken, Assoziationen steigen auf. Ein Bilder- und Gedankenstrom beginnt.

Die Farbe Blau, das Blau im Blau, die Wirkung von Blau kann kühlend sein; es heißt, Blau stärke die Gedankenkraft; die Farbe Blau, Meeresblau, die blauen Wellen des Meeres könnten beängstigend, bedrohlich wirken; das Wasser Gefühle der Kälte, der Schutzlosigkeit auslösen; die Farbe Blau, Meeresblau, die blauen Wellen des Meeres könnten spielerisch, zärtlich, vertrauensvoll wirken; Gefühle der Geborgenheit auslösen. Die Farbe Blau! Es könnte auch heißen, Blau stärke die Intuition oder die Gedankenkraft und die Intuition. Ich fühle das Blau der Schutzlosigkeit, ich fühle das Blau des Vertrauens.

In diesem inneren Monolog, diesem Spiel der Gedanken, wird mir klar, die Bedeutung liegt nicht in der Farbe an sich, sondern in der Absicht, wie ich die Farbe mit meiner Geistseele erfassen will. Die Absicht verändert die Bedeutung und die Wirkung. Die Absicht ist das Ergebnis einer Vielzahl von Gedanken. Darin liegt das Geheimnis begründet. Jeder Gedanke, den du denkst, hat eine Frequenz. Ein negativer Gedanke hat eine vollkommen andere als ein positiver Gedanke; ein negativer Gedanke hat eine vollkommen andere Wirkung als ein positiver Gedanke.

In dem Augenblick tritt die blaue Energiekugel der Farben in den Vordergrund, leuchtend, größer werdend, Kraft ausstrahlend, darauf das geheimnisvolle, goldfarbene Symbol, auf die höchste Frequenz hinweisend, auf die Liebe zu allem und den Dingen, bevor es sich wieder verschließt. Erneut schließen sich die Bilder und die Gedanken. Gedankenstille.

Ein letztes Mal nahm ich den kleinen Zettel und begann, leise zu lesen:

„Nimm wahr, dass du auch an diesem Ort der Ruhe jederzeit verweilen kannst, einfach indem du an ihn denkst. Verabschiede dich auch von diesem Ort und komm ganz hierher zurück in diesen Raum. Spür noch einmal, was du jetzt heute noch machen möchtest, worauf du dich jetzt noch freuen kannst. Was es ist, worauf du Lust hast? Und vor allen Dingen, welche Bewegung oder Berührungen oder welche Gedanken jetzt die Energie in dir zum Fließen bringen, damit du genau das, was du heute vorhast, auch gerne machen kannst und genug Energie da ist, um genau das zu tun. Ja, komm einfach in deinem Tempo hierher zurück und wenn du noch ein bisschen Energie haben willst, kannst du wie beim Yoga die Hände und die Füße aneinander reiben, so dass die Hände warm werden und die Füße warm werden und der Energiefluss im Körper wieder anfängt zu zirkulieren. Vielleicht fängst du an mit Rekeln oder Rücken massieren oder so einem leichten Hin- und Herrollen, ja oder irgendetwas, was dich jetzt schön warm werden lässt und ganz frisch und erholt, vollständig wach hierher zurückbringt."

… wie es endete – mit dem Manuskript

Am vorletzten Tag kam dann die letzte Ermutigung von Dr. Hochenegg: „Für morgen die letzten zehn Seiten – komm am nächsten Abend wieder." Diese Worte waren zu einem täglichen Ritual geworden. Sie trugen mich durch fünf intensive, bereichernde Arbeitswochen.

Das letzte Kapitel, die letzten Seiten, der letzte Satz waren nun geschrieben – ein letztes Mal würden wir heute die Seiten durchgehen.

„Jetzt ist es fertig", sagte er. Ich bemerkte die Freude in seinen Augen.

Zum Abschied reichte er mir einen Text. Der Text greift das Symbol der blauen Kugel auf und bezieht sich auf die menschlichen Grundlagen schulischen Lernens.

Die stärkste Heilkraft auf Erden ist die Liebe

FREUNDLICHKEIT	ohne LIEBE macht	HEUCHLERISCH
PFLICHT	ohne LIEBE macht	VERDRIESSLICH
KLUGHEIT	ohne LIEBE macht	GERISSEN
GERECHTIGKEIT	ohne LIEBE macht	HART
ORDNUNG	ohne LIEBE macht	KLEINLICH
VERANTWORTUNG	ohne LIEBE macht	RÜCKSICHTSLOS
ERZIEHUNG	ohne LIEBE macht	WIDERSPRUCHSVOLL
MACHT	ohne LIEBE macht	GEWALTTÄTIG
LEBEN	ohne LIEBE macht	KRANK

(Dr. Leonhard Hochenegg)

Literaturverzeichnis

Um den Lesefluss nicht zu stören, werden im Text alle Autoren benannt und nicht gesondert in Fußnoten angegeben.

In diesem Verzeichnis sind sowohl die zitierten Bücher aufgelistet als auch Werke, die mich beim Lesen beeindruckt und zum Schreiben dieses Buches inspiriert haben. Interessierten Lesern bieten sie die Möglichkeit, sich weiter mit den Themen zu beschäftigen und zu „schmökern". Viel Spaß dabei!

Bauer, Joachim: Warum ich fühle, was du fühlst - Intuitive Kommunikation und das Geheimnis der Spiegelneurone, Hamburg: Hoffmann und Campe Verlag, 4. Auflage, 2005

Blakeslee, Thomas R.: Das Rechte Gehirn - Das Unbewusste und seine schöpferischen Kräfte, Freiburg im Breisgau: Aurum Verlag GmbH & Co KG, 1982

Brackmann, Andrea: Jenseits der Norm - hochbegabt und hoch sensibel?, Stuttgart: J. G. Cotta'sche Buchhandlung Nachfolger GmbH, 4. Auflage, 2007

Gardner, Howard: So genial wie Einstein - Schlüssel zum kreativen Denken, Stuttgart: Klett-Cotta, 1996

Goethe, Johann Wolfgang: Farbenlehre, Band 1, Entwurf einer Farbenlehre, Stuttgart: Verlag Freies Geistesleben GmbH, 3. Auflage, 1984

Goethe, Johann Wolfgang: Farbenlehre, Band 2, Vorarbeiten und Nachträge zur Farbenlehre, Stuttgart: Verlag Freies Geistesleben GmbH, 3. Auflage, 1984

Goethe, Johann Wolfgang: Farbenlehre, Band 3, Enthüllung der Theorie Newtons, Stuttgart: Verlag Freies Geistesleben GmbH, 3. Auflage, 1984

Hochenegg, Leonhard und Hochenegg, Fatima jun.: Die Strategie der Sieger

Hochenegg, Leonhard: Nahrung fürs Gehirn - Rezepte, Ratschläge, Rätsel, Hall i. T.: Dr. med. L. Hochenegg Verlag KEG

Hüther, Gerald: Bedienungsanleitung für ein menschliches Gehirn, Göttingen: Vandenhoeck & Ruprecht, 4. Auflage, 2004

Hüther, Gerald: Die Macht der inneren Bilder - Wie Visionen das Gehirn, den Menschen und die Welt verändern, Göttingen: Vandenhoeck & Ruprecht GmbH & Co. KG, 3. durchgesehene Auflage, 2006, 2004

Lipton, Bruce H.: Intelligente Zellen - Wie Erfahrungen unsere Gene steuern, Burgrain: KOHA-Verlag GmbH, 4. Auflage, 2007

McTaggart, Lynne: Intention - Mit Gedankenkraft die Welt verändern - Globale Experimente mit fokussierter Energie, Kirchzarten bei Freiburg: VAK Verlags GmbH, 2007

Meyer, Hilbert: Unterrichtsmethoden, 2. Praxisband, Frankfurt am Main: Cornelsen Verlag Scriptor, 4. Auflage, 1991

Meyer, Kai: Die Muschelmagier, Band 2, Der Wellenläufer-Trilogie, Bindlach: Loewe Verlag GmbH, 4. Auflage, 2006

Meyer, Kai: Die Wasserweber, Band 3, Der Wellenläufer-Trilogie, Bindlach: Loewe Verlag GmbH, 2. Auflage, 2005

Meyer, Kai: Die Wellenläufer, Band 1, Bindlach: Loewe Verlag GmbH, 6. Auflage, 2006

Proust, Marcel: Tage des Lesens - Drei Essays, Frankfurt am Main: Suhrkamp Verlag, 1974

Rosenthal, Robert und Jacobson, Lenore: Pygmalion im Unterricht - Lehrerwartungen und Intelligenzentwicklung der Schüler, Weinheim-Berlin-Basel: Beltz, 1971

Scheele, Paul R.: PhotoReading - Die neue Hochgeschwindigkeits-Lesemethode in der Praxis, Paderborn: Junfermann Verlag, 3. Auflage, 1997

Schwartz, Gary E. R. und Russek, Linda G. S.: Alles erinnert - Wie zwei Wissenschaftler ein universelles, lebendiges und interaktives Gedächtnis entdecken, Kirchzarten bei Freiburg: VAK-Verl.-GmbH, 2001

Spitzer, Manfred: Lernen - Die Entdeckung des Selbstverständlichen, Hamburg: Archiv der Zukunft, August 2006

Spitzer, Manfred: Nervensachen - Geschichten vom Gehirn, Stuttgart: Suhrkamp Taschenbuch Verlag, 1. Auflage, 2005

Strauch, Dietmar: Alles ist relativ - Die Lebensgeschichte des Albert Einstein, Weinheim und Basel: Beltz & Gelberg, 2005

Syed, Matthew: Was heißt schon Talent? - Mozart, Beckham, Federer und das Geheimnis von Spitzenleistungen, München: Riemann Verlag, 1. Auflage, 2010

Struck, Peter: Die 15 Gebote des Lernens, Darmstadt: WBG (Wissenschaftliche Buchgesellschaft), 2008

Welzer, Harald: Das kommunikative Gedächtnis - Eine Theorie der Erinnerung, München: Verlag C.H.Beck oHG, 2002

Wycoff, Joyce: Gedanken-Striche - Auf neue Ideen kommen, Probleme lösen - mit Mindmapping, Freiburg im Breisgau: VAK, Verl. für Angewandte Kinesiologie, 2. Auflage, 1996

Zdenek, Marilee: Die Entdeckung des rechten Gehirns - Der kreative Prozess - Das persönliche Programm zur Befreiung der schöpferischen Kräfte, Berlin: Synchron Verlag, 1988

Register

Abfotografieren 25, 48, 217
Absicht 62, 161, 172, 177–82, 188–91, 198, 200–202, 216, 235–36, 241, 245, 249, 263, 319, *siehe auch* Intention, Ziel
AD(H)S 22, 29–39, 39, 138, 183–86
Aktionskanal 147
Aktivierung 49, 244, 246, 248, 282, *siehe auch* Erinnerung
- Bilderstrom 270–71
Aktivierungstechniken 163, 228, 241, 248, 261, 282, *siehe auch* Erinnerung
- Bilderstrom 270–71, 282–84
- Innere Befragung 282
- Mindmapping 64, 76, 266
- Überfliegen Eintauchen 248, 264–65
Alpha-Wellen 153
Alpha-Zustand 145, 151–56, 157–59, 237
Angst 34, 68, 74, 87, 95, 103, 121, 138, 151, 155, 157, 159, 231, 300, 307, 316
Anpassungsfähigkeit 87, 95
Anspannung 34, 147, 158
Arbeitskanäle des Gehirns *siehe* Aktionskanal,

Entspannungskanal, Kreativitätskanal, Lernkanal
Arbeitsziele 182, *siehe auch* Absicht, Intention, Ziele
Assaraf, John 146
Assoziation 162, 181, 240, 266, 267, 270
Atmung 151, 152, 158, 166, 236
Aufmerksamkeit 198, 274
Aufmerksamkeitsdefizitsyndrom *siehe* AD(H)S
Aufmerksamkeitspunkt 156, 161, 164–72, 175, 191–92, 196, 198–200, 219, 237, 264, 284, 289
Aufmerksamkeitsstörung 28, 32
Auswendiglernen 44, 69, 103
Autoritäre Strukturen 96
Bastyr-Studie 194
Bauchschmerzen 96, 316
Bauer, Joachim 67, 68, 117, 122, 125, 127, 128, 130, 132, 138, 139, 185
Bedeutungstragende Wörter 227
Begabung 28, 37, 39, 40, 108, 130, 139, 183, 235, 288, 293
Beobachter 48, 53, 175, 192, 247, 318

Beobachterperspektive 168, 284, *siehe auch* Vogelperspektive
Beta-Bereich 148
Bild 32, 50, 58, 169–71, 175, 183, 204–5, 245
Bildergedächtnis 27, 28, 39, 44, 52, 76, 77, 99, 228, 267
Bilderstrom 274, 282, 283, *siehe* Aktivierung, Aktivierungstechnik
Bildung 301
Bildungskritik 56
Bildungssystem 28, 39, 41, 42, 54, 57
Blackout 141, 155
Blakeslee, Thomas R. 41, 57, 74, 78, 80, 96, 186, 208, 288
Blauer Brief 78, 80
Blickspanne 227
Blip-Seite 238
Brecht, Bertolt 310, 312
Bücherrunde 59–60, 65–75
Denkweisen der Gehirnhälften 43, 50, 72, 79, 97, 139, 172, 208, 234
Detailgenauigkeit 227
Dreidimensionale Struktur 20, 61, 192, 222, 223, 224, 239
Druck 57, 68, 74, 83, 87, 94–97, 99, 104, 116, 130, 141, 144, 157, 300
EEG 145, 194
Einstein, Albert 85, 187, 301
Einstellung 119–21, 133–37
Einstimmen 161

Eintauchen 53, 163, 175, 235, 248, 249, 250, 264, 282, siehe auch Überfliegen
Emotionale Intelligenz 67, 148, 178, 236
Emotionalität 108
Emotionen 151, 276
Empathie 125–26
Entmutigung 95–96
Entspannung 141, 144, 145, 147, 157, 165, 181, 212, 217, 274, 306
- geistige 236
- körperliche 236
Entspannungskanal 147, 149, 181
Entspannungstechnik 156, 157–59, 199, 236
Entspannungsübung 112
Entspannungszustand 149–51, 157, 209
Erinnerung 213, 294, 318, *siehe auch* Aktivierung, Aktierungstechniken
Erinnerungsspur 62, 246, 260
Erwartung 95, 114–16, 121, 124, 133–35
Erwartungshaltung 114
Erzählperspektive 221
Erziehung 41, 86, 96
Erziehungsfehler 45, 50, 51, 186
Experimentieren 184–85
Faktenwissen 94, 96
Fantasie 34, 37, 51, 88, 90, 100, 108
Fantasyreise 287–321

Farben 113, 179, 205, 213, 236, 243, 248, 272, 279
Farbenlehre 243
Film 32, 39, 48, 53, 111, 175, 219, 223, 250, 252, 257, 265, *siehe auch* Inneres Bild
Flow-State 164, 219, 253, 307
Flow-Zustand 306
Fokussierung 164, 195, 198, 284
Forschungsrunde *siehe* Bücherrunde
FotoFokus 70, 162, 216, 222–24, 224–27, 238, 239
Fotografieren der Bücher 153–55, 162, 209, 216, 217, 226, 228, 235, 238–40
Fotografische Lesefähigkeit 26, 39, 47, 142
Fotografischer Blick 20
Fotografischer Leseprozess 49, 245
Fotografisches Gedächtnis 21, 25, 32
Fotografisches Lesen *siehe* FotoLesen
Fotografisches Lesesystem 171, 196, 245, 263
FotoLesen 46, 69, 144, 159, 160, 161, 175, 188, 190, 198, 215–17, 225, 245
Fragestellung 61, 64, 245
Frequenz 145–46, 149, 152, 193, 316
Frequenzbereich 145, 148

Frontalunterricht *siehe* Unterrichtsmethoden
Ganzheitlicher Überblick 48, 53
Gardner, Howard 59, 65, 74, 229, 231, 232, 233
Gedächtnis *siehe* Fotografisches Gedächtnis, Bildergedächtnis
Gedächtniskarten 64
Gehirnhälften 57, 78, 160, 283
Gehirnwellen 194, 317
Gesamtbild 62, 218, 239, 246, 254, 257, 266
Geschwindigkeit 32, 49, 70, 153, 160, 162, 217, 249, 252, 305, *siehe auch* Lesegeschwindigkeit
Glaubensmuster 67, 144
Goethe 243
Grammatik 100
Grundhaltung 137
Haltung, ermutigend 95–97, 119, 132, 136–39, 140
Hauptschule 87
Heimlicher Lehrplan 135
Hirnwellenmuster 145, 149, 153, 156, 317
Hüther, Gerald 67
Hyperaktivität 32, *siehe auch* AD(H)S
Innere Befragung 163, 235, 261, 282, *siehe* Aktivierung, Erinnerung
Innere Berater 154, 202–4, 209, 212, 215, 218, 227,

329

238–41, 247, 256–60, 266–69, 273–79
Innere Bildkarte 20
Innerer Film *siehe* Film
Innerer Kritiker 205
Innerer Realist 206
Innerer Träumer 206
Inneres Auge 112
Inneres Bild 24, 31, 34, 43, 46, 53, 62, 67, 108, 128, 227–28, 249, 254, 257, 260, 265, *siehe auch* Film
Intelligenz 65, 229–35, *siehe auch* Intelligenzen des rechten Gehirns
Intelligenzen des rechten Gehirns 150, 181, 236
Intelligenztest 230
Intention 171–73, 182, 188–91, 193–96, 198, 200, 237, 247, 265, 315, *siehe auch* Absicht, Ziel
Intuition 58, 67, 100, 123, 126, 127, 181, 184, 205, 319
Intuitive Berater *siehe* Innere Berater
IQ 65, 74, 102, 230
Irlen, Helen 243
Irlen-Methode 243
Jacobson, Lenore 114
Konservativer Berater *siehe* Innere Berater
Konzentration 37, 149, 165, 168, 198, 216, 237
Konzentrationspunkt *siehe* Aufmerksamkeitspunkt

Konzentrationsstörung 101, 185
Konzentrationszustand 195
Kreativität 37, 51, 88, 90, 94, 99–100, 108
Kreativitätskanal 147, 152
Legasthenie 30, 165, 184–85
Lehrer/Lehrerin 81, 85, 89, 96, 115, 119, 133, 138, 139, 182, 313
Lehrer-Schüler-Beziehung 67, 74, 96, 114, 119, 131, 132–33, 289
Leistungsdruck *siehe* Druck
Leistungsfähigkeit 116, 132–35, 140, 231
Leistungsversagen 26–28
Leistungsverweigerung 96
Lern- und Wissenswege 308
Lernblockaden 132
Lerngeschichten 30, 31, 33, 35, 56, 89, 101, 115, 132
Lernkanal 147, 152
Lernmotivation 96, 182
Lernschwäche 36, 101
Lernschwierigkeiten 27, 39
Lernstruktur 20, 46, 51, 53, 62, 76, 95, 96, 98, 99, 108, 161, 172, 175, 192, 259, 268, 307
Lerntechnik 43, 50–52, 58, 88, 97, 148, 179, 232
Lernwege 76, 100
Lernziele 234
Lernzustand 38, 145, 147, 149, 156, 157–58, 236, 289
Lese- und Lernfähigkeit 228
Lese- und Lerntechniken 51, 97, 148, 179, 232

Lese- und Lernziele 200, *siehe auch* Ziele
Lesefähigkeiten 29–39
Leseforschung 59, 248
Lesegeschwindigkeit 76, 77, 167, 197, 204, 209, 248, 252, 263, 305, *siehe auch* Geschwindigkeit
Lesekompetenz 54
Lesemodell *siehe* FotoLesen
Lese-Rechtschreib-Schwäche *siehe* LRS
Lesesystem 161, *siehe auch* Fotografisches Lesesystem
Lesetechnik 51, 52–53, 76–77, 97, 148, 179, 201, 232, 235, 251, 263
Lesetechnik, beschleunigt 110
Lesetempo 47
Lesetest 23, 30, 85, 209
Lesewege, neu 76
Leseziele 198, 200, 205, *siehe auch* Ziele
Lesezustand 164
Leuchtkraft 20–21, 29, 70, 193, 222–24, 255, 288, 295
Liebe 321
Linkes Gehirn 41–44, 50–52, 66, 77, 89, 99, 145, 179, 201, 228, 263, 283, *siehe auch* Gehirn, Gehirnhälften
Linkslastigkeit 96, 97
Logik 44, 50, 99, 162, 172, 196, 289
LRS 22, 28, 29–39, 39, 138, 165, 184, 185

Mandarinentechnik 166, 191, 198
McTaggart, Lynne 189, 193
Mindmap 60, 63, 64, 73, 75, 76, 79, 107, 108, 111, 117, 192, 202, 203, 259, 261, 266, 268
Mindmapping 77, 105, 163, 235, 253, 262, 266, *siehe* Aktivierung, Aktivierungstechnik
Motivation 203, 289, *siehe auch* Lernmotivation
Neue Wissenswege 58
Neugier 51, 90, 108–10, 182, 185, 203, 313
Neurobiologie 40, 42, 59, 67, 91, 124, 145, 147, 195, 289, 315
Note 56, 57, 83, 87–88, 90, 104, 289, 312–13
Notendruck 130, 289, 316
Nullpunktfeld-Theorie 193
OECD 54
Perspektive 48, 50, 61–63, 80, 91, 167, 172, 178, 191, 207, 221, 247, 295, 308, *siehe auch* Beobachterperspektive, Erzählerperspektive, Vogelperspektive
Photonenstrom 193
PhotoReading 69, 144, 153, 159–61, 216, 222, 241
PISA 54–57, 66, 86
PISA-Studien 54
Projektunterricht *siehe* Unterrichtsmethoden

Prüfungsangst *siehe* Angst
Psychosomatischen Störungen 138
Pygmalion-Effekt 114–16, 129, 194
Quantenphysik 145, 193, 289, 314–17
RapidLesen 160, 161, 197, 235
Rechte Gehirnhälfte *siehe* Rechtes Gehirn
Rechtes Gehirn 41–46, 47–50, 50–53, 57, 64, 65, 66, 72, 76–77, 78, 80, 98, 102, 108, 110, 128, 145, 153, 156, 177–79, 181, 196, 197, 202, 208, 227, 235, 238, 253, 260, 266, 274, 283
Rechtschreibung 56
Regisseur 62, 214, 219
Resonanzforschung 118
Resonanzphänomene 123
Ritalin 31–32, 39, 55, 185, 288
Rosenthal, Robert 114
Scheele, Paul 69, 144, 145, 149, 153, 159, 161, 164, 173, 188, 197, 209, 216, 222, 235, 241, 248, 249, 250, 263, 282
Schnelllesen 211
Schnelllesetechniken 251
Schul- und Bildungssystem 59, *siehe auch* Schule
Schule 39, 43, 50–52, 54, 80, 81, 85, 86, 89, 96–98, 99–100, 101, 132, 184, 228, 301

Schüler 96
Schulprobleme 29–39, 39, 81
Schulsystem 37, 42, 69, 85, 87, 98, 289
Sehfeld 167, 171, 172, 199, 237, 301
Sehzellen 225
Selbstständiges Denken 86
Selbstvertrauen 86, 111, 301, *siehe auch* Vertrauen
Selbstwertgefühl 117, 130, 267, 316
Selffulfilling Prophecy 114
Sensus communis 213
Spiegelgeschehnis 127, 132, 235, 289
Spiegelneurone 67–68, 74, 117, 123–31, 133, 138, 139, 281
Spitzer, Manfred 68
Strauch, Dietmar 85
Stress 68, 141, 144, 147, 155, 157, 158, 159
Struck, Peter 55, 66, 74, 80, 86, 87, 109
Strukturierung 179, 196
Synästhesie 213
Tagträumen 80, 225
Talent 26–29, 33, 36, 40, 50, 88, 100, 104, 108, 111, 130, 293
Textbild 24, 25, 246–48, 250, 256, 257, 301–2
Textmuster 77, 150, 161, 169, 235, 301
Textstruktur 238, 239, 305
Theory of Mind 127
Theta-Wellen 153

Tiefenschärfe 20, 70, 161, 199, 263–66, 288, 301
Traum 174, 181, 187, 313
Träumen 27, 31, 37, 91, 171, 184, 206, 295, 313, *siehe auch* Tagträumen
Überblick 62, 159, 161, 162, 178, 190, 201–4, 218, 221, 244–45, 250, 263, 266, 282, 290, *siehe auch* Ganzheitlicher Überblick
Überfliegen 79, 163, 192, 235, 248, 249, 264, 265, 282, *siehe auch* Eintauchen
Übertragungsphänomene 122
Überzeugungen 119, 121, 133
Unterricht 31, 33, 81, 89, 91–94, 96, 100, 109, 116, 121, 136, 309, *siehe auch* Unterrichtsmethoden
Unterrichtsmethode
- Frontalunterricht 99
Unterrichtsmethoden 89, 91–94, 97, 114
- Frontalunterricht 94–97
- Projektunterricht 91, 94
Verhaltensauffälligkeiten 27, 45, 138
Vernetzung 72, 76, 103, 186, 254, 269, 279, 284, 291, 294, 314, *siehe auch* Quervernetzung
Versagensangst 121, *siehe auch* Angst
Versetzung 81, 101–3
Vertrauen 83, 133–35, 217, 231, 237, 252, 261, 289, 307, 316, *siehe auch* Selbstvertrauen
Visualisierung 108, 111–13, 135, 151, 166, 181, 184, 267
Visuelle Fähigkeiten 111
Visueller Lernweg 100
Visuelles Lesen 76, 198
Visuelles Wortschatzlexikon 113
Vogelperspektive 53, 59, 62, 72, 76, 168, 266, *siehe auch* Beobachterperspektive
Vorstellungskraft 186
Wahrnehmung 53, 68, 128, 134, 143, 168, 172, 184, 201–7, 212–15, 220, 226, 247, 249, 264–66, 266, 267, 273
Wahrnehmungsebenen 150, 152, 213, 215, 229, 253, 262, 269, 282, 290
Wahrnehmungsfähigkeiten 48, 49, 150–52, 171, 172, 177, 196, 204, 208, 213, 218, 226–27, 236, 237, 239, 250, 260
Walt-Disney-Strategie 207
Weicher Blick *siehe* FotoFokus
Whole Mind System 159
Wissenschaftliche Bücherrunde *siehe* Bücherrunde
Wissensnetz 103
Wissensvermittlung 87, 95, 99–100, 139

Wissenswege, neue 76
Wood, Evelyn 210
Wörter, dreidimensional 29, 34, 46, 162, 168–70, 238
Wort-für-Wort-Lesen 44, 48, 51, 52, 69, 76, 148, 197, 224, 225, 227, 245, 250, 251, 265, 305
Zappelphilippsyndrom *siehe* AD(H)S

Zdenek, Marilee 59, 65, 74, 78, 79, 80
Zeitmanagement 190
Zen-Meister 142, 159
Ziele 54, 111, 128, 158, 160, 177–82, 200, 201, 234, 237, *siehe auch* Absicht, Arbeitsziele, Intention, Leseziele, Lernziele, Lese- und Lernziele

Claudia Pinzke ist Lehrerin für die Sekundarstufen I und II. Sie hat eine Ausbildung in der integrativen Kinder- und Jugendlichenpsychotherapie absolviert. Sie ist Gründerin und Leiterin des Instituts für Bioenergetisches Lernen in Münster. Seit Jahren betreut sie in diesem Rahmen Kinder, Jugendliche und Erwachsene, die über erstaunliche Begabungen verfügen. Häufig werden diese von der Gesellschaft nicht als solche erkannt, da unter der Linkshirnlastigkeit z. B. der Schulen und Universitäten die rechte Gehirnhälfte nicht zu ihrem Recht kommt. Ebenfalls lehrt die Autorin im Institut wirkungsvolle und erfolgreiche Lese- und Lerntechniken, die jedem weiterhelfen. Regelmäßig hält sie Vorträge vor Bildungsinstitutionen und Wirtschaftsunternehmen. Besonders Letztere sind an der Förderung der fotografischen Lesefähigkeiten ihrer Beschäftigten interessiert.

Institut für Bioenergetisches Lernen
Steinfurter Straße 101
48149 Münster
Deutschland

info@photographisches-lesen.de
www.fotolesen.de
Tel. +49 251 274689

Hochenegg Naturheilverfahren GmbH
Eugenstraße 1
6060 Hall in Tirol
Österreich

office@hochenegg.com
www.hochenegg.com
Tel. +43 5223 53405